W0342372

Was kann

in der Liebe!

nicht alles passieren?
Wer kann kein Lied davon singen?
Aber ist denn immer
alles gleich so schlimm?

Richard Carlson weiß Rat.

Richard Carlson & Kristine Carlson

Alles kein Problem in der Liebe

Richard Carlson & Kristine Carlson

Alles kein Problem in der Liebe

Einige einfache Methoden,
wie man seine Beziehungen verbessern
und intensiver gestalten kann,
indem man Angewohnheiten vermeidet,
die der liebevollen Verbundenheit
nicht zuträglich sind

Aus dem Amerikanischen
von Jutta Ressel

Knaur

Originaltitel: Don't Sweat the Small Stuff in Love
Originalverlag: Hyperion, New York

Dieses Buch wurde auf chlor- und säurefreiem Papier gedruckt.

Besuchen Sie uns im Internet:
www.droemer-weltbild.de

Copyright © 1999 by Richard Carlson und Kristine Carlson
Copyright © 2001 der deutschsprachigen Ausgabe bei
Droemersche Verlagsanstalt Th. Knaur Nachf., München
Alle Rechte vorbehalten. Das Werk darf – auch teilweise – nur
mit Genehmigung des Verlages wiedergegeben werden.
Umschlaggestaltung: ZERO Werbeagentur, München
Satz: Ventura Publisher im Verlag
Druck und Bindung: Clausen & Bosse, Leck
Printed in Germany
ISBN 3-426-66637-5

2 4 5 3 1

Wir widmen dieses Buch
unseren beiden Töchtern Jazzy und Kenna.
Das größte Geschenk, das wir euch machen können,
ist die Liebe, die wir füreinander empfinden.

Inhalt

Einführung

Wenn Sie jemandem die Frage stellen: »Wie läuft denn deine Beziehung?«, erhalten Sie häufig die Antwort: »Na ja, es geht schon so« oder eine ähnliche, wenig begeisterte oder auch vage Reaktion. Augenscheinlich meinen viele, es sei absolut akzeptabel, sich mit einer Beziehung zufrieden zu geben, die »schon so geht«. Manchmal haben sogar Paare, die von sich behaupten, eine gute Beziehung zu führen, Schwierigkeiten zu definieren, was genau »gut« für sie bedeutet. Mit anderen Worten: Sie erklären zwar, dass sie eine ganz angenehme Beziehung führen, und doch sind sie über ihren Partner* immer wieder frustriert, oder sie ärgern sich über einige Aspekte in ihrer Beziehung. Gründe mögen immer wiederkehrender Konfliktstoff und Reibereien sein, ein Mangel an Harmonie und Befriedigung, Groll, der Wunsch, dass der Partner anders sein soll, als er es nun eben einmal ist, oder einfach zu wenig echte Freude und Dankbarkeit.

Wir wollen Sie nun bitten, sich einmal bewusst zu machen, dass, ganz egal, wie sich Ihre Beziehung momentan gestaltet – von schwierig bis hin zu absolut wunderbar –, sie in jedem Fall noch besser sein kann – und zwar mit relativ wenig Aufwand. Natürlich ist keine Beziehung per-

* Aus Gründen der Lesbarkeit ist meist allgemein von Partner die Rede, was die Partnerin selbstverständlich mit einschließt. *(Anmerkung der Übersetzerin)*

fekt und jede ist auf ihre Art einmalig, aber dennoch sind wir der Überzeugung, dass jede Partnerschaft – egal, ob es sich dabei um eine Liebesbeziehung handelt oder nicht – verbessert werden kann, indem man einige ganz simple Strategien zur Anwendung bringt, die Ihre Stimmung heben, Ihnen das Herz öffnen, das Leben erleichtern und Ihnen eine umfassendere Sicht der Dinge ermöglichen werden. Darum geht es in diesem Buch.

Menschen sind eigentlich ganz beachtliche Wesen, und zwar in folgender Hinsicht: Haben wir uns etwas Bestimmtes zum Ziel gesetzt, können wir unsere Vorstellungen meist auch in die Tat umsetzen oder uns ihnen zumindest annähern. In Hinblick auf Ihre Beziehung bedeutet das, dass Sie sich das höchste Ziel setzen sollten, das Sie sich überhaupt nur vorzustellen vermögen. Nur so lässt sich etwas erreichen. Dann können Sie einander die besten Freunde sein, Seelenverwandte und echte Partner im wahrsten Sinne des Wortes. Als Einzelpersonen wie auch als Paar können Sie liebevoller, lockerer, friedlicher, großzügiger, dankbarer und geduldiger werden, und Sie werden schneller bereit sein, zu vergeben und zu vergessen. Sie können eine umfassendere Weltsicht entwickeln und mehr Sinn für Humor, Sie können ein besserer Zuhörer werden und, was wohl am bedeutsamsten ist, die Fähigkeit erlangen, sich selbst nicht mehr so wichtig zu nehmen. All das können Sie erreichen – und natürlich noch viel mehr, worauf Sie persönlich Wert legen. Das Beste an alldem ist wohl, dass Sie mit sich und Ihrer Beziehung dann nicht mehr so streng ins Gericht gehen werden, wenn Sie oder Ihr Partner einmal einen Fehler machen; Sie sehen deshalb nicht gleich in allem ein Problem und machen sich nicht verrückt. Man braucht dazu nur den festen Willen und ein wenig Übung.

Selbst wenn Kris, meine Frau, und ich uns als Optimisten betrachten, sind wir dennoch nicht unrealistisch. Wir wollen Ihnen nicht weismachen, dass in Ihrer Beziehung keinerlei Streitigkeiten mehr auftreten und Sie einander nie mehr böse sein werden, sobald Sie aufhören, in der Liebe gleich in allem ein Problem zu sehen und sich verrückt zu machen. Ebenso wenig wollen wir behaupten, dass es keine Zeiten mehr geben wird, da Sie von Zweifeln geplagt werden oder das Gefühl haben, dass Ihr Partner Sie wahnsinnig macht. Wir vertreten allerdings sehr wohl die Auffassung, dass – ganz egal, was genau Sie frustriert – Sie die Erfahrung machen werden, dass diese negativen Gefühle in den Hintergrund treten und Sie an Ihre Streitfragen mit erheblich mehr Gelassenheit und Umsicht herangehen können. Anders ausgedrückt: Selbst wenn Sie tief in Schwierigkeiten stecken, werden Sie genug Selbstvertrauen haben, zu wissen, dass Sie die Sache in den Griff kriegen und das jeweilige Problem lösen können, wodurch Sie schließlich wieder zu Ihren liebevollen Gefühlen für den anderen finden.

Es hat uns beiden riesigen Spaß gemacht, dieses Buch miteinander zu schreiben – es war einer der Höhepunkte in unserem gemeinsamen Leben. Wir hatten dadurch Gelegenheit, sorgsam darüber nachzudenken, was für uns den Schlüssel zu einer liebevollen und bereichernden Verbindung zweier Menschen darstellt. Keiner von uns beiden hält sich für einen Experten in Sachen Beziehung, aber wir haben das Gefühl, dass die unsrige wirklich gut ist. Wir sind seit vierzehn Jahren verheiratet und kennen uns schon seit siebzehn Jahren. Die meiste Zeit gehen wir liebevoll, freundlich und respektvoll miteinander um, und wir betrachten uns als die besten Freunde. Sicher kommt es vor, dass wir uns einmal auf die Nerven gehen, aber wir sind froh, dass das sehr selten der Fall ist. Denken wir über unsere Beziehung nach, wird uns bewusst, dass wir beide viele Fehler haben; unsere wirkliche Stärke aber ist wohl, dass wir nicht sehr häufig in allem ein Problem sehen und uns verrückt machen. Die meiste Zeit können wir locker miteinander umgehen und uns auf unsere Stärken statt auf unsere Schwächen konzentrieren. Wir sind auch in der Lage, etwas einfach auf sich beruhen zu lassen, anstatt es uns gegenseitig vorzuhalten. Wir legen beide Wert darauf, nett und freundlich zu sein, wir müssen nicht unbedingt Recht haben und können über uns selbst lachen. Außerdem sind wir zu dem Schluss gekommen, dass das Leben viel einfacher wird, wenn man nicht zu verbissen ist; so erfahren wir viel mehr Liebe.

Natürlich werden wir im Leben und in allen unseren Beziehungen mit vielen großen Herausforderungen konfrontiert. Und leider sind Kummer und Leid Erfahrungen, die niemand erspart bleiben. Es ist jedoch faszinierend zu sehen, wie gut die meisten Menschen mit wirklichen Ausnahmesituationen zurechtkommen. Sie werden uns wahrscheinlich zustimmen, dass ernsthafte Probleme mit Mut, Würde und Kreativität angegangen werden. Wird in einer Familie eines der Kinder krank, eilen alle herbei; man teilt die Sorgen, hilft dem anderen, betet und handelt aus selbstloser Liebe. Wird ein Paar mit einer Tragödie konfrontiert – einer ernsten Krankheit oder einem Todesfall in der Familie, einem Bankrott oder sonst einer leidvollen Erfahrung –, helfen alle zusammen, bringen persönliche Opfer, machen kreative Vorschläge und zeigen enormes Durchhaltevermögen.

Gott sei Dank besteht das Leben meist nicht aus derartigen Katastrophen. Mit anderen Worten: Das Gute ist, dass wir nicht jeden Tag unseren Job verlieren, die Scheidung einreichen oder in die Notaufnahme des Krankenhauses fahren müssen. Derartiges passiert natürlich, und dann sind wir am Boden zerstört. Doch sind diese Unglücksfälle eher die Ausnahme als die Regel. Es ist seltsam, aber in gewisser Weise gelingt es uns besser, mit wirklichen Problemen fertig zu werden als mit alltäglichen Kleinigkeiten. Wir wissen, dass uns kein Ausweg bleibt, also geben wir unser Bestes und die anderen auch.

Tatsache ist, dass ein Großteil unseres Lebens von tagtäglichen, ständigen Nichtigkeiten aufgezehrt wird – wie wir miteinander und dem alltäglichen Kleinkram umgehen, mit kleinen Ärgernissen und Frust, mit Verkehrsstaus, mit der Tatsache, dass uns jemand nicht zurückruft, mit noch mehr Ärger, Chaos, Durcheinander, Verantwortung, Sachen, die verloren gehen, Lärm und was sonst noch alles. Aus diesem Grund sind wir der Meinung, dass es außerordentlich wichtig ist zu lernen, mit all diesen Kleinigkeiten richtig umzugehen – schließlich werden wir ja ständig damit konfrontiert. Außerdem haben wir festgestellt, dass wir ernste Probleme umso besser meistern, je mehr Gleichmut wir Nichtigkeiten gegenüber an den Tag legen.

Wir hoffen nun, dass die Strategien in diesem Buch Ihnen helfen werden, die kleinen Verstimmungen in Ihrer Beziehung lockerer zu sehen und ihnen keinen so großen Stellenwert mehr beizumessen. Lassen Sie sich von den tagtäglichen Nichtigkeiten nicht mehr so ablenken, finden Sie mühelos neue Wege, Ihren Partner zu lieben und ihm eine Bereicherung zu sein.

Noch eine kurze Anmerkung, wie wir dieses Buch geschrieben haben: Wir haben den ganzen Ratgeber zusammen erarbeitet, einige der Strategien berücksichtigen jedoch mehr die Sichtweise von Richard, andere die von Kris. Der Einfachheit halber sind nun alle Strategien, die eher auf Kris' Perspektive beruhen, im Titel mit ihrem Namen in Klammern gekennzeichnet. Der Standpunkt von Richard oder von uns beiden wurde nicht extra vermerkt.

Unser Ziel war nicht, unsere Beziehung als Vorbild hinzustellen oder Ihnen womöglich vorzuschreiben, wie Sie sich verhalten sollen. Wir hoffen vielmehr, dass Sie mit Hilfe dieses Buches Ihre persönliche Traumbeziehung führen können.

So, nun wollen wir uns also gemeinsam in dieses Abenteuer stürzen. Unser Rat gleich zu Anfang lautet: Greifen Sie nach den Sternen. Je höher Ihre Zielvorstellungen sind, desto mehr erreichen Sie auch. Und, was noch wichtiger ist, Sie hören auf, in allem ein Problem zu sehen und sich verrückt zu machen – zumindest meistens. Und dann werden Sie mehr Begeisterung und Liebe erleben, als Sie sich je hätten vorstellen können. Alles Gute und viel Spaß.

Richard und Kris Carlson

1.

Seien Sie einander gut Freund

Wenn ich eine einzige Eigenschaft nennen müsste, die bewirkt hat, dass die Beziehung zwischen meiner Frau und mir über die Jahre hinweg etwas Besonderes geblieben ist, lebendig und unterhaltsam, dann würde ich vermutlich anführen, dass wir beide vor allem gute Freunde sind. Lassen Sie sich dadurch nicht in die Irre führen – wir sind einander natürlich auch alles andere. Wir fühlen uns einander verpflichtet und sind einander treu. Wir teilen unsere ungeheuer große Liebe zu unseren Kindern, ähnliche Wertvorstellungen und Ziele, haben viele gemeinsame Freunde und Interessen, erweisen einander Respekt und fühlen uns vom anderen angezogen. Wir sind auch durch die gleichen spirituellen Werte und Glaubensvorstellungen gesegnet. So wunderbar und wichtig all diese Eigenschaften auch sind, so stellen sie doch keine Garantie dar, dass die Liebe füreinander lebendig und tief bleibt.

Schließlich sieht man viele sich treu ergebene Paare, die sich im Auto auf dem Weg in die Kirche streiten. Es gibt eine Vielzahl von guten und engagierten Eltern, welche die gleichen Werte teilen; und dennoch gehen sie sich ständig ein wenig auf die Nerven. Es gibt außerdem Unmengen Paare, die gemeinsame Freunde haben, die gleichen Hobbys und Interessen teilen und sich auch körperlich angezogen fühlen, die sich aber dennoch wie die Verrückten in die Haare kriegen, sich in Eifersüchteleien ergehen und einfach nicht über einen längeren Zeitraum miteinander auskommen können.

Wenn Sie einander jedoch vor allem gut Freund sind, dann scheint sich alles wie von selbst zu regeln. Freunde sind sich behilflich. Sie sind geduldig und freundlich und gestehen einander Unzulänglichkeiten zu. Freunde können bestens miteinander kommunizieren und sind auch gute Zuhörer. Sie können zwar ernst sein, wenn es angemessen ist, doch haben Freunde auch Spaß miteinander und lachen gern. Sie bleiben einander verbunden, sind in guten wie in schlechten Zeiten füreinander da.

Die beste Möglichkeit, wie man gut Freund bleiben kann – oder es wieder wird – ist, diesen Vorteil für sich und die Beziehung zu erkennen. Sind Sie erst einmal davon überzeugt, dass gut mit jemandem befreundet zu sein die beste Basis für eine hervorragende Beziehung ist, geht alles ganz einfach. Denken Sie stets daran, dass es Ihr Ziel ist, Ihren Partner mit der gleichen Freundlichkeit, mit Wertschätzung und Respekt zu behandeln, wie Sie es mit Ihrem besten Freund der Welt tun würden. Haben Sie Zweifel, fragen Sie sich: »Wenn dieser Mensch mein bester Freund beziehungsweise meine beste Freundin wäre, wie würde ich dann reagieren und handeln?«

Viele sagen: »Mein Partner *ist* mein bester Freund«, belegen aber ihre Aussage häufig nicht mit den entsprechenden Gedanken, Gefühlen und Handlungen. Ganz im Gegenteil: Die meisten sind eifersüchtiger, richten mehr Erwartungen und Forderungen an ihren Partner und legen weniger Anerkennung, Respekt und Einfühlungsvermögen an den Tag, als sie es bei einem Freund tun würden. Viele behandeln ihren Partner, als wäre er ihr Privateigentum, und zeigen mehr Interesse daran, wie sie ihn gerne haben wollen, als daran, wie er wirklich ist.

Stellen Sie sich einmal Folgendes vor: Ein Freund erzählt Ihnen: »Ich träume davon, einen anderen Beruf zu ergreifen; das heißt zwar, dass ich weniger Geld verdiene, aber dann wäre ich bestimmt ein glücklicherer Mensch.« Oder eine Freundin erklärt: »Mein Traum ist, am Meer zu leben.« Bestimmt würden Sie mit Begeisterung reagieren und den anderen unterstützen. Aber was wäre, wenn Ihre Partnerin dasselbe zu Ihnen sagen würde? Wie würde Ihre Reaktion da ausfallen? Würden Sie sie unterstützen, es zu Ihrer Sache machen und ihr helfen, ihre Träume in die Tat umzusetzen? Oder würden Sie ihre Wünsche automatisch gering schätzen und sie in gewisser Weise abtun – indem Sie beispielsweise erwiderten: »Das solltest du lieber lassen. Das bringt nichts. Das will ich nicht.«

Ganz offensichtlich ist der Tenor Ihrer Antwort das eigentlich Wichtige. Sicher ist es nicht immer möglich, praktikabel oder auch nur wünschenswert, dass Ihr Partner alles tut, was ihm – oder ihr – gerade in den Sinn kommt. Man kann eben nicht immer umziehen oder die Stelle wechseln. Wir wollen Ihnen auch nicht nahe legen, dass Sie sich stets den Wünschen Ihres Partners anpassen sollen oder dass Sie für die Verwirklichung seiner Vorstellungen verantwortlich sind. Es geht uns vielmehr darum, dass man sich bewusst machen sollte, wie Freunde miteinander umgehen, und dass Sie diese Überlegung in Ihre Beziehung mit einfließen lassen. Das Wichtigste ist, dass Ihr Partner weiß, dass Sie seine Träume grundsätzlich befürworten – ganz egal, ob sie sich letztendlich in die Tat umsetzen lassen oder nicht.

Wir können Ihnen versichern, dass wirklich gut miteinander befreundet zu sein zuerst einmal ein Geschenk ist; darüber hinaus ist es ein Ziel, das zu verfolgen sich lohnt. Sind Sie einander gut Freund, werden Sie immer eine Möglichkeit finden, sich auf halbem Weg zu treffen und an den Träumen des anderen teilzuhaben, ohne dabei das Gefühl zu haben, selbst etwas zu opfern. Um diese Strategie in die Tat umzusetzen, ist es vielleicht notwendig, einige Überlegungen anzustellen und auch die eine oder andere Gewohnheit aufzugeben, aber es ist der Mühe wert.

2.

Lernen Sie, über sich selbst zu lachen

Kaum etwas macht uns gegenüber unseren tagtäglichen Frustrationen weniger anfällig als ein gesunder Sinn für Humor – vor allem die Fähigkeit, über sich selbst zu lachen. In jeder längeren Beziehung kommt man einmal an den Punkt, dass der Partner einen fast so gut kennt wie man sich selbst. Ihm sind Ihre Marotten vertraut, er sieht Ihre ungesunden Reaktionen voraus und weiß, inwiefern Sie sich manchmal selbst im Weg stehen. Selbst wenn Sie es versuchen würden, so wäre es doch schwierig, Ihr wahres Wesen vor Ihrem Partner zu verbergen.

Sind Sie nicht in der Lage, über sich selbst zu lachen, liegt ein langer, dorniger Weg vor Ihnen. Sie haben in Ihren Beziehungen zu kämpfen, weil Sie ständig in die Defensive gehen, wenn Ihr Partner Sie reizt, Ihre Schwächen erkennt und sie Ihnen gelegentlich unter die Nase reibt. Das wiederum verstärkt und verschlimmert Ihre schwachen Seiten und lässt sie viel bedeutungsvoller erscheinen. Außerdem sorgen Ihre Reaktionen auf die Kommentare Ihres Partners für weiteren Konfliktstoff, mit dem Sie nun beide zurechtkommen müssen, so dass sich Ihr »Problemchen« zu einer Riesensache auswächst.

Wenn Sie sich die wirklich liebevollen und glücklichen Beziehungen in Ihrer Umgebung betrachten, wird Ihnen bestimmt auffallen, dass beide

Teile die Fähigkeit haben, über sich selbst zu lachen. Beide Partner haben eine heitere Selbsteinschätzung, die notwendig ist, um locker zu bleiben, wenn die eigenen Schwächen ans Tageslicht kommen. Das schafft ein Umfeld, in dem es durchaus in Ordnung ist, sich gelegentlich auf die Schippe zu nehmen und herumzualbern; man fühlt sich sicher, wenn man seine Beobachtungen und Vorschläge kundtut. Ihre Beziehung kann sich so vertiefen und entwickeln, weil beide Teile dieses Gefühl von Sicherheit haben.

Es ist recht erstaunlich zu beobachten, was mit einer hitzigen Auseinandersetzung passiert, wenn jemand in der Lage ist, sich seinen Sinn für Humor zu bewahren. In den meisten Fällen löst sich die Situation in Wohlgefallen auf.

Wir saßen einmal mit einem Paar zusammen, als die Frau einen etwas schnippischen Kommentar ihrem Mann gegenüber losließ. Sie sagte: »Du redest zu viel.« Seine Reaktion ist ein gutes Beispiel für diese Strategie. Er lachte über sich und erwiderte: »Du hast Recht, ich kann ein Gespräch schon an mich reißen.« Weniger seine Worte als seine Fähigkeit, in der Aussage seiner Frau einen Funken Wahrheit zu entdecken, sich in Bescheidenheit zu üben und sich über seine eigene Neigung zu amüsieren, löste die Situation auf, bevor sie noch an Bedeutung gewinnen konnte. Wenn Sie sich Ihren Sinn für Humor bewahren und bescheiden bleiben, bekommt Ihr Partner auch das Gefühl, dass er zu hart mit Ihnen umgegangen sein könnte, und entschuldigt sich dann für seinen Kommentar. Und selbst wenn das nicht der Fall ist, ist es auch nicht weiter schlimm, weil die Sache für Sie ja ohnehin nicht der Rede wert war.

Im Lauf der Jahre haben wir miterlebt, wie hunderte von ähnlichen Gesprächen scheußlich ausgeartet sind, weil die Person, die den nicht so

netten Kommentar abbekommen hatte, sofort in die Defensive gegangen ist und sich zu ernst genommen hat, anstatt sich ihren Sinn für Humor zu bewahren und alles locker und unbeschwert zu nehmen. Ihre Unfähigkeit, über sich selbst zu lachen, veranlasste sie, sich zu verspannen, zu argumentieren und einen Streit vom Zaun zu brechen.
Nimmt sich jemand zu ernst, spürt man das, selbst wenn derjenige seine Reaktionen für sich behält. Es tritt ein Stimmungswechsel ein und auch sein gewohntes Verhalten ändert sich, seine Tonlage ebenso wie seine Körpersprache. Man kommt nicht darum herum: Wem der Sinn für Humor fehlt, muss letztendlich leiden.
Bedenken Sie, dass Ihr Partner mit Ihnen – wunderbarer Mensch, der Sie sind – viel Zeit verbringt. Wenn er oder sie hin und wieder einmal ein paar Beobachtungen kundtut und dabei kein Blatt vor den Mund nimmt, dann liegt vielleicht auch ein Körnchen Wahrheit darin. Aber selbst wenn der andere total daneben liegt, ist es vermutlich in Ihrem Interesse, die Sache einfach zu übergehen – darüber zu schmunzeln. Indem Sie über sich selbst lachen und sich nicht so ernst nehmen, wird es viel einfacher, sich in Ihrer Gesellschaft aufzuhalten. Ihr Partner hat dann nicht das Gefühl, dass er jedes Wort auf die Goldwaage legen muss, nur damit Sie sich nicht aufregen. Und schließlich wird Ihre Beziehung liebevoller und macht auch mehr Spaß, weil Sie für Ihren Partner ein wohlwollenderes und somit sichereres Umfeld geschaffen haben.

3.

Lassen Sie die Sache auf sich beruhen

Während einer Autofahrt hörte ich einmal eine Radiosendung, bei der die Zuhörer anrufen konnten. In weniger als einer halben Stunde meldeten sich drei Personen, die sich über etwas beklagten, was ihr Ehepartner getan hatte beziehungsweise – in einem Fall – vielleicht getan hatte. In allen drei Beispielen lag der jeweilige Vorfall länger als ein Jahr zurück. Eine Frau gab an, dass ihr Mann »vielleicht mit einer anderen Frau geflirtet hat«, und zwar vor etwa zwei Jahren. Sie hatte sich total in die Sache verrannt, war unfähig loszulassen und fragte, was sie denn tun könnte. Eine andere Frau beklagte sich, dass ihr Mann sich vor Jahren distanziert habe und zu einem schlechten Zuhörer geworden sei. Sie versuchte herauszufinden, was sie falsch gemacht hatte. Es war wie ein geistiges Pingpongspiel, denn sie sagte sich ständig: »Vielleicht war ja das daran schuld – oder auch jenes.« Schließlich rief ein Mann an, der seinen Frust loswerden wollte, dass seine Frau im ersten Jahr ihrer Ehe mit ihrer Kreditkarte enorm hohe Rechnungen angehäuft hatte. Er konnte nachts nicht schlafen, weil er fürchtete, dass sie dies wieder tun könnte, obwohl sie mittlerweile ihre Neigung in Schranken hielt und ihre Lektion gelernt zu haben schien. Er war noch immer böse auf sie wegen »dem, was sie mit unserer gemeinsamen Zukunft angerichtet hat«.

Ich hätte am liebsten laut losgebrüllt: »Lassen Sie die Sache doch endlich auf sich beruhen!« – was allerdings keineswegs der Ratschlag war, den die Moderatorin erteilte. Ganz im Gegenteil: Sie ermutigte alle, sich noch weiter hineinzusteigern und alle Zwischenfälle und Streitpunkte analytisch zu betrachten – und sich so den Kopf voll zu packen mit Zweifeln, Ängsten und zusätzlichen Sorgen. Sie sagte so Sachen wie: »Haben Sie schon einmal darüber nachgedacht, ob da womöglich ein Verhaltensmuster dahinter stecken könnte?« Und: »Ach du liebe Güte, von so etwas habe ich schon mal gehört. Seien Sie ja vorsichtig!«

Bevor ich jetzt fortfahre, möchte ich Ihnen versichern, dass ich keineswegs dafür eintrete, außerhalb der Ehe zu flirten, schlecht zuzuhören oder mehr Geld auszugeben, als einem zur Verfügung steht. Diese drei Punkte tragen oft zu Problemen in der Ehe und anderen Beziehungen bei. Die meisten Menschen scheinen jedoch den negativen Einfluss zu unterschätzen, den es hat, wenn man ewig auf derartigen Punkten herumreitet – wenn man nicht willens ist, in einer Beziehung auch einmal eine Sache auf sich beruhen zu lassen. Wir vergessen, wie entnervend es ist, mit Menschen zusammen zu sein, die nicht locker lassen können und ständig wieder Vergangenes aufs Tapet bringen. Und wir übersehen oft, wie schwierig es ist, sich jemandem gegenüber eine liebevolle Einstellung zu bewahren, wenn derjenige an unrealistischen Erwartungen festhält und in seinem Herzen keinen Platz für die Tatsache hat, dass wir alle nur Menschen sind. Es gibt eine Redensart, die nicht nur auf diese drei Anrufer zutrifft, sondern auf fast alle von uns: »Genug ist genug.«

Beziehungen können sich auch ohne die zusätzliche Belastung, Vergangenes immer wieder von neuem aufzurollen, kompliziert genug gestalten. Es ist hilfreich, sich einmal bewusst zu machen, was mit der eigenen Fähigkeit zu lieben, zu verzeihen und sich weiterzuentwickeln passiert, wenn man sich mit etwas beschäftigt, das eigentlich schon längst aus und vorbei ist. Haben Sie den Kopf voll von Sorgen, vergangenen Vorfällen und Problemen, dann empfinden Sie in der Regel Angst, Argwohn und Frust – praktisch alles, nur keine Liebe. Ihr Frust schwappt dann häufig auch auf andere Bereiche über, bis Sie schließlich in allem ein Problem sehen und sich verrückt machen.

Hier ist nicht die Rede davon, den Kopf einfach in den Sand zu stecken. Die Wahrheit ist, dass wir alle Fehler machen, unsere Handlungsweise alles andere als perfekt ist und wir gelegentlich auch etwas falsch beurteilen. Die ideale Methode, mit alldem fertig zu werden, ist zu verzeihen und nicht zu werten. Anders ausgedrückt: Wenn jemandem, den Sie lieben, ein Fehler unterlaufen ist, dann ist das Beste, was Sie tun können, selbst eine liebevolle und hilfreiche Haltung an den Tag zu legen und kein großes Aufhebens darum zu machen. Auf diese Weise bleibt das Verhältnis zum anderen intakt; Ihr Partner hat ein positives Gefühl, wenn er Streitpunkte mit Ihnen bespricht, und schätzt Ihren Beitrag, sich gemeinsam in der Partnerschaft weiterzuentwickeln.

Wenn Sie also noch immer Ballast aus der Vergangenheit mit sich herumschleppen, dann ist es wohl an der Zeit, einfach loszulassen. Anstatt negative Gefühle zu hegen und sich in irgendetwas zu verrennen, treffen Sie die Entscheidung zu vergeben, zu vergessen und sich nach vorne zu orientieren. Sie werden mit einer bereichernden, offeneren, ehrlicheren und erheblich liebevolleren und befriedigenderen Beziehung belohnt werden.

4.

Stellen Sie die Temperatur höher

Ist es bei Ihnen zu Hause zu kalt, haben Sie theoretisch zwei Möglichkeiten, eine wärmere Temperatur zu erreichen. Die erste besteht darin, dass Sie alle Ritzen schließen. Sie wandern durch das Haus und stellen sicher, dass auch alle Fenster fest verschlossen sind; Sie prüfen die Wärmedämmung, die Isolierung im Speicher und alle Risse in der Wand, an den Türstöcken und so weiter. Auf diese Weise wollen Sie verhindern, dass noch mehr kalte Luft von draußen ins Haus dringt. Die Alternative ist direkter und erheblich wirkungsvoller: Stellen Sie einfach die Heizung höher. Innerhalb von wenigen Minuten wird Ihr Zuhause warm und behaglich – ganz unabhängig von irgendwelchen winzigen Ritzen.

Dieses Beispiel lässt sich unschwer auf Ihre Beziehung übertragen. Sie können versuchen, Wärme und Nähe zu schaffen, indem Sie alles reparieren, was irgendwie defekt scheint. Wären Sie – theoretisch – in der Lage, alles zu richten und jeden Mangel zu beheben, dann hätten Sie eine hervorragende Beziehung voller Wärme und Liebe.

Aber wie beim Heizen einer Wohnung ist es die direktere und effektivere Vorgehensweise, einfach die Temperatur höher zu stellen. Praktisch bedeutet das, dass Sie jeden Wärmespender einschalten, der Ihnen nur einfällt. Sie werden freundlicher und großzügiger und Sie verteilen mehr

Komplimente. Sie geben sich weniger kritisch und engstirnig. Anstatt sauer zu sein, üben Sie sich in Geduld und Verständnis. Sie setzen mehr Blickkontakt ein und hören besser zu. Sie wollen lieber freundlich sein, als unbedingt Recht haben, und Sie stellen die Bedürfnisse Ihres Partners vor Ihre eigenen. Sie sagen, was Sie gesagt haben, als Sie sich kennen gelernt haben, und Sie tun, was Sie getan haben, als Sie sich zum ersten Mal begegnet sind. Kurz und gut: Sie tun all das, was liebevolles Verhalten ausmacht. Wenn Sie auf diese Weise die Temperatur erhöhen, dann wird Ihre Beziehung trotz einiger geringfügiger Mängel gedeihen. Ist genügend Wärme vorhanden, erledigen sich die meisten Schwächen und Ungereimtheiten von selbst, ohne große Anstrengung oder Mühe.

Auch wenn das alles auf der Hand liegt – wenn Sie einmal in Ruhe darüber nachdenken –, halten es doch die wenigsten so. Meist wird die schlechte Alternative gewählt: man versucht, Defekte zu reparieren. Häufig heißt es: »Ich kann die Temperatur nicht höher stellen, solange einige Mängel nicht behoben sind – zunächst muss er oder sie sich ändern.« Das Problem dabei ist, dass die Art der Veränderung, die Sie anstreben, so gut wie unmöglich ist, wenn es an ausreichender Wärme fehlt. Das bedeutet, das Pferd von hinten aufzuzäumen.

Caitlin war frustriert und ein bisschen verbittert, weil es ihrem Mann Fred an Initiative fehlte, seit er seine Stelle verloren hatte. Sie sagte zu mir: »Ich bin seine Faulheit leid. Er hockt den ganzen Tag bloß herum. Er unternimmt nicht mal einen Versuch.« Sie erzählte mir ferner, dass sie gar nicht die Absicht habe, liebevoll mit ihm umzugehen, bevor er nicht wieder mit sich ins Reine käme.

Ich stellte ihr den Ansatz vor, die Temperatur höher zu stellen. Sie brauchte zwar eine Weile, um sich an den Gedanken zu gewöhnen, aber schließlich stimmte sie zu, dass die Idee eigentlich gar nicht so schlecht sei. Sie nahm einige geringfügige Veränderungen vor und wurde weicher. Wie sie es ausdrückte, saß sie Fred nicht mehr ständig im Nacken. Sie setzte sich beispielsweise beim Fernsehen näher zu ihm und nahm so der Situation die Schärfe. Sie fing an, sich wie eine Freundin zu verhalten, sie kümmerte sich.

Sie berichtete mir, dass die Veränderungen bei Fred und in ihrer Beziehung bemerkenswert waren. Freds Stimmung besserte sich zusehends, und er fand seinen Sinn für Humor wieder. Er konnte sich öffnen und seine Gefühle mitteilen. Und Caitlin entdeckte eine Seite an Fred, die ihr vorher nicht bekannt gewesen war – seine Sensibilität. In kürzester Zeit kam Fred wieder auf die Beine, und ihre Beziehung wurde intensiver, als sie vor Freds Arbeitslosigkeit gewesen war.

Diese Dynamik lässt sich auf jede Beziehung anwenden, egal, mit welchen Umständen und Problemen Sie konfrontiert sind. Ich wüsste kein Ereignis, das es nicht wert wäre, die Idee, liebevoller miteinander umzugehen, in Betracht zu ziehen. Überlegen Sie sich doch einmal, ob Ihnen ein paar Möglichkeiten einfallen, wie Sie die Temperatur höher stellen könnten – Sie werden froh darüber sein.

5.

Bedenken Sie, dass das Gras woanders auch nicht grüner ist

Wir leben in einer Zeit, die vom wachsenden Konsum geprägt ist. Wir verkaufen ein kleines Haus, um ein größeres zu erwerben, tauschen ein altes Auto gegen ein neueres. Wir wollen eine bessere Stelle, ein höheres Einkommen, eine günstigere Rentenversicherung und bessere Erfahrungen. Wir wollen einen fitteren Körper und Mitglied im besten Sportverein sein. Wie es scheint, will jeder einen besseren Computer, einen schnelleren, der noch mehr kann; nach ein oder zwei Jahren ist er bereits veraltet. Werbeslogans arbeiten mit Aussagen wie »neu und noch besser« und »weg mit dem Alten, her mit was Neuem«. Schenken Sie der Werbung Glauben, meinen Sie womöglich, dass es die beste Lösung sei, ein noch höheres Darlehen aufzunehmen, wenn man sich finanziell übernommen hat. Auf diese Weise kann man die Schulden tilgen und gleichzeitig noch mehr kaufen, nämlich alles Mögliche, was noch besser ist, als das, was man schon hat. Unsere Wünsche nehmen kein Ende. Wir wollen immer noch mehr. Irgendetwas ist immer noch besser.

So ist es in gewisser Weise kein Wunder, dass wir zumindest einen Teil dieser neurotischen Neigung auch auf unseren Partner übertragen. Schließlich prägt diese Etwas-anderes-wäre-besser-Philosophie unser Denken. Warum sollte also ausgerechnet unsere Beziehung eine Ausnahme darstellen? Es scheint unvermeidlich, dass wir auch unseren Partner unter diesen Prämissen betrachten, zumindest hin und wieder. Vielleicht würde jemand anderer ja besser aussehen oder wäre ein besserer Liebhaber oder eine zärtlichere Geliebte? Oder er würde uns besser behandeln und wäre ein aufmerksamerer Zuhörer? Vielleicht würde ein anderer Partner Ihre Bedürfnisse öfter befriedigen und Sie wären endlich glücklich. Diese Vorstellung wird durch das Fernsehen sicher verstärkt. Es hat den Anschein, als hätte fast jeder eine Affäre oder würde eine neue Liebe finden. Niemand ist auf Dauer zufrieden.

Natürlich gibt es Zeiten, in denen ein neuer Partner die Lösung sein kann, aber das stellt sicher die Ausnahme dar und nicht die Regel. Und selbst wenn Sie sich momentan nicht aktiv nach einem anderen Partner umsehen, ist es dennoch wichtig zu wissen, dass allein diese Gedanken Sie daran hindern, wirklich zu genießen, was Sie haben, und aus Ihrer Beziehung das meiste herauszuholen. Sind Sie darauf konzentriert, was besser sein könnte, oder vergleichen Sie, was Sie haben – oder wen Sie haben –, mit Ihren Traumvorstellungen, dann führt das zu viel Unzufriedenheit und Frustration.

Oft ist es hilfreich, sich bewusst zu machen, dass die Vorstellung von etwas anderem viel besser ist als die Wirklichkeit. Wir haben Männer und Frauen kennen gelernt, die ihren Partner wegen jemand anderem verlassen haben – jemand, der jünger ist und besser aussieht, oder jemand, der ihnen mehr Aufmerksamkeit geschenkt hat oder mehr Geld hatte – aus welchem Grund auch immer. Ausnahmslos war die Wunschvorstellung besser als die Realität. Jemand Neues mag wunderbar sein, aber jeder hat so seine Macken. Und mit einem neuen Partner kommen neue Probleme auf einen zu. Viele sagen: »Wenn ich mit jemand anderem zusammen wäre, dann müsste ich das nicht hinnehmen.« Das mag schon stimmen, aber dann müssten Sie eben etwas anderes hinnehmen; garantiert. Da führt kein Weg dran vorbei.

Diese Strategie ist sehr hilfreich, wenn Sie in Ihrer Beziehung mehr Ruhe und Zufriedenheit empfinden wollen. Sie lässt sich auch leicht in die Tat umsetzen. Sie müssen sich nur bewusst machen, dass Sie zu dem Gedanken neigen, dass jemand anderer besser für Sie wäre – und diesen Gedanken dann unter Kontrolle halten. Das ist es auch schon, keine große Sache. Und wenn Sie feststellen, dass Sie sich wieder einmal zu solchen Überlegungen hinreißen lassen, versuchen Sie es doch einmal anders. Anstatt sich mit dem Gedanken zu beschäftigen, was oder wer nun besser für Sie wäre, versuchen Sie, die Beziehung, die Sie gerade führen, so schön wie möglich zu gestalten. Schätzen Sie, was Sie gerade haben, werden Sie feststellen, dass das Gras anderswo auch nicht grüner ist.

6.

Hören Sie auf, Buch zu führen

Wenn Sie nach einer absolut planbaren und völlig zuverlässigen Methode suchen, die Ihnen ständigen Frust garantiert – und somit auch die entsprechend negativen Auswirkungen auf Ihre Beziehung, dann sollten Sie darüber Buch führen, was Sie alles tun und was Ihr Partner unterlässt. Und wenn Sie das Problem noch zusätzlich verstärken wollen, sollten Sie Ihren Partner regelmäßig wissen lassen, in welcher Hinsicht er oder sie Ihre Erwartungen nicht erfüllt – und wie viel mehr Sie im Vergleich zu ihm oder ihr doch auf sich nehmen. So absurd diese Idee auch scheinen mag, ist es doch genau das, was viele Paare oft unwissentlich machen – und zwar tagtäglich in ihrem gemeinsamen Leben. Diese Angewohnheit führt zu Ärger, Frust, Apathie und schließlich dem Zusammenbruch einer sonst eigentlich positiven Beziehung. Aus verschiedenen Gründen stellt es für viele eine Versuchung dar, heimlich oder auch ganz offen Buch über das zu führen, was sie für die Beziehung tun, um ihrem Partner sein Leben zu erleichtern, und aufzurechnen, wie viel sie für die Beziehung opfern. Sie lassen Revue passieren, wie oft hintereinander sie das Haus geputzt oder die Rechnungen bezahlt haben, wie oft sie zur Arbeit gefahren sind, die Wäsche gemacht oder die Kinder gebadet haben – was auch immer.

Vielleicht rechnen wir dem anderen das alles aus Angst vor, sonst nicht respektiert zu werden, oder auch, weil wir doch einen gewissen Groll hegen ob der Rolle, die man uns aufgezwungen hat; aber vielleicht liegen die Gründe ja auch ganz woanders. Ganz egal, welche Ursachen verantwortlich sind, man schießt schließlich ein Eigentor.

Wenn Sie sich diese überaus weit verbreitete Gewohnheit zu Eigen machen, treten zwei Dinge mit Sicherheit ein: Zunächst einmal wird das übertriebene Nachdenken über die Unausgewogenheit in Ihrer Beziehung Sie frustrieren und stressen. Machen Sie sich ständig bewusst, wie hart Sie arbeiten, werden Sie ganz zwangsläufig über Ihren Partner verärgert sein, und in vielen Fällen nehmen Ihre liebevollen Gefühle dann ab. Die Verbindung, die zwischen Ihrem Denken und Ihrem Fühlen besteht, lässt sich nun einmal nicht leugnen. Sobald Sie über Ihren Ärger nachsinnen und Ihre Gedanken auf die ungerechte Verteilung der Aufgaben lenken, spüren Sie die Auswirkungen dieser belastenden Überlegungen; Sie haben den Eindruck, dass man Sie ausnutzt, und fühlen sich entsprechend ausgebrannt.

Außerdem spürt Ihr Partner Ihren Ärger und baut nun seinerseits Spannungen auf, so dass auch er viel negativen Stoff bekommt, über den er nachdenken und an dem er sich festbeißen kann. Niemand möchte wahrhaben, dass der Partner vor den Kopf gestoßen und verärgert wird durch den Beitrag, den man selbst geleistet oder nicht geleistet hat. Prompt geht man in die Defensive und wirft dem anderen dessen nicht erbrachte Leistungen vor. Beide Seiten verrennen sich immer mehr und denken über all das nach, was sie tun – und schon führt man wie wild Buch. Die Beziehung wird dann von negativen Gefühlen geprägt, und beide Partner sind davon überzeugt, dass allein der andere die Schuld trägt.

Sobald Sie merken, dass Sie anfangen aufzurechnen, sollten Sie versuchen, diese Gedanken loszulassen und sich wieder auf Ihre liebevollen Gefühle zu konzentrieren. Bedenken Sie, dass es einfacher ist, den eigenen Beitrag zu sehen und die Bemühungen des anderen als Selbstverständlichkeit zu betrachten. Versuchen Sie also, diesen Denkansatz umzukehren. Überlegen Sie sich also nicht, was Ihr Partner *nicht* tut, sondern *was* er tut. Dann werden Sie möglicherweise feststellen, dass ein Teil Ihrer Verärgerung gar nicht begründet ist, sondern eine Angewohnheit, die sich in Ihr Denken eingeschlichen hat. Jedes Mal, wenn Sie diese Das-ist-nicht-gerecht-Überlegungen fahren lassen, leisten Sie einen positiven Beitrag zu Ihrer Beziehung. Kris und ich beispielsweise haben festgestellt, dass wir für unsere Beziehung mehr tun, wenn wir unsere Buchhalter-Mentalität auf ein Minimum reduzieren, als wenn wir konkret einen Beitrag leisten, den – und darüber beschweren Sie sich – der andere unterlassen hat.
Selbst wenn Sie es nicht lassen können, Buch zu führen, und Sie absolut überzeugt sind, den Kürzeren gezogen zu haben, sollten Sie Ihr Denken dennoch unter Kontrolle halten. Auf diese Weise bleiben Ihre liebevollen Gefühle lebendig. Bedenken Sie, dass es stets einfacher ist, eine tiefgreifende Diskussion zu führen oder einen Streitpunkt zu besprechen, wenn Ihr Herz mit Liebe und Geduld erfüllt ist. Ich gebe ja zu, dass sowohl Kris als auch ich noch hin und wieder in diese Falle geraten, aber Gott sei Dank ist das nur noch sehr selten so. Wir sind der Meinung, dass Liebe und Respekt in Ihre Beziehung zurückkehren werden, sobald es Ihnen gelingt, diese Neigung im Keim zu ersticken. Und vielleicht wird Ihre Beziehung ja sogar noch intensiver.

7.

Seien Sie zuerst freundlich (Kris)

Freundlich miteinander umzugehen ist das Allerwichtigste. Setzen Sie es sich zum vorrangigen Ziel, sich jeden Tag darin zu üben. Fangen Sie zu Hause damit an – in Ihrer Beziehung. Freundlichkeit macht ein Gefühl von Wärme zwischen zwei Menschen erst möglich. Sie kann gar das Kernstück Ihrer Beziehung sein. Sie hilft Ihnen, sich eng miteinander verbunden zu fühlen, wenn alles gut läuft, und sorgt dafür, dass Meinungsverschiedenheiten sich nicht zu einem großen Streit auswachsen. Freundlichkeit an den Tag zu legen bedeutet nicht, dass man lächelt, wenn einem gar nicht danach zu Mute ist, oder dass man sich fröhlich gibt, wenn man eigentlich deprimiert ist. Es geht vielmehr darum, den Partner – und auch alle anderen – so zu behandeln, wie man selbst gern behandelt werden möchte. An der Redensart »Wie man in den Wald hineinruft, so schallt es heraus« ist etwas Wahres dran. Es trifft sicher zu, dass die beste Methode, anderen – unseren Partner mit eingeschlossen – beizubringen, dass wir freundlich behandelt werden wollen, darin besteht, selbst mit gutem Beispiel voranzugehen; Freundlichkeit hat etwas Ansteckendes.

Sue – sie ist seit fünfundzwanzig Jahren verheiratet – spricht von ihrem Mann Rick immer mit einem Lächeln im Blick, sodass man das Gefühl hat, dass die beiden sehr glücklich miteinander sind. Ich erkundigte mich, was ihrer Meinung nach hauptsächlich für ihre glückliche, erfolgreiche Ehe verantwortlich sei. Ohne zu zögern, antwortete sie, dass sie mit einem der freundlichsten Menschen verheiratet sei, den man sich nur vorstellen könne. Sue erzählte, dass sie oft sehr stur sei, was ihre Vorstellungen betrifft. In so einer Situation bereitet Ricks Fähigkeit, ruhig und freundlich zu bleiben, Sues Engstirnigkeit oft ein Ende. Anstatt dass die Sache zu einem Machtkampf ausartet, hilft seine Freundlichkeit beiden, allem den angemessenen Stellenwert zuzuweisen. Wenn Sue müde und verärgert nach Hause kommt, reagiert Rick nicht auf ihre schlechte Stimmung, sondern lässt ihr den Freiraum, sich so lange mit ihren Gefühlen zu beschäftigen, wie es für sie notwendig ist. Er ist immer für sie da, wenn sie ihn braucht, bombardiert sie jedoch nicht mit Fragen und Vorschlägen.

Es ist wichtig, den Partner mit der gleichen Freundlichkeit zu behandeln, die man auch dem besten Freund oder der besten Freundin zuteil werden ließe. Man fängt mit Kleinigkeiten an – mit ganzem Herzen zuhören, respektvoll und einfühlsam reagieren. Freundlich sein bedeutet, wenn nötig um Erlaubnis zu bitten und sich zu entschuldigen, wenn man sich geirrt hat oder wenn einem ein Fehler unterlaufen ist. Freundlichkeit schließt Höflichkeit mit ein. Sie beinhaltet auch, die Bedürfnisse des Partners zu erahnen und sich die Frage zu stellen: »Was würde ihn jetzt freuen; kann ich etwas dazu beitragen?« Freundlichkeit zeigt sich im Kleinen.

Natürlich bin ich voreingenommen, aber ich lebe mit einem der freundlichsten Menschen dieser Welt zusammen. Richard wacht fast jeden Morgen mit einem Lächeln im Blick auf und weiß das Leben wahrlich zu würdigen. Er reagiert auf meine schlimmsten Stresstage mit sanfter

Freundlichkeit und mit Verständnis. Deshalb fällt es mir schwer, mich extrem über ihn zu ärgern – wie über so Kleinigkeiten wie seine Angewohnheiten, sein nasses Handtuch einfach zusammengeknüllt auf meine Seite des Bettes zu werfen oder versehentlich meine Zahnbürste zu benutzen. Wäre er nicht so freundlich, würde mich dergleichen wahrscheinlich in den Wahnsinn treiben.

Wir haben die Erfahrung gemacht, dass es einfach ist, freundlich zu sein, wenn alles gut läuft – und wenn sich der Partner zuerst so verhält. Es ist allerdings etwas ganz anderes, wenn einmal etwas nicht so reibungslos funktioniert – oder wenn der Partner nicht so nett ist. Gerade dann ist es jedoch besonders wichtig, sich in Freundlichkeit zu üben. Diese Momente sind maßgeblich für unsere Beziehung.

Die Menschen spiegeln sich gegenseitig. Meist bekommen wir zurück, was wir gegeben haben. Wenn also der Mensch, den Sie lieben, das nächste Mal einen schlechten Tag hat, versuchen Sie es einmal anders. Schauen Sie ihm mit einem Lächeln in die Augen, das besagt: »Ist schon gut; ich liebe dich auch, wenn du nicht so gut drauf bist.« Tun Sie das, stehen die Chancen gut, dass Sie auch mit einem Lächeln belohnt werden. Sicher werden Sie sich unserer Auffassung anschließen, dass Freundlichkeit, die man täglich praktiziert, einen weiteren Schlüssel zum Gelingen einer lebenslangen guten Partnerschaft darstellt.

8.

Benutzen Sie Ihren Partner nicht als Blitzableiter

Machen wir uns nichts vor: Die meisten von uns lassen ihren Gefühlen freien Lauf, zumindest hin und wieder. Es tut einem einfach gut, sich einiges von der Seele zu reden. Und auch wenn keiner von uns solche Gefühlsausbrüche als therapeutisches Mittel oder als Entspannungsmöglichkeit empfiehlt, so müssen wir doch zugeben, dass wir uns gelegentlich ebenso verhalten. Aus irgendeinem Grund hilft es manchmal, jemandem, den man liebt, seine Frustration mitzuteilen; und selbst wenn es einem nicht gut tut, kann man bisweilen einfach nicht anders.
Es besteht jedoch ein enormer Unterschied zwischen einem gelegentlichen Gefühlsausbruch, wenn man einfach einmal Dampf ablässt, und Gefühlsausbrüchen, die zu einem regelmäßigen Bestandteil der Kommunikation werden. Wir haben beobachtet, dass in Beziehungen, in denen sich ein Partner immer wieder unkontrolliert seinen Gefühlen überlässt, der andere sich wie ein Blitzableiter oder Punchingball fühlt.
Eines der Probleme bei derartigen Gefühlsausbrüchen besteht darin, dass die Anlässe, über die man sich auslassen kann, nie ein Ende zu nehmen scheinen. Anders ausgedrückt: Es gibt immer irgendetwas, über das man sich aufregen kann, sobald man seine Aufmerksamkeit darauf konzentriert. Haben Sie also das Gefühl, dass es Ihnen immer besser geht,

wenn Sie Ihrem Partner gegenüber Dampf ablassen, wird das zu einer Art Sucht und somit schnell zur schlechten Gewohnheit. Sie gehen dann nämlich von der Prämisse aus, je mehr, desto besser.
Es lässt sich leicht nachvollziehen, warum sich das Gegenüber bei so einem Gefühlsausbruch mit der Zeit wie ein Punchingball vorkommen muss. Stellen Sie sich doch einmal Folgendes vor: Sie haben einen langen Tag hinter sich und sind müde. Aber Sie sind relativ ruhig und haben das Gefühl, dass das Leben es alles in allem gut mit Ihnen meint. Sie nehmen sich nun ein Buch zur Hand, um vor dem Essen noch ein wenig zu lesen, und da kommt Ihr Partner herein und fängt an, sich über seinen Tag zu beklagen. Sie lieben Ihren Partner und wollen ihm natürlich helfen. Sie legen also Ihr Buch zur Seite und hören ihm zu. Im Lauf der nächsten zehn Minuten vollzieht sich bei Ihnen ein enormer Stimmungswandel. Denn man hat Ihnen viele schreckliche Dinge erzählt, Sie daran erinnert, wie schlecht doch die Welt ist und wie ungerecht und hart das Leben sein kann. Diese Argumente sind so überzeugend, dass Sie langsam beginnen, das selbst auch zu glauben. Ihr Partner fährt nun fort, Ihnen irgendwelchen negativen Klatsch zu berichten, und gibt Ihnen ein paar Beispiele für egoistisches Verhalten. In diesem Moment hat es den Anschein, als würde Ihr Partner sein Leben regelrecht hassen. Er hat Ihnen von den zwölf Menschen erzählt, die ihn ungerecht behandelt haben, und von den vier anderen, auf die er gerade böse ist.
In unserem Beispiel war die Person, die sich zu so einem Gefühlsausbruch hat hinreißen lassen, vermutlich nur schlechter Stimmung und hat sich selbst Leid getan. Aller Wahrscheinlichkeit nach sieht schon am nächsten Tag alles ganz anders aus. Und wenn die Zuhörerin diesen Mechanismus durchschauen könnte, würde sie sich wohl keine allzu

großen Gedanken machen. Sie würde einfach nur zuhören und ihrem Gegenüber so gut helfen, wie es ihr möglich ist.
Andererseits ist es schwierig, sich immer einen positiven Blickwinkel zu bewahren, den man allerdings benötigt, um sich nicht durch das Lamento eines anderen herunterziehen zu lassen, besonders wenn es ohne Maß und Ziel ist. Selbst wenn sich also gelegentliche Gefühlsausbrüche nicht vermeiden lassen, ist doch immer auch eine gehörige Portion Egoismus damit verbunden. Anders ausgedrückt: Lassen wir unseren Gefühlen freien Lauf, geht das auf Kosten von jemand anderem. Das Beste, was wir tun können, ist, sich einfach bewusst zu machen, wie viel an Lamento noch akzeptabel ist und wann das Maß voll ist.
Wir behaupten natürlich nicht, dass es grundsätzlich nie in Ordnung ist, einmal Dampf abzulassen, besonders in kleinen Dosen. Aber es ist doch wichtig, derartige Ausbrüche unter Kontrolle zu halten. Tun Sie das, kommt sich Ihr Partner auch nicht wie ein Blitzableiter vor.

9.

Stellen Sie sich die Frage: »Wessen Marotte ist das denn eigentlich?« (Kris)

Wenn man mit jemandem zusammenlebt, ist es in der Regel meist der tagtägliche Kleinkram, der uns wahnsinnig macht, so Dinge wie: Spül die Zahnpasta das Waschbecken runter, mach den Klodeckel zu und dergleichen. Es ist seltsam, aber man kann jemanden sehr lieben und sich dennoch schnell irritiert fühlen, wenn man mit demjenigen – oder derjenigen – auf engem Raum zusammen ist. Geht Ihnen irgendetwas immer wieder auf die Nerven, ist es hilfreich, sich einmal die Frage zu stellen: »Wessen Marotte ist das denn eigentlich?«, bevor man ein Mordsaufhebens darum macht.

Seit Jahren gehört es zu meinem Morgenritual, an den Schrank zu gehen und mir ein frisches farbenfrohes Handtuch zum Duschen zu holen und im Bad bereitzulegen. In der Zwischenzeit konnte Richard natürlich als Erster unter die Dusche gehen. Hatte ich dann endlich auch geduscht, musste ich oft feststellen, dass mein schönes frisches Handtuch weg war. Fast jeden Morgen lief ich dann durchs Haus – klitschnass, um mir ein anderes Handtuch zu holen. Nach einer Weile machte mich das verrückt.

Eines Tages, als ich gerade an den Schrank ging, um mir mein Handtuch zu holen, wurde ich schon ärgerlich, bevor ich überhaupt geduscht hatte, weil ich mir ausmalte, dass dieses frische Handtuch wieder einmal von meinem Mann benutzt werden würde. Aus irgendeinem Grund war ich an diesem Morgen jedoch mit einem Sinneswandel gesegnet. Ich dachte einen Moment darüber nach und stellte mir dann zwei Fragen, die eigentlich auf der Hand lagen: »Wenn ich ein Handtuch holen kann, warum dann nicht gleich zwei? Wessen Marotte ist das denn eigentlich?«

In gewisser Hinsicht war das Szenario ja auch wirklich witzig. Ich war am Rande meiner Nervenkraft, und Richard bemerkte meinen Ärger nicht einmal. Er freute sich wohl daran, dass er mit einer netten Frau verheiratet war, die immer ein Handtuch für ihn bereithielt.

Marotten können sich in vielerlei Hinsicht zeigen. Ich habe einmal die Geschichte von einem Paar gehört, bei dem die Frau ein normales Ordnungsempfinden hatte, während der Mann ständig alles ordnen musste und unter einem wahren Sauberkeitsfimmel litt; und das soll heißen: makellos sauber. An einem Abend vergaß Davids Frau nach dem Abspülen ein Stück Salat im Ausguss. Er stand an der Spüle in der Küche und brüllte aus vollem Hals: »Pamela, jetzt komm aber her und räum fertig auf.« Also, wer hat hier jetzt die Marotte? Das ist ja wohl keine Frage.

Sich dieses Thema einmal durch den Kopf gehen zu lassen kann überaus befreiend sein, wenn beide Beteiligten erkennen, was sich eigentlich abspielt. Wenn David bei diesem Vorfall erkennen könnte, dass er derjenige ist, der neurotisch reagiert und einen Tick hat, dann könnte er über sich lachen und würde an seine Frau keine so hohen Maßstäbe mehr anlegen. Wenn andererseits Pamela die Marotte ihres Mannes verstehen würde und sein Problem erkennen könnte, würde sie seine Reaktion einfach abtun und ein bisschen mit den Augen rollen, ohne die Sache zu persönlich zu nehmen.

Sind Sie mit solchen alltäglichen kleinen Ärgernissen konfrontiert, denken Sie stets daran, dass wir alle unsere kleinen Marotten haben. Ziehen Sie – wie ich in meinem Beispiel – einmal in Betracht, dass es vielleicht weniger das ist, was Ihr Partner tut – oder auch gerade nicht tut –, was Sie so sehr verärgert, sondern das, was Sie selbst tun – oder auch nicht. Oder Sie haben, wie in Davids Fall, womöglich einfach zu hohe Erwartungen.

Halten Sie nur einen Augenblick inne und lassen sich die Situation ehrlich und mit ein wenig Bescheidenheit durch den Kopf gehen, wird Ihnen oft eine nahe liegende Lösung einfallen, oder Sie werden die Sache plötzlich mit anderen Augen sehen. Wenn Sie also das Gefühl haben, dass man Sie schikaniert, versuchen Sie, sich die Frage zu stellen: »Wessen Marotte ist das denn eigentlich?« Zumindest manchmal wird die Antwort wohl lauten: »Meine eigene.«

10.

Sprechen Sie so mit Ihrem Partner, dass er Sie auch versteht

John Gray legt in seinem Buch *Männer sind anders. Frauen auch. Männer sind vom Mars. Frauen von der Venus.* dar, dass Männer und Frauen unterschiedlich sind. Es gibt natürlich keine zwei Menschen, die völlig gleich wären, jeder hat seine persönliche Sichtweise. Wir alle filtern Informationen durch unser individuelles Sieb, das von unserer persönlichen Geschichte und der Art, wie wir die Welt sehen, bestimmt wird. Um effektiv mit dem Partner kommunizieren zu können und eine liebevolle Beziehung zu führen, die Bestand hat, ist es deshalb wichtig, die Realität unseres Partners zu erfassen.

Wir sind mit einem Paar bekannt, das völlig gegensätzlich ist. Joanne ist überaus intuitiv und kreativ, sie ist der Inbegriff eines Menschen, dessen Denken von der rechten Gehirnhälfte, den Emotionen, bestimmt wird. Sie kann spontan hervorragende Entscheidungen treffen, die allein auf ihrer Intuition und Kreativität beruhen. Ray hingegen ist ein Mensch des Typus A, ein analytisch denkender Mann mit linksseitigem Denken. Ray kann perfekt den Advocatus Diaboli spielen. Für ihn muss alles einen logischen Sinn ergeben – oder es zählt nicht. Ist er mit etwas nicht einverstanden, denkt er auf der Stelle über all die Gründe nach, warum die Sache sinnlos ist.

Als die beiden sich kennen lernten, war das ein typischer Fall von: Gegensätze ziehen sich an. Ray war von Joannes Spontaneität begeistert und ihrer freudvollen Fähigkeit, den Augenblick zu genießen. Er hatte das Gefühl, mit jemandem zusammen sein zu wollen, der weniger aggressiv ist als er und mehr geben kann. Joanne schien also genau das richtige Heilmittel. Als Joanne sich in Ray verliebte, gefielen ihr sein Intellekt und sein Engagement. Sie war beeindruckt, weil er willens war, auch an Wochenenden zu arbeiten, wenig zu schlafen und Stunden damit zu verbringen, ein Problem genau zu analysieren; schließlich waren all das Eigenschaften, zu denen sie nie fähig gewesen wäre. Sie hatte das Gefühl, dass sie sich hervorragend ergänzen würden und bis ans Ende ihrer Tage glücklich und zufrieden miteinander leben könnten.

Mit den Jahren jedoch nagten all diese Unterschiede an ihrer liebevollen Verbindung. Ray wurde distanziert und war frustriert, weil er Joannes emotionale Art, Entschlüsse zu fassen, nicht mehr nachvollziehen konnte, nachdem der Reiz des Neuen vorüber war. Sie traf Entscheidungen, die seiner Auffassung nach einfach nicht »durchdacht« waren – was ihn endlos frustrierte.

Joanne ihrerseits bekam Depressionen, weil sie sich nicht in der Lage sah, bei Rays methodischer und aggressiver Art der Kommunikation mitzuhalten. Ray war der Vorsitzende des Diskussionsclubs seiner Schule gewesen, und Joanne fühlte sich nach Auseinandersetzungen mit ihm oft ausgelaugt und niedergemacht, so als wäre sie einer seiner minderwertigen Gegner.

Gott sei Dank hatte Joanne jedoch eine grundlegende Erkenntnis. Sie fand eine Möglichkeit, wie sie sich konsolidieren und zugleich die Kommunikation in ihrer Partnerschaft verbessern konnte. Es war ihr nämlich bewusst geworden, dass ihre Ehe zum Scheitern verurteilt wäre, gelänge es ihr nicht, einen Weg zu finden, mit Ray zu reden – und zwar so, dass er sie auch wirklich versteht. Wenn sich heute also ein Konflikt abzeichnet oder wenn sie ein unangenehmes, schwieriges Thema besprechen möchte, hat Joanne es gelernt, ihre Argumente zu ordnen und sie in logischer Abfolge zu präsentieren – soweit sie eben dazu in der Lage ist. Sie weiß, dass das die einzige Chance ist, dass Ray auch versteht, was sie ihm zu sagen hat.

Wichtig dabei ist zu wissen, dass Joanne zu diesem Schluss nicht aus einer Art von Selbstaufgabe heraus gekommen ist, sondern mit innerer Weisheit ein Mittel gefunden hat, die Beziehung auf ein neues Niveau zu heben. Wir haben nämlich die Erfahrung gemacht, dass eine bessere Kommunikation gewährleistet ist, sobald man mit seinem Partner auf seine Weise spricht.

Die Ergebnisse sind beachtlich. Ray stimmt Joannes Sichtweise natürlich nicht immer zu, aber er ist weniger von oben herab und reagiert nicht so schnell über; außerdem hört er ihr besser zu. Er kann die Informationen auf eine eher geschäftsmäßige Art und Weise verarbeiten, nämlich so, wie er es gewohnt ist zu denken. Und er hat sogar eine geringfügige Bereitschaft erkennen lassen, mit Joanne so zu reden, wie es ihr angenehm ist. Darüber hinaus fühlt Joanne sich jetzt gerüstet, mit seinen Fragen umzugehen, ohne dabei zu emotional zu wirken. Es ermutigt sie, dass Ray mehr Bereitschaft zeigt zuzuhören.

Wir wollen hier nicht den Standpunkt vertreten, dass alle Männer logischer denken oder dass Frauen eher emotional reagieren; jeder hat seine individuelle Denkweise. Dieses Wissen kann Ihnen die Kraft geben, die Dynamik Ihrer Beziehung zu verändern – und zwar für immer. Bedenken Sie, dass Ihre Wirklichkeit nicht *die* Wirklichkeit schlechthin ist – sondern eben nur die Ihre. Eine Möglichkeit zu finden, sich seinem Partner besser verständlich zu machen, ist deshalb nur klug.

11.

Vermeiden Sie einen Satz wie: »Ich liebe dich, aber …«

Es steht außer Frage, dass einer der schönsten Sätze »Ich liebe dich« heißt. Wir alle sehnen uns nach diesen Worten, sie allein können ein Gefühl der Wärme und Verbundenheit erzeugen. Doch deren Schönheit und positiver Einfluss werden gänzlich zerstört, wenn Sie das kleine Wörtchen »aber« hinzufügen. Auf diese Weise verwandelt sich eine unschuldige und respektvolle Äußerung in Manipulation und Egoismus.

Kris war die erste Frau, die mich diese wichtige Lektion gelehrt hat. Vor vielen Jahren, kurz nachdem wir uns ineinander verliebt hatten, sah sie mir in die Augen und stellte mir die Frage: »Bist du dir eigentlich bewusst, dass du deine Liebe zu mir in den letzten fünf Minuten zweimal von Bedingungen abhängig gemacht hast?« Damals begriff ich nicht einmal, wovon sie überhaupt sprach. Sie erklärte mir also, dass sie es durchaus zu schätzen wisse, wenn ich ihr sagte, dass ich sie liebe, dass meine Worte aber viel weniger ehrlich klangen, wenn ich eine Bedingung daran knüpfte. Ich hatte ihr damals nämlich gesagt: »Ich liebe dich, *aber* ich möchte, dass du mich nicht mehr warten lässt«, und: »Ich liebe dich, *aber* es macht mich ärgerlich, wenn du voraussetzt, dass ich etwas tun möchte, wo deine Freunde mit beteiligt sind.« Später sagte sie mir, dass sie die Sache angesprochen habe, weil sie sich zu einer Gewohnheit zu entwickeln schien und sie hoffte, dass ich sie im Keim ersticken würde.

Als sie mich zum ersten Mal auf meine Verhaltensweise aufmerksam machte, ging ich gleich in die Defensive. Mittlerweile habe ich aber gelernt, dass dazu gar kein Grund besteht. Kris wollte damit ja nicht sagen, dass sie über jegliche Kritik erhaben sei oder dass ich nicht die Freiheit hätte, etwas anzusprechen, das mich störte. Ganz im Gegenteil, sie ermutigte mich sogar dazu und tut das auch heute noch. Sie bat mich nur, meine Liebeserklärungen von allem anderen zu trennen, was mit ihr zu tun hat. Sie betonte zu Recht, dass beides – nämlich seiner Liebe Ausdruck zu verleihen wie auch die Freiheit, etwas anzusprechen – für eine aufrichtige, liebevolle Beziehung notwendig ist, dass diese Dinge jedoch rein gar nichts miteinander zu tun haben.

Was Kris sagte, schien mir vernünftig. Untersucht man nämlich einmal die Intention, die hinter dem Wort »aber« steckt, nachdem man gesagt hat: »Ich liebe dich«, wird es ganz offensichtlich, dass der einzige Grund, weshalb man den Satz vorausgestellt hat, darin besteht, sein Gemecker oder seine Klagen passabler erscheinen zu lassen. Anstatt also den Mut zu haben, die Sache, die mir nicht passte, einfach aufs Tapet zu bringen, wollte ich versuchen, zuerst einmal als netter Typ dazustehen. In gewisser Weise war es, als würde ich sagen: »Ich bin echt nett, geduldig und tolerant und liebe dich wirklich sehr. Und jetzt, da daran kein Zweifel mehr besteht, muss ich dir leider mitteilen, in welcher Hinsicht du dich ändern solltest, damit du mir noch liebenswerter erscheinst.«

Wenn das nicht absurd ist, was ist es dann? Da lässt sich die unterschwellige Botschaft einfach nicht wegdiskutieren. Seitdem habe ich diesen Zusatz »aber« mehrere hundert Mal gehört, ja vielleicht sogar mehrere tausend Mal. Oft, wie damals in meinem Fall, wird eine solche

Aussage direkt dem Partner gegenüber gemacht. In anderen Beispielen wird die Botschaft nur indirekt übermittelt. Gerade gestern telefonierte ich mit einer Frau, die mir sagte: »Ich liebe Kurt wirklich, *aber* ich kann es nicht leiden, wenn er mir ins Wort fällt.«

Diese Strategie ist überaus einfach, und sie macht sich enorm bezahlt. Die Überlegung, die dahinter steht und die mir Kris damals nahegebracht hat, ist, dass man vermeiden sollte, eine Liebeserklärung mit etwas zu koppeln, das einen stört. Wenn Sie Ihren Partner lieben, sagen Sie es ihm. Und ebenso lassen Sie es Ihren Partner wissen, wenn Ihnen etwas gegen den Strich geht. Tun Sie es nur nicht zur gleichen Zeit. Geht es Ihnen so wie mir, werden Sie schnell feststellen, dass sowohl Ihre Komplimente als auch Ihre Kritik viel ernster genommen werden.

12.

Schaffen Sie Gelegenheiten, Ihre Liebe auszudrücken

Im Lauf der Jahre haben uns viele Menschen von ihrer Sehnsucht erzählt, sich zu verlieben. Und wenn wir auch das Bedürfnis und den Wunsch nach einer liebevollen Beziehung verstehen können, so ist es uns dennoch wichtig zu vermitteln, dass es viele intensive Möglichkeiten jenseits von einer Liebesbeziehung gibt, wie man sein Leben mit Liebe erfüllen kann.

Eine schöne und ergreifende Geschichte haben wir von der Freundin eines Freundes gehört. Die Frau war allein, wie so viele von uns. Sie fühlte sich leer, so als könne ihr Leben nicht vollständig sein ohne einen Menschen, der daran Anteil nimmt. Ihre Freunde gaben ihr natürlich alle möglichen gut gemeinten Ratschläge; sie versuchten, sie zu verkuppeln; sie ermunterten sie, öfter auszugehen; sie empfahlen ihr Clubs, Kurse und andere Möglichkeiten, wie man Singles kennen lernen kann. Nichts half.

Schließlich machte ihr jemand den Vorschlag, etwas Karitatives zu tun. Und tatsächlich fiel dieser Rat auf fruchtbaren Boden, die Frau begann, ehrenamtlich in einem Altenheim zu arbeiten. Dieser Liebesdienst sollte zum Katalysator werden, der ihr Leben veränderte. Um es kurz zu machen: Sie »verliebte« sich in eine reizende Dame von über neunzig Jahren. Die Erfahrung, Liebe zu geben und zu empfangen, öffnete ihr Herz auf eine Weise, wie sie es nie für möglich gehalten hätte, denn sie fühlte sich jetzt geschätzt und anerkannt. Mit ihrer herzlichen Art strahlte sie nun in allen Bereichen des Lebens Liebe aus. Sie war glücklicher, friedvoller und erfüllter als je zuvor. Diese Frau hatte ihre Definition von Liebe erweitert.

Liebevolle Gefühle sind ansteckend. Haben Sie ein offenes Herz und schenken Sie anderen Ihre Liebe, dann ziehen Sie auch liebe Gefühle der unterschiedlichsten Art auf sich.

Es dauerte also nicht lang, da ging die Frau eine Beziehung mit einem Mann ein, mit dem sie schon länger befreundet gewesen war. Sicher lässt sich das nur schwer belegen, aber es steht außer Frage, dass sich ihre ganze Persönlichkeit verändert hatte durch die Liebe, mit der ihr Herz jetzt erfüllt war.

Leidenschaft, eine liebevolle Partnerschaft, Ehe – all dies ist wunderschön. Es gibt jedoch zahllose andere Möglichkeiten, seine Liebe auszudrücken und Liebe zu erfahren. Sie können das auch mit einem Haustier erleben, mit karitativer Arbeit, in der Natur, bei einer guten Tat, ja sogar wenn Sie Ihrem Hobby frönen. Alles, was Ihnen Freude macht, was Ihre Stimmung in liebevoller Weise hebt und es Ihnen somit gestattet, Ihre Liebe mit jemandem oder etwas zu teilen, hat die Kraft, Ihr Herz mit Liebe zu erfüllen.

Eine der Zeiten, die in meinem Leben am meisten mit Liebe erfüllt war, war während meines Studiums. Ich arbeitete ehrenamtlich für »Big Brothers of America«*. Diese Erfahrung sollte mein Leben verändern.

* Die »Big Brothers of America« bieten sich Kindern allein erziehender Mütter als erwachsene männliche Ansprechpartner an.

Ich verbrachte damals viele Stunden mit einem kleinen Jungen von nur sechs Jahren. Ich schätze, dass es kein Zufall war, dass ich Kris kurz danach kennen gelernt habe.

Hegen wir liebevolle Gefühle – egal ob für Menschen, Tiere, Gott, die Natur oder einfach das Leben –, werden wir selbst auch Liebe auf uns ziehen. Haben wir ein von Liebe erfülltes Herz und verströmen wir diese Liebe, dann werden wir freundlicher, sanfter und geduldiger. Wir sehen alles nicht mehr so eng und fühlen uns zufriedener.

Wenn wir nach jemandem Ausschau halten, der uns lieben soll, vergessen wir schnell, wie wunderschön es eigentlich ist, Liebe zu geben. Entdecken wir jedoch neue Möglichkeiten, selbst Liebe zu schenken, vollzieht sich in unserem Leben ein zauberhafter Wandel. Wir interessieren uns mehr für andere, sind integrativer und klüger. Es scheint fast ein Naturgesetz zu sein – je mehr Möglichkeiten wir finden, unsere Liebe auszudrücken, Liebe zu schenken und liebevoll mit anderen umzugehen, desto mehr finden wir uns auch von liebevollen Gefühlen umgeben.

Es ist also gar nicht so wichtig, ob Sie nun gerade eine Liebesbeziehung haben oder nicht oder ob Sie gerne eine hätten. Egal, wie Ihre Lebensumstände, Ihre Träume und Wünsche auch aussehen mögen, es ist immer eine gute Idee, nach Gelegenheiten zu suchen, um seine Liebe auszudrücken.

13.

Sehen Sie das Positive

Der menschliche Verstand leistet in dieser Hinsicht Erstaunliches: Egal, wonach er sucht, er findet es. Halten Sie also nach Hässlichkeit Ausschau, werden Sie sie mühelos finden. Suchen Sie nach Grausamkeit, werden Ihnen ebenfalls unzählige Beispiele dafür auffallen. Und wenn Sie nach Schönheit suchen, werden Sie die genauso entdecken.

Eine der effektivsten Möglichkeiten, sich vor einer der größten Frustrationsquellen für Beziehungen zu schützen und die Beziehung heiter und lebendig zu erhalten, ist zweifelsohne, sich diese mentale Dynamik zu Nutze zu machen – nämlich nach dem Positiven Ausschau zu halten, das sich oft hinter Stress und Ausnahmesituationen verbirgt. Das ist eine praktische Möglichkeit, sein Herz offen zu halten und durch die Anforderungen des Alltags zu wachsen, anstatt mit Frust zu reagieren.

Es gibt unzählige Beispiele, wie man diese Strategie einsetzen kann, um seine Beziehung zu verbessern, selbst in Situationen, die eigentlich schmerzlich scheinen oder Grund zur Besorgnis geben. Hier nur einige dieser Fälle: Nehmen wir einmal an, Ihr Partner flirtet mit einer attraktiven Fremden. Worin könnte das Positive liegen? Sie können den Vorfall natürlich als Ausrede nutzen und sich in einem Eifersuchtsanfall ergehen oder Ihren Partner zur Rede stellen. In beiden Fällen wird Ihre

Beziehung wohl einen gewissen Schaden nehmen. Betrachtet man die Sache hingegen als etwas Positives, dann fungiert sie vielleicht als eine Art Alarmsignal, dass Sie aufmerksamer und liebevoller sein sollten, als ein »Geschenk«, das Ihre Beziehung verändert, wenn nicht gar rettet.

Oder stellen Sie sich vor, Ihre Frau bekommt eine Stelle in einer anderen Stadt angeboten. Man kann ein Mordstheater darum machen, ja sogar eine Tragödie. Konzentrieren Sie sich auf diesen Aspekt und vertreten Sie diese Position, werden Sie sich vermutlich schlecht fühlen, und zudem erweisen Sie sich als ein wenig hilfreicher Ehepartner. Sehen Sie die Sache dagegen in positivem Licht, stellt sie sich vielleicht als die ideale Möglichkeit dar zu zeigen, wie viel Unterstützung Sie geben können, oder als eine Gelegenheit, sich gemeinsam in ein neues Abenteuer zu stürzen.

Ein Paar, das schon zwanzig Jahre verheiratet war, trat nach einem meiner Vorträge einmal an mich heran. Während seine Frau neben ihm stand und lächelte, erzählte mir ihr Mann, dass er eine schwere Verletzung habe, die ihn zeit seines Lebens impotent machen würde. Er fügte noch hinzu, dass diese Sache das Wichtigste sei, das ihm je widerfahren sei. Vor seiner Verletzung hatte er sich in solchem Ausmaß auf seine Karriere konzentriert, dass er fast schon kommunikationsunfähig geworden war. Die beiden hatten sich auseinander gelebt, und die einzige Intimität, die sie noch miteinander geteilt hatten, hatte gelegentlich im Schlafzimmer stattgefunden – kaum ausreichend, um eine seit zwanzig Jahren bestehende Ehe zusammenzuhalten. Die Verletzung hatte ihn – und sie – gezwungen, neue Formen der Intimität zu finden. Nach zwanzig Jahren lernten die beiden schließlich, einander gut Freund zu sein. Seine Frau sagte, dass er nun der »netteste Mensch auf Erden« sei. Sicherlich bedeutete es ein Opfer und machte eine Neuorientierung erforderlich, aber ihren Worten nach war dieser Unfall »ein verkapptes Geschenk«.

Gibt es Menschen, die offen und klug genug sind, etwas so Schmerzliches noch als Geschenk zu erfahren, dann sollten alle Übrigen doch auch in der Lage sein, das Positive in unserem ganz normalen Alltag zu finden. Wir können das nämlich durchaus, wenn wir nur wollen.

Halten Sie also in bestimmten Situationen nach den Geschenken Ausschau, werden Sie stets etwas Positives finden, worauf Sie sich konzentrieren können. Wird das zu Ihrer normalen Wahrnehmungsweise, wird es Ihnen schier unmöglich sein, sich wegen alltäglicher Kleinigkeiten zu sehr aufzuregen und sich verrückt zu machen.

14.

Markieren Sie die entsprechenden Tage in Ihrem Kalender (Kris)

Daran lässt sich nicht rütteln: Das prämenstruelle Syndrom – PMS – gibt es wirklich. Und ich weiß das, denn ich leide daran seit meinen Teenager-Jahren – die Zeit meiner Schwangerschaften ausgenommen. Und die Wahrscheinlichkeit ist hoch, dass es Ihnen als Frau nicht anders geht; es gehört einfach dazu, wenn man weiblichen Geschlechts ist. Im Lauf der Jahre habe ich gelernt, einen Blick auf meinen Kalender zu werfen, wenn ich wieder einmal besonders melancholisch oder ein bisschen durchgeknallt bin – und siehe da, meine Periode steht in etwa einer Woche bevor. Ganz normale, alltägliche Vorfälle, mit denen ich sonst spielend zurechtkomme, irritieren mich plötzlich und werden zu Ausnahmesituationen.

Als ob es nicht schon unangenehm genug wäre, selbst dieses prämenstruelle Syndrom durchmachen zu müssen, wird es noch schlimmer, wenn der Partner diese Erfahrung mit Ihnen teilen muss. In den ersten zehn Jahren unserer Beziehung hat Richard mich so ziemlich jeden Monat einfühlsam gefragt: »Kris, stimmt was nicht mit dir?« Schließlich rief ich eines Tages mitten in so einer PMS-Phase aus: »Bitte sieh doch mal auf deinen Kalender. Mir fehlt nichts!«

Es ist wichtig, dass eine Frau ihre bevorstehende Periode nicht ständig als Ausrede benutzt, um aus der Rolle zu fallen oder sich irgendwie seltsam zu verhalten. Andererseits hilft es einem, wenn man sich der Symptome bewusst wird und man versteht, dass auf Grund des PMS alle Gefühle schlimmer scheinen, als sie wirklich sind; Kleinigkeiten werden aufgebauscht, und schnell sieht man in allem ein Problem und macht sich verrückt!

Dieses Verständnis hilft, seinen Gefühlen gegenüber etwas großzügiger zu sein. Sie kommen dann langsam zu der Einsicht, dass trotz des unmittelbaren Frustgefühls, das Sie empfinden, doch nicht alles so schlimm ist, wie es den Anschein haben mag. Man könnte PMS als die gesteigerte Form einer deprimierten Stimmung sehen. Und, wie in allen depressiven Phasen, ist es in der Regel das Beste, wenn man zu der Einsicht kommt, dass »alles schon vorübergehen wird«.

Teilen Sie diese Einsichten mit Ihrem Partner, hilft ihm das, die vorübergehenden, vorhersehbaren Stimmungen zu verstehen, die Sie durchmachen. Es wird Ihnen enorm dienlich sein, wenn Sie sich im Geiste eine Notiz machen oder die Tage im Kalender rot anstreichen. Im Idealfall kann jeder von Ihnen in diesen schwierigen Zeiten Zugeständnisse machen und – selbst wenn es schwer fällt – versuchen, besonders mitfühlend und geduldig zu sein.

Habe ich die entsprechenden Tage in meinem Kalender markiert, hilft es mir, dass meine Sicherungen nicht so schnell durchbrennen; und Richard verhält sich weiter einfühlsam, auch wenn ich einmal etwas Dummes daherrede oder wenn ich schneller in Zorn gerate als sonst. Ich betrachte die PMS-Phase in meinem Zyklus als eine Art dunkle Wolke – bisweilen auch als Unwetter –, die vorüberzieht. Ich habe gelernt, wie wichtig es ist, sich in diesen Tagen eine gesunde Lebenseinstellung zu bewahren. Mit einer angemessenen Sichtweise und dem entsprechenden Bewusstsein wird Ihnen nämlich klar, dass, ganz egal, wie sich eine Sache Ihnen momentan darstellt und was Sie dabei empfinden, es nicht das Leben ist, das vorübergehend verrückt spielt. Und schließlich wird Ihnen klar, dass sich Ihre Fähigkeit, mit Stress fertig zu werden, bald wieder normalisieren wird.

15.

Teilen Sie Ihre Einsichten mit Ihrem Partner

Eine überaus effektive Art und Weise, wie man lernen kann, nicht in allem ein Problem zu sehen und sich verrückt zu machen, ist, seine Erfahrungen mit dem Partner zu teilen. Sie können mit Ihrem Partner zu einem Zeitpunkt darüber reden, wenn Sie mit Gleichmut und nicht mit Feindseligkeit auf etwas reagiert haben, das Sie normalerweise stören würde. Oder Sie können ihn an einer Erkenntnis teilhaben lassen, wie Sie Ihr Leben weniger stressig gestalten könnten, oder auch eine neue Methode darlegen, ein Problem zu betrachten oder sich mit etwas Frustrierendem auseinander zu setzen.

Der Grund, warum dieser Prozess so effektiv ist, liegt darin, dass er Ihnen hilft, mehr das zu betonen, was an Ihrer Beziehung und an Ihrem Leben gut ist, und all dem weniger Aufmerksamkeit zu schenken, was Ihnen missfällt – und dann sehen Sie nicht mehr in allem ein Problem und machen sich verrückt. Auf diese Weise kommen auch Ideen und Tipps zum Vorschein, wie jeder von Ihnen beiden entspannter und liebevoller werden kann.

Jennifer biss sich stets an all dem fest, was sie in ihrem Leben beunruhigte. Tat jemand etwas, das ihr nicht passte, hegte sie einen enormen Groll gegen denjenigen und warf es ihm sehr, sehr lange vor. Deshalb wirkte sie zeitweise arg streng und fordernd. Eines Tages jedoch sollte sich das ändern. Eine Arbeitskollegin hatte eine Idee, die Jennifer entwickelt hatte, als die ihre ausgegeben. Was die Sache noch schlimmer machte, war, dass diese Frau die Idee nicht nur gestohlen hatte, sondern als Anerkennung für ihr »kreatives Denken« auch noch ein besonderes Projekt übertragen bekam. Selbst wenn sie gewollt hätte, wäre Jennifer nicht in der Lage gewesen, daran etwas zu ändern, da es keine realistische Möglichkeit gab, diese Ungerechtigkeit nachzuweisen. Eine Weile verfiel sie in ihre alte Gewohnheit und war absolut wütend. Sie befand sich gedanklich mit ihrer Kollegin im Kriegszustand und sann auf Rache.

Dann hatte sie eine Erkenntnis. Es wurde ihr klar, dass ihre eigenen Gedanken die ganze Sache noch schlimmer machten, als sie eigentlich war, und dass sie den Vorfall über Gebühr aufbauschte. Sie kam also zu dem Schluss, dass sie Ärger und Groll leid war, und verspürte schließlich die Bereitschaft, es einmal anders zu versuchen. Jennifer wollte schon lange glücklich sein. Sie hatte von der Macht des Vergebens gelesen, und theoretisch hatte sie diese Überlegung auch überzeugt. Bis zu dieser Erfahrung war es ihr jedoch nicht möglich gewesen, dieses Vergeben auch in die Tat umzusetzen. Weil diese Situation von so schreiender Ungerechtigkeit war, erschien sie ihr als perfekte Möglichkeit, es zu versuchen.

Sie beschloss also, ihrer Kollegin zu verzeihen, und sobald sie das getan hatte, begann sich ihr Herz zu öffnen. Sie begann sich so weit zu entspannen, dass sie die Situation besser akzeptieren und ihren Groll loslassen konnte. Es wurde ihr klar, dass die Menschen die meiste Zeit ehrlich waren und ihr – oder anderen – nicht die Ideen klauten. Außerdem kam sie zu dem Schluss, dass die Frau, die ihr die Idee gestohlen hatte, nicht Hass, sondern Mitleid verdient hatte.

Jennifer teilte ihrem Freund Steve ihre Erfahrung mit dem Vergeben mit. Er zeigte sich von ihrer Fähigkeit, ihr Herz in einer schwierigen Situation zu öffnen, so beeindruckt, dass das zur Basis einer völlig neuen Kommunikation wurde. Steve hatte sich schon seit geraumer Zeit mit Spiritualität beschäftigt und war relativ einfach im Umgang. Er hatte nur gezögert, Jennifer sein Leben zu widmen, weil es ihn beunruhigt hatte, dass sie so nachtragend war. Er hatte sich oft gefragt, ob sie dieser Gewohnheit je ein Ende bereiten könnte.

Es war beeindruckend, welchen Tiefgang ihre Kommunikation und ihre Beziehung jetzt bekam. So wurde es möglich, dass Jennifer auch in anderen Fällen verzeihen konnte. Sie hatte sich in einem solchen Ausmaß weiterentwickelt, dass auch Steve dadurch neue Einsichten bekam. Ihre Beziehung vertiefte sich.

Die Geschichte hat ein Happy End. Es dauerte nicht lang, bis die beiden sich verlobten und schließlich heirateten. Auch wenn es natürlich viele Faktoren gibt, die Gemeinsamkeiten schaffen können, haben Jennifer und Steve den Erfolg ihrer Beziehung auf diesen einen Vorfall zurückgeführt – das Mitteilen einer Erkenntnis.

Das Angenehme an solchen Einsichten ist, dass sie auf fruchtbaren Boden fallen, besonders wenn wir sie mit jemandem teilen, den wir lieben. Stellen Sie sich einmal vor, was Sie an positiven Dingen in Aussicht haben, wenn Sie den Entschluss fassen, Ihre Einsichten mit Ihrem Partner zu teilen.

16.

Stellen Sie keine Ultimaten

Hundert Personen habe ich die Frage gestellt, ob es ihnen gefiele, wenn ihnen jemand ein Ultimatum stellt. Fünfundneunzig Personen sagten Nein. Die anderen fünf reagierten mit so etwas wie: »Das soll wohl ein Scherz sein.« Als ich die Umfrage wiederholte, formulierte ich die Frage folgendermaßen um: »Können Sie sich einen Fall vorstellen, dass Sie es zu schätzen wüssten, wenn jemand Ihnen ein Ultimatum stellt, obwohl es auch noch andere Möglichkeiten gäbe?« Eine leicht geänderte Frage – doch exakt die gleiche Antwort. Ich bin noch nie jemandem begegnet, der für ein Ultimatum etwas übrig hätte. Und Sie? Dennoch benutzen viele Menschen diese Form der Manipulation regelmäßig, um zu bekommen, was sie wollen. Ich allerdings habe dabei die Erfahrung gemacht, dass man fast immer ein Eigentor schießt.

Das soll nicht heißen, dass es keine Fälle gäbe, in denen Ihnen praktisch keine andere Wahl bleibt, als jemandem ein Ultimatum zu stellen; zum Beispiel: »Sie müssen pünktlich zur Arbeit kommen, sonst verlieren Sie Ihren Job.« Das ist etwas anderes. Hier soll die Rede von der Tatsache sein, dass in Beziehungen Ultimaten selten positiv ankommen.

Es gibt mehrere gute Gründe, weshalb man von einem Ultimatum Abstand nehmen sollte. Zunächst einmal bringt ein Ultimatum den anderen in Zugzwang und schränkt seine Wahlmöglichkeiten ein. Zu einer ohnehin schon schwierigen Entscheidung kommen noch Aggression und das widerwärtige Gefühl von Druck, was zu grenzenlosem Widerwillen führt.

Und selbst wenn der Mensch, der das Ultimatum gestellt hat, schließlich bekommt, was er wollte, empfindet der andere doch Groll und hegt Rachegefühle. Ein Beispiel: Jean sagt zu Robert: »Wenn du dich nicht bereit erklärst, am Treffen meiner Familie teilzunehmen, rede ich eine ganze Woche lang nicht mehr mit dir, und dass ich dir mein Auto leihe, kannst du auch vergessen.« Robert geht dann vielleicht hin – aber die ganze Unternehmung missfällt ihm, und er hegt Jean gegenüber noch lange negative Gefühle. Er sinnt auf Möglichkeiten, wie er ihr die Sache heimzahlen kann, und verliert vielleicht sogar den Respekt für sie, weil sie ihn derart unter Druck gesetzt hat.

Langfristig gesehen wäre es für Jean viel effektiver gewesen, wenn sie so etwas gesagt hätte wie: »Ich würde mich ehrlich freuen, wenn du mich begleiten würdest. Ich übe ja nicht gern Druck auf dich aus, aber ich muss zugeben, dass ich wirklich sehr enttäuscht wäre, wenn du nicht mitkämst.«

Nicht immer, aber doch häufig entspringt ein Ultimatum der Furcht, dass Sie nicht bekommen, was Sie wollen, wenn Sie nicht zu diesem Mittel greifen. Sie stellen diese Forderung also aus Verzweiflung und knüpfen eine ernste Konsequenz daran – in der Hoffnung, dass es dann klappt. Das Problem dabei ist, dass Sie den jeweiligen Menschen eher abstoßen, als dass Sie ihm solche Angst einjagen, dass er schließlich in Ihrem Sinn handelt.

Ich kannte einmal einen Mann namens Roger, der ganz verrückt war nach seiner Freundin Ann. Er wollte unbedingt heiraten, und auch Ann tendierte in diese Richtung, war aber noch nicht ganz bereit dazu. Er stellte ihr das erschreckend weit verbreitete Ultimatum: »Heirate mich oder es ist aus zwischen uns.« Den Rest der Geschichte können Sie sich denken. Nach Jahren verunsicherte es Roger noch immer, dass Ann ihn nicht geheiratet hatte, während sie mittlerweile glücklich verheiratet war und zwei süße Kinder hatte. Das Traurige an der Geschichte ist, dass Ann vermutlich nach einer Weile durchaus in die Ehe eingewilligt hätte, wenn Roger nur ein bisschen geduldiger und liebevoller gewesen wäre. Und selbst wenn sie zu dem Schluss gekommen wäre, Roger nicht zu heiraten, wäre er heute noch immer besser dran, denn dann hätte sie die Beziehung mit mehr Respekt und liebevolleren Gefühlen für ihn beendet. Wie es sich zeigte, konnte sie seinen Druck jedoch nicht ertragen und verließ ihn, weil sie sich von seiner Art abgestoßen fühlte.

Wie schon gesagt gibt es durchaus Fälle, in denen einem keine andere Wahl bleibt, als dem anderen ein Ultimatum zu stellen. Was ist zum Beispiel, wenn Sie sich wirklich eine Ehe und Kinder wünschen und Ihr Partner auch nach vielen gemeinsamen Jahren sich nicht dazu bereit erklärt? In einer solchen Situation ist es wohl notwendig. Aber selbst wenn Sie zu diesem Mittel greifen müssen, sollten Sie Ihrem Partner erklären, dass Sie wünschten, es wäre nicht nötig. Geben Sie zu, dass Sie wissen, wie unschön Ultimaten sind.

Das Wichtigste bei dieser Strategie ist schlichtweg die Einsicht, dass es am besten ist, ein Ultimatum möglichst zu vermeiden. Dann bekommen Sie vielleicht viel eher, was Sie wollen; und Ihre Beziehung steht dann auch auf einer viel solideren Basis. Stellen Sie also keine Ultimaten mehr!

17.

Planen Sie Zeit für Übergangsphasen ein

In langjährigen Beziehungen gibt es viele Übergangsphasen. Oft werden sie durch einschneidende Veränderungen eingeleitet: eine neue Ehe, eine Schwangerschaft, ein Kind kommt in die Familie, ein Umzug, ein Stellenwechsel, der Tod eines lieben Menschen, die Pensionierung oder der Auszug der Kinder. Derartige grundlegende Veränderungen stellen Ihre Beziehung auf die Probe. Wir sind zu dem Schluss gekommen, dass man solche Veränderungen am besten übersteht, wenn man ihnen viel Zeit einräumt. Gehen Sie von der Annahme aus, dass eine Veränderung eine Weile dauert, dann nimmt das viel an Dringlichkeit und Frustration. Sie gewinnen so Zeit, sich umzustellen und zu konsolidieren.

Kommt beispielsweise ein Kind zur Welt, ist das sicher eine der größten Veränderungen, auf die man sich einstellen muss. Viele Beziehungen sind emotional nicht vorbereitet auf ein Kind und auf das, was es für das Leben als Paar bedeutet. Eltern unterscheiden oft die Zeit vor und nach der Geburt des ersten Kindes – v.K. und n.K.

Eines jedenfalls steht fest: Sie werden nicht wirklich verstehen können, wovon hier die Rede ist, bevor Sie nicht selbst diese Erfahrung gemacht haben. Das gilt natürlich für viele andere tiefgreifende Veränderungen ebenso. Es ist unmöglich nachzuvollziehen, wie schwierig es sein kann, in einer fremden Stadt Fuß zu fassen, in der man niemanden kennt, wenn man selbst nie in der Situation war.

Mit einem Neugeborenen nach Hause zu kommen ist zweifelsohne einer der zauberhaftesten Augenblicke des Lebens. Er birgt jedoch seine Herausforderungen. Der Stress, wenn man zu wenig Schlaf bekommt, und die physische Anstrengung, die es bedeutet, für diesen kleinen Wurm sorgen zu müssen, kann selbst für die eingespieltesten Paare zur Zerreißprobe werden. Außerdem ist diese Zeit für manche Männer problematisch. Einige mögen es ja erquicklich finden, wenn ihre Frau eine andere Seele nährt, doch viele fühlen sich in diesem ersten Jahr isoliert und ausgeschlossen.

Im Rückblick ist uns klar, dass wir diese Zeitspanne nur deshalb so gut bewerkstelligt haben, weil wir uns beide viel Zeit für den Übergang zugestanden haben. Wir kamen überein, dass wir nicht erwarten könnten, dass unser Dasein so bliebe wie zuvor, und wir beschlossen, unser neues Leben nicht mit dem früheren zu vergleichen. Diese Entscheidung sollte sich als sehr tröstlich und hilfreich erweisen. Auf diese Weise waren wir nämlich meist in der Lage, alles Neue positiv aufzunehmen, anstatt uns durch den Mangel an Intimität frustrieren zu lassen. Wir teilen diese Philosophie mit vielen jungen Paaren, die ein Kind bekommen. Ausnahmslos wurde uns bestätigt, dass dieser Ansatz überaus hilfreich sei.

Wir sind zu dem Schluss gekommen, dass diese Überlegung für praktisch alle Veränderungen gilt. Ein Paar, mit dem wir gut befreundet sind, musste in eine andere Stadt ziehen. Die beiden hatten ein kleines Kind und machten sich deshalb besonders viele Sorgen. Die neue Umgebung war ihnen nicht vertraut, und anfangs hatten sie keinerlei Freunde. Doch anstatt sich niedergeschlagen oder verängstigt zu fühlen, beschlossen sie, sich der Philosophie einer langen Übergangsphase zu bedienen. Zu ihrer großen Freude wirkte sie Wunder. Anstatt zu erwarten, dass ihr Leben sofort so erfüllt sein müsse wie zuvor, schufen sie sich einen künstlichen Zeitrahmen für den Übergang. Sie kamen zu dem Schluss, dass sie sich mindestens ein Jahr lang nicht heimisch fühlen müssten. Ob jeder neuen Freundschaft, die sie schlossen, und mit jeder positiven Erfahrung, die sie machten, waren sie umso erfreuter und dankbarer. Sie fanden behutsam in ihr neues Leben und sind jetzt glücklicher denn je.

Veränderungen sind wie Straßenschwellen: Man muss langsamer machen, wenn man auf sie zufährt. Anstatt anzunehmen, dass das Leben so bleibt, wie es ist, oder zu versuchen, sich das Leben wieder genau so einzurichten, wie es war, versuchen Sie sich zu öffnen und die Veränderung zu akzeptieren. Wenn Sie sich, anstatt in Panik auszubrechen, viel Zeit für die Übergangsphase nehmen, werden Sie mühelos wie ein Tänzer den nächsten Schritt tun können.

18.

Warten Sie ab, bis Sie in der richtigen Stimmung sind

Stimmungen sind wahrlich etwas Eigentümliches. Sind Sie guter Laune und fühlen sich bestens, dann kommt Ihnen auch das Leben richtig gut vor. Und in der Regel finden Sie dann Ihre Beziehung gar nicht so übel. Sie fühlen sich sicher, zufrieden und hegen liebevolle Gefühle. Sie denken gern über die guten Seiten Ihrer Beziehung nach – und Sie können über etwas Negatives auch einmal lachen. Sie wissen, dass keine Beziehung perfekt ist und immer reibungslos funktioniert, und finden, dass Sie eigentlich Glück haben, mit jemandem zusammen zu sein, den Sie lieben. Seine oder Ihre Stärken erscheinen Ihnen charmant und reizend, die unvermeidlichen Schwächen sind relativ bedeutungslos für Sie. Selbst irgendwelche Marotten machen Ihren Partner – wie das ja auch bei Ihnen selbst der Fall ist – eher zu einem Original, und insgesamt schätzen Sie sich glücklich, einander zu haben. Es fällt Ihnen nicht schwer, Kompromisse zu schließen und zu verzeihen, und den alltäglichen Kleinkram lassen Sie auf sich beruhen, ohne groß darüber nachzudenken. Sie haben nicht das Gefühl, sich verteidigen zu müssen, und können sogar Ihren Anteil erkennen, wenn es Probleme gibt. Sie denken an die guten Zeiten zurück und freuen sich auf die gemeinsame Zukunft.

Sind Sie dagegen schlechter Laune und verärgert, aufgeregt oder gestresst, stellt sich Ihnen das Leben völlig anders dar – und vor allem Ihre Beziehung. Ganz plötzlich sind Sie unzufrieden, so als würde Ihnen etwas fehlen. Geringfügige Ärgernisse erscheinen Ihnen wie die Spitze eines Eisbergs, der auf etwas viel Schlimmeres verweist. Anstatt einfach loszulassen, fangen Sie an zu analysieren. Sie denken vor allem über all die Aspekte in Ihrer Beziehung nach, die Ihnen irgendwie ungut erscheinen, und Ihr Gefühl der Dankbarkeit kommt Ihnen abhanden. Stattdessen werden Sie sogar ziemlich kleinlich und fangen an, Ihren Partner als Selbstverständlichkeit zu betrachten. Sie verlieren die Fähigkeit, Ihren Beitrag zur gestörten Kommunikation zu sehen oder auch zu anderen Problemen, die womöglich auftreten – alles scheint die Schuld des anderen zu sein. Die Stärken Ihres Partners schwinden dahin, und seine Schwächen springen Ihnen drastisch ins Auge. Anstatt einen Kompromiss zu schließen, verhalten Sie sich stur und gehen in die Defensive. Ihnen fallen alle Negativerlebnisse ein, die in der Vergangenheit einmal passiert sind, und die Zukunft erscheint in düstersten Farben.
Nehmen Sie einen Schritt Abstand, um einmal darüber nachzudenken, haben Stimmungen etwas Bizarres an sich. Schließlich ist es doch genau das gleiche Leben – mit genau dem gleichen Partner! Die gleiche Person mit der gleichen Geschichte, der gleichen Persönlichkeit, den gleichen Stärken und Schwächen. Dieser Mensch sieht genauso aus, hat die gleichen Marotten, Angewohnheiten und die gleiche Stimme. Und obwohl also eigentlich alles identisch ist, hat Ihre Stimmung die Macht – wie eine optische Täuschung –, von einem Moment zum nächsten Ihre Sichtweise in einem solchen Ausmaß zu verändern, dass Sie schließlich überzeugt sind, alles sei anders, als es in Wirklichkeit ist. Während eine optische Täuschung jedoch nur Ihr Sehvermögen beeinträchtigt, beein-

trächtigt Ihre Stimmung Ihre Urteilskraft, Ihren Standpunkt, Ihre Gefühle und sogar Ihr Erinnerungsvermögen.

Doch es gibt Grund zur Hoffnung! Trotz Ihres enormen Einflusses lassen sich die Auswirkungen der Stimmungen auf Ihre Beziehung reduzieren. Alles, was Sie benötigen, ist die Wahrnehmung ihres illusionären Charakters und den Willen, Ihren Stimmungen gegenüber einige Zugeständnisse zu machen – und gegenüber denen Ihres Partners ebenfalls. Anders ausgedrückt: Ihre Launen kommen und gehen wie immer, aber Sie lernen, auf eine ganz neue Art und Weise damit umzugehen. Anstatt wie sonst spontan zu reagieren – und das heißt hier, in die Defensive zu gehen, feindselig, eifersüchtig, kleinlich oder sonst irgendwie negativ zu sein –, können Sie sich nun sagen: »Ich weiß, dass ich schlechter Stimmung bin, und deshalb sehe ich momentan alles verzerrt.« Dann nehmen Sie einen Schritt Abstand und machen ob der Tatsache Zugeständnisse, dass Sie sich in einer negativen Verfassung befinden. Sie misstrauen jetzt Ihren Reaktionen. Anstatt zu denken: »Diese Beziehung führt zu gar nichts«, sagen Sie sich lieber: »Natürlich gehe ich mal wieder vom Schlimmsten aus, nur weil ich so mies drauf bin.« Und anstatt zu grübeln: »Mein Partner ist der schlechteste Zuhörer auf Erden«, ist Ihnen klar, dass Sie stets das Gefühl haben, dass keiner Ihnen zuhört, wenn Sie so negativ sind.

Ist Ihnen bewusst, dass schlechte Stimmungen Sie oft zu täuschen vermögen, lassen sich viele Frustrationen vermeiden – und dann bauschen Sie einen Vorfall auch nicht mehr unverhältnismäßig auf. Mitgefühl tritt an die Stelle von Überreaktionen. Schnauzt Ihr Partner Sie an, nehmen Sie das nicht weiter persönlich und denken so etwas wie: »So ist er immer«, sondern Sie ziehen in Betracht, dass jeder hin und wieder lieblos ist, besonders wenn er nicht gut drauf ist.

Stimmungen zu verstehen soll nicht heißen, dass man schlechtes Benehmen akzeptiert oder sich vormacht, dass etwas besser ist, als es in Wirklichkeit ist. Es ist vielmehr ein hilfreiches Mittel, um nicht in allem ein Problem zu sehen und sich verrückt zu machen; so lässt sich eine gesunde Sicht der Dinge bewahren. Jeder – auch Sie – sagt oder tut etwas in schlechter Stimmung, das ihm bei besserer Laune nie in den Sinn kommen würde. Bedenken Sie immer, wenn Sie nicht gut drauf sind und sich wegen etwas Sorgen machen, dass dieses Etwas – was auch immer es ist – auch noch da sein wird, wenn sich Ihre Stimmung wieder gehoben hat. Lassen Sie die Sache also auf sich beruhen und kommen Sie zu dem Schluss, sie nicht so ernst zu nehmen – zumindest im Augenblick –, dann werden Sie auch nicht mehr so anfällig auf die negativen Auswirkungen Ihrer Launen oder denen Ihres Partners reagieren. Der Schlüssel liegt darin, einfach abzuwarten und zu verstehen, dass die eigene Sichtweise durch die schlechte Laune getrübt wird. Anstatt also in so einem Augenblick sein Leben einer Analyse zu unterziehen, zeigen Sie sich lieber dankbar. Es wird Ihnen bald besser gehen.

Sobald Sie sich wieder wohl, sicherer und liebevoller fühlen – wenn Ihre Stimmung also ausgeglichen ist –, nehmen Sie sich die Freiheit, über alle problematischen Punkte zu diskutieren, Ihrer Unzufriedenheit Ausdruck zu verleihen und auch über Ihre Schwierigkeiten nachzudenken. Sie werden in der Regel feststellen, dass das, was Sie so beunruhigt hat, von der Bildfläche verschwunden ist oder zumindest nicht mehr diese Bedeutung hat. Und in all den Fällen, in denen Sie doch noch besorgt bleiben, steht Ihnen jetzt viel mehr innere Weisheit und gesunder Menschenverstand zur Verfügung. Also, nur zu, kämpfen Sie für etwas, aber warten Sie, bis Sie in der richtigen Stimmung dazu sind.

19.

Erkennen Sie Ihren eigenen Wert

Im Idealfall behandelt man in einer Beziehung den Partner als hundert Prozent gleichwertig – und zwar in jeder Hinsicht. Leider leben wir jedoch nicht in so einer Idylle. Aus verschiedenen Gründen gibt es Menschen – Männer wie Frauen –, die sich überlegen fühlen. In einigen Fällen meinen sie, dass sie eine wichtigere Rolle spielen oder einen bedeutenderen Beitrag leisten als ihr Partner. Manchmal ist es auch schlichtweg Ignoranz. Und dann gibt es noch all diejenigen, die eine ungesunde Dosis Arroganz oder ein übersteigertes Selbstwertgefühl an den Tag legen.

Eines der größten Geschenke, das Sie sich selbst oder der Beziehung machen können, ist, den eigenen Wert zu kennen, sich sicher zu sein, dass Sie einzigartig und wichtig, also etwas Besonderes sind. Es gibt nicht einen Menschen auf dieser Welt, der so ist wie Sie, und niemand könnte an Ihre Stelle treten. Ihr Beitrag zu Ihrer Beziehung ist wichtig, und die Gaben und Werte, die Sie einbringen, sind bedeutungsvoll und unersetzlich.

Leider gibt es viele Menschen, die sich in das Selbstwertgefühl ihres Partners regelrecht einkaufen. Vielleicht verdient ihr Partner ja den größten Teil des Familieneinkommens, sodass sie sich abhängig fühlen und auch dementsprechend behandelt werden. Derjenige, der das Geld verdient, verhält sich, als habe sein Partner Glück, dass sich überhaupt jemand seiner annimmt, und verringert so seinen Wert. Aber auch wenn ein Mensch sich durchaus glücklich schätzen darf, weil seine materiellen Bedürfnisse von seinem Partner befriedigt werden, trifft es wohl ebenso zu, dass der Brötchenverdiener dankbar sein darf, dass auch seinen Bedürfnissen Rechnung getragen wird. Oft ermöglicht es erst der Partner hinter den Kulissen, dass der Geld verdienende Teil seiner Tätigkeit überhaupt so effektiv nachgehen kann. Diesen Anteil gering zu schätzen ist ebenso egoistisch wie dumm.

Eine unglaubliche Veränderung vollzieht sich, wenn beide Partner ihren Wert kennen, wenn jeder sich sicher fühlt ob seines einzigartigen Beitrags. Es ist einer Beziehung förderlich, wenn beide das Gefühl haben, gleichberechtigt zu sein.

Ich habe einmal ein Paar kennen gelernt, das unter die typische Rollenverteilung fiel. Sean, der Ehemann, arbeitete außer Haus und verdiente das Geld für die Familie. Martha blieb mit ihren drei schulpflichtigen Kindern daheim. Beide arbeiteten extrem hart. Der grundlegende Unterschied zwischen ihnen war, dass Martha den Beitrag ihres Mannes zu schätzen wusste, Sean Martha hingegen als Selbstverständlichkeit betrachtete – und zwar in jeder Hinsicht. Er machte wenig bis gar nichts im Haushalt. Wurde eines der Kinder mitten in der Nacht krank, ging er davon aus, dass seine Frau sich schon darum kümmern würde, während er gemütlich weiterschlief. Alle Widrigkeiten fielen in Marthas Zuständigkeitsbereich. Seine innere Einstellung sprach ebenso Bände wie sein Verhalten. Martha meinte, es geschähe zwar recht subtil, aber in gewisser Weise redete er mit ihr, als wolle er sie in ihre Schranken verweisen.

Der Unterschied zwischen diesem Paar und so vielen anderen – und der

Grund, warum wir ihre Geschichte in diesem Buch unbedingt bringen wollten –, besteht darin, dass Martha ihren eigenen Wert nicht einen Augenblick lang in Zweifel gezogen hat. Jahrelang nahm sie die Arroganz ihres Mannes hin und dachte sich, dass er »eben keinen Durchblick hat«, wie sie es ausdrückte. An einem gewissen Punkt aber hatte sie dann die Nase voll.

Anstatt über ihr Leben oder ihre Ehe groß zu jammern, nahm Martha die Sache selbst in die Hand. Sie war nicht eingeschnappt, brüllte nicht herum oder fühlte sich auf irgendeine Weise verunsichert. Stattdessen legte sie die Karten offen auf den Tisch, indem sie zu ihm sagte: »Hör mal, Sean, ich habe dich lange, lange Zeit geliebt und unterstützt. Ich weiß, dass du aus mir unerfindlichen Gründen meinst, dass das, was du tust, wichtiger sei als mein Beitrag. Aber da irrst du dich gewaltig! Ich weiß nicht, wie ich es dir schonungsvoller beibringen soll, also sage ich es gerade heraus: Ich nehme mir einen Monat frei und mache nichts mehr für dich. Wenn du verstanden hast, worum es mir geht, dann will ich wieder die Alte sein; wenn nicht, dann musst du es eben noch einen Monat länger allein probieren. Während dieses Monats koche ich dir kein Essen, wasche dir keine Wäsche, erinnere ich dich nicht an deine Verpflichtungen und putze hier rein gar nichts. Herrscht im Haus Unordnung, kannst du sie aufräumen oder es eben bleiben lassen; mir ist das egal. Ich werde nicht für dich einspringen, wenn du an irgendwelchen Veranstaltungen, bei denen unsere Kinder teilnehmen, verhindert bist, und ich werde auch nicht all die unzähligen Sachen, die du tagtäglich verlegst, für dich suchen gehen. Ich werde weiterhin all das tun, was ich für die Kinder immer tue, weil ich sie sehr liebe und sie noch zu klein sind, um wirklich anzuerkennen, was ich alles für sie mache – aber du hast keine Ausrede. Ich möchte, dass du weißt, dass ich dich noch immer sehr liebe, aber ich spiele so nicht mehr mit. Viel Glück und einen schönen Monat wünsche ich dir.«

Es ist kaum zu glauben, aber Martha hat ihr Vorhaben wirklich einen ganzen Monat lang durchgezogen. Als sie mir die Geschichte erzählte, fragte ich mich, ob ihre Ehe das wohl verkraftet hatte – aber das war durchaus der Fall. Nach seinem ersten Groll und Schock entwickelte Sean neuen Respekt für seine Frau, die ganz offensichtlich die Dynamik in ihrer Ehe verändert hatte. Heute blickt er voller Scham auf seine alte Einstellung zurück.

Sicher ist das ein Extremfall, und Marthas Vorgehensweise würde bei anderen zu nichts führen oder von vornherein keinen Gefallen finden. In der Tat ist mir eine solche Geschichte nie wieder zu Ohren gekommen. Sie zeigt jedoch sehr gut, welche Macht es hat, wenn man seinen eigenen Wert kennt.

Hoffentlich wird Ihr Partner nie Ihren Wert schmälern, weder aus finanziellen Gründen noch aus irgendwelchen sonst. Tritt der Fall allerdings doch ein, dann hilft es einem zu bedenken, dass es das Wichtigste ist, was Sie von sich selbst halten. Nehmen Sie sich regelmäßig Zeit, um sich bewusst zu machen, dass Sie wirklich etwas Besonderes und ein wunderbarer Mensch sind. Tun Sie das, wissen Sie Ihren eigenen Wert stets zu schätzen.

20.

Sehen Sie die Dinge in einem positiven Licht

Die Idee, eine Sache, bestimmte Umstände und Herausforderungen in Ihrer Beziehung in einem positiven Licht zu sehen, kann zu einer der bedeutendsten Gewohnheiten werden, die Sie in Ihr gemeinsames Leben integrieren können. Fehlt dieser Ansatz, kann alles – egal, ob es sich um eine große Sache handelt oder nicht – die Macht haben, Sie aufzuregen oder zu frustrieren.

Vieles von unserer Erfahrung hängt nämlich davon ab, wie wir etwas betrachten. Es gibt eine Geschichte von zwei Maurern, die exakt die gleiche Arbeit tun. Jemand fragt den einen: »Was machen Sie da?« Der Handwerker antwortet mürrisch: »Ich hocke den ganzen Tag lang da und lege einen Ziegelstein auf den anderen« – wobei er sich selbst Leid tut. Der Mann wendet sich nun an den anderen Maurer und stellt ihm dieselbe Frage. Seine Antwort fällt ganz anders aus. Er sagt zuversichtlich und überzeugt: »Ich bin Handwerker. Ich helfe dabei, all diese schönen Gebäude zu bauen, die Sie hier sehen. Ohne meinen Beitrag stünde nichts davon.«

Die Moral der Geschichte ist, dass beide Männer Recht haben!

Wir haben einmal ein Paar kennen gelernt, das bei einem schrecklichen Brand alles verloren hatte. Sie kamen zu dem Schluss, dass es eigentlich ein verkapptes Geschenk war. Auf diese Weise konnten sie nämlich noch einmal ganz von vorn anfangen und ihr Leben völlig neu aufbauen – und zwar im wahrsten Sinne des Wortes.

Ein anderes Paar hatte sämtliche Ersparnisse durch einen miesen Betrug verloren. Anstatt sich dadurch jedoch das Leben ruinieren zu lassen und sich verbittert als Opfer zu fühlen, kamen sie zu einem anderen Ergebnis – nämlich zu der Auffassung, dass sie zu habgierig und materialistisch gewesen waren. So schmerzlich dieser Verlust auch war, bot er ihnen doch die Chance, neue Prioritäten zu setzen und nun ein viel einfacheres Leben zu führen. Ähnliche Vorkommnisse können Paare jedoch entzweien – und häufig ist das auch der Fall.

Es liegt auf der Hand, dass man fast jede Situation von zwei Seiten betrachten kann. Man kann danach Ausschau halten, was an Positivem für einen darin steckt, welche verborgenen Geschenke sie birgt und was man daraus lernen kann. Oder man bezieht den – weiter verbreiteten – Standpunkt und führt all die Schwierigkeiten und Widrigkeiten als Beweis dafür an, wie hart und ungerecht das Leben doch ist.

Wenn Sie sich diese Strategie zu Eigen machen, heißt das natürlich nicht, dass Sie von nun an stets in der Lage sein werden, alle Umstände von einem positiven Blickwinkel aus zu betrachten – uns gelingt das auch nicht; aber es ist tröstlich zu wissen, dass es diese Möglichkeit zumindest gibt.

Egal, ob es sich eher um eine Kleinigkeit handelt – Ihr Freund kommt zu spät zur Verabredung oder versetzt Sie gleich ganz, Ihr Mann hat an einem Abend einen über den Durst getrunken, Ihre Frau flirtet mit einem anderen, Ihr Mann erledigt seinen Teil der Hausarbeit nicht – oder um etwas Ernsteres – Ihr Kind gerät in Schwierigkeiten, Sie sind gezwungen, in eine andere Stadt zu ziehen, einer von Ihnen verliert seine Stelle, Sie haben gesundheitliche Probleme –, Ihnen bleibt immer die Möglichkeit, die Sache in einem positiven Licht zu sehen, wenn Sie einmal genauer darüber nachdenken.

Natürlich können Sie nun sagen: »Das sind doch Hirngespinste.« Aber vielleicht stellen Sie sich ja doch die Frage: »Welche Möglichkeiten bleiben mir eigentlich?« Die einzige Alternative ist, negativ zu sein – die Sache in einem defätistischen, negativen Licht zu sehen. Lassen Sie sich das jedoch einmal durch den Kopf gehen, ist das sicher keine besonders gute Lösung. Auf diese Weise wird die Situation nämlich nur noch schlimmer und schwieriger zu beheben sein, als es jetzt schon der Fall ist. Außerdem fühlen sich dann alle Beteiligten deprimiert und unsicher, was Ihre Chancen mindert, die Sache noch auf erträgliche Weise und effektiv zu bereinigen.

Unsere Erfahrung ist folgende: Immer wenn es uns gelungen ist, etwas in einem positiven Licht zu sehen – egal, worum es sich genau handelt –, hat uns das geholfen, uns als Paar weiterzuentwickeln, zu kreativen Lösungen zu kommen und der Sache einen angemessenen Stellenwert zuzuweisen. So werden aus schlechten Tagen keine schrecklichen, und schwierige Erfahrungen werfen uns nicht um. Meist hält uns das auch davon ab, in allem ein Problem zu sehen und uns verrückt zu machen. Unser Standpunkt ist somit klar – wenn möglich sollten nun auch Sie versuchen, Ihre Erfahrungen in einem positiven Licht zu sehen.

21.

Bedenken Sie, dass Ihr Partner nicht Gedanken lesen kann

Unserer Meinung nach besteht einer der schlimmsten Fehler, die wir in einer Beziehung begehen können, darin, zeitweise anzunehmen, unser Partner könne unsere Gedanken lesen. Und selbst wenn wir nicht wirklich davon ausgehen, so erwarten wir es eigentlich doch oft genug.

Während eines Gesprächs fing einer meiner Freunde plötzlich an, sich über die Unorganisiertheit seiner Frau zu beklagen. Ihn schien die Sache regelrecht zu verfolgen, und er hatte das Thema mir gegenüber schon öfter aufs Tapet gebracht. Schließlich fragte ich ihn: »Weiß Carol eigentlich, wie sehr dir das auf die Nerven geht?« Es stellte sich heraus, dass sie nicht die geringste Ahnung hatte, wie sehr ihn ihr Verhalten störte.

Es gibt viele gute Gründe, weshalb es wichtig ist, dieses Problem zu erkennen und im Keim zu ersticken. Zunächst einmal liegt es natürlich auf der Hand, dass es enorm viel Kummer bereitet und auch zu einer großen inneren Anspannung führt. Sie schleppen nämlich eine Tonne Frust mit sich herum, der wenig, wenn überhaupt etwas mit Ihnen zu tun hat. Sie sind verärgert, besorgt oder irritiert wegen etwas – und Sie sind der Einzige, der überhaupt davon weiß! Wenn das kein hausgemachter Stress ist, was ist es dann?

Außerdem ist es Ihrem Partner gegenüber nicht fair. Sie sind total sauer wegen etwas – und doch zollen Sie Ihrem Partner nicht einmal so viel Respekt, ihm überhaupt mitzuteilen, was Ihnen so missfällt. Sie machen vielleicht einen genervten oder verärgerten Eindruck, aber keiner weiß, warum. In so einem Fall fordern Sie, dass der andere Ihre Gedanken lesen kann. Was für eine Chance hat er also? Wie soll er eine Erklärung abgeben, geschweige denn etwas verändern?

Was mich anfangs an Kris störte, war ihre Neigung, mich warten zu lassen. Nach einer Weile kochte ich deshalb vor Wut. Ich erzählte meinen besten Freunden davon; ich schmollte, beklagte mich und wünschte mir, dass sie sich änderte. Als ich es schließlich nicht mehr länger ertragen konnte, sagte ich es ihr. Ganz ehrlich und unaggressiv erwiderte sie: »Das tut mir wirklich Leid. Mir war das gar nicht bewusst. Wenn du mir nur früher etwas davon gesagt hättest.« Es stellte sich heraus, dass ich überpünktlich war, sie hingegen kein Problem damit hatte, sich ein paar Minuten zu verspäten. Sie fand da nichts dabei und hatte keine Ahnung, dass ich mich so darüber aufregte. Sicher war es nicht besonders nett von ihr, mich warten zu lassen – aber die Verantwortung, dieses Thema anzusprechen, lag allein bei mir. Ich hatte erwartet, dass Kris Gedanken lesen kann. Und wenn sie ja auch viele zauberhafte Eigenschaften hat, zählt das Gedankenlesen doch nicht dazu ...

Wir haben Folgendes gelernt: Geht Ihnen etwas auf die Nerven, ist es in der Regel das Beste, den Partner darüber zu informieren. Wählen Sie einen Zeitpunkt, wenn keiner von Ihnen beiden in schlechter Stimmung ist. Bringen Sie Ihr Anliegen behutsam und respektvoll vor, und sehen Sie, was passiert. Es scheint logisch, dass die Chancen für eine positive Lösung auf diese Weise besser stehen, als wenn Sie darauf vertrauen, dass Ihr Partner Ihre Gedanken lesen kann. Vermeiden Sie nach Möglichkeit auch einen so zerstörerischen Gedanken wie: »Er – oder sie – sollte meine Bedürfnisse doch eigentlich kennen.« Sie machen es sich und Ihrer Bezugsperson leichter, wenn Sie sich mitteilen.

22.

Gehen Sie mit gutem Beispiel voran (Kris)

Eigentlich ist es ja nichts Neues, dass man andere nicht ändern kann; das weiß jeder. Und dennoch: Führt man eine Weile eine Beziehung, scheinen wir alle etwas zu finden, das wir an unserem Partner gerne verändern würden – oder etwa nicht? So nachvollziehbar und verführerisch dieser Gedanke auch sein mag, bleibt es doch eine Tatsache, dass die beste Methode, auf den Partner Einfluss zu nehmen, darin besteht, mit gutem Beispiel voranzugehen.

Wir haben eine Freundin, die gerne inspirierende und spirituelle Bücher liest. Sie ist ein glücklicher und überaus liebevoller Mensch. Ihr Mann allerdings, dem ein paar kluge Ratschläge wahrhaftig nicht schaden würden, lehnte ihre Bitten ab, etwas mit ihr zusammen zu lesen – bis er dann eines Tages plötzlich selbst dazu bereit war. Anfangs hatte seine Frau den typischen Fehler begangen, darauf zu bestehen, dass er sich mit ihrer Lektüre beschäftigen solle. Und je mehr sie darauf beharrte, desto mehr leistete er Widerstand und lehnte sie – und ihre Bücher – ab. Es liegt wohl in der Natur des Menschen, dass keiner es schätzt, wenn man ihm etwas aufzwingt.

Nach einer Weile resignierte sie und fuhr mit ihren Studien alleine fort, wobei sie die Idee aufgab, ihn je ändern zu können. Stattdessen arbeitete sie weiter an sich selbst. Sie wurde noch ruhiger und freundlicher, als sie es ohnehin schon war. Nach einiger Zeit hatte ihre gute Laune etwas Ansteckendes, und ihr Mann wurde neugierig. Ihr positives Beispiel ließ ihn sich für ihre Lektüre interessieren. Heute unterhalten sie sich inspiriert über Dr. Laura Day, John Gray und viele andere.

Der Fall einiger anderer Freunde ist ebenfalls hervorragend geeignet zu zeigen, wie wichtig es ist, mit gutem Beispiel voranzugehen. Barbara verbrachte in ihrem Leben viel Zeit mit den Themen Gesundheit und Fitness und trieb viel Sport; sie sieht übrigens phantastisch aus. Don, ihr Mann, hingegen hatte fast all seine Energien auf seine Karriere konzentriert. Vor ein paar Jahren war für ihn dann die Zeit gekommen, sich aus gesundheitlichen Gründen einen neuen, völlig anderen Lebensstil zuzulegen.

Barbara, ein Ausbund an Gesundheit, wurde klar, dass die einzige Möglichkeit, dass Don zu einem strengen Vegetarier werden würde, wie sein Arzt es ihm verordnet hatte, darin bestand, es selbst auch zu werden; und genau das tat sie dann. Anstatt ihm also ins Gewissen zu reden, ging sie mit gutem Beispiel voran. Und siehe da, es klappte! Heute erfreuen sich sowohl Barbara als auch Don bester Gesundheit. Sie sind glücklich, fit und voller Energie.

Mir ist im Lauf der Jahre aufgefallen, dass Richard oft meinem Beispiel folgt. Nehme ich gesunde Nahrungsmittel zu mir und treibe viel Sport, tut er es auch. Andersherum gilt das natürlich genauso. Als ich schwanger war, legte Richard gar ein paar Pfund zu …

Diese Strategie macht auch glücklicher. Im Lauf der Jahre habe ich beispielsweise beobachtet, wie Richard mit seinen Stimmungsschwankungen immer besser zurechtkam. Er lehrte mich, es ebenso zu machen. Anstatt mir ins Gewissen zu reden, lebte er mir einfach vor, wie es geht.

Mentale Gesundheit, liebevolle Energie und positive Gewohnheiten haben etwas Ansteckendes an sich. Gibt es also etwas an Ihrem Partner, das Sie gern verändert sehen möchten, machen Sie erst einmal bei sich selbst Inventur. Gehen Sie mit gutem Beispiel voran durch die Art, wie Sie leben, dann wird Ihr Partner Ihnen bestimmt nacheifern.

23.

Streiten Sie sich nicht wegen irgendwelcher dummer Kleinigkeiten

Diese Strategie führt direkt zum Kern der Sache. Sich wegen dummer Kleinigkeiten zu streiten ist eine andere Art, sich verrückt zu machen – viel Lärm um nichts. Und dennoch werden wir ständig Zeuge: Paare geraten wegen der lächerlichsten Nichtigkeiten in Streit. Man zankt sich, wer die Schere verlegt hat, wer an der Reihe ist, den Müll nach draußen zu bringen, wer mehr Freizeit hat, wer härter arbeitet, ob man sich beim Familientreffen gut amüsiert hat oder auch nicht. Man streitet, wer der bessere Autofahrer ist, wer sich bei der Kindererziehung mehr engagiert oder wer bei irgendeinem Wettbewerb im vergangenen Jahr Zweiter geworden ist. Man gerät außer sich, wenn man ein paar Minuten warten muss, weil der Partner sich ein bisschen verspätet hat, wenn es ihm an Tischmanieren mangelt oder wenn der andere etwas falsch verstanden hat. Wir kennen sogar eine Frau, die einen Streit vom Zaun gebrochen hat, weil ihr Mann die Handtücher ins falsche Badezimmer gelegt hatte. Du meine Güte – das ist doch nicht der Rede wert!

Es erscheint paradox, doch viele Paare werden Ihnen bestätigen, dass sie sich kaum einmal wegen wirklich wichtiger Dinge in die Haare kriegen. Es wäre also sinnvoll, wenn in einer Beziehung zumindest einer von beiden von Streitereien dummer Kleinigkeiten wegen absehen könnte – ein paar hin oder her sind ja nicht so schlimm; dann wäre alles bestens – zumindest meistens.

Wenn Sie einige der Kleinigkeiten, die Ihnen so sehr auf die Nerven fallen, dass Sie einen Streit beginnen, ausschalten oder stark reduzieren, öffnet das die Tür für eine neue Beziehung. Es macht nämlich Spaß, mit jemandem zusammen zu sein, der sich nicht ständig wegen irgendetwas aufregt – es ist erfrischend, einladend und befriedigend. Weigern Sie sich, wegen dummer Kleinigkeiten zu streiten, können Sie echte Freunde werden – Partner im wahrsten Sinne des Wortes.

Lassen Sie etwas nicht zu nahe an sich herankommen und sind Ihre Geduld und Ihr Einschätzungsvermögen intakt, dann bestärken Sie Ihren Partner in seiner Liebe zu Ihnen. Ihr Sinn für Humor tritt zu Tage, sie werden interessanter und bewusster, und es macht einfach mehr Spaß, sich in Ihrer Gesellschaft aufzuhalten.

Wir beide sind stets von der Annahme ausgegangen, dass die Menschen aus vielerlei Gründen nach einer guten Beziehung streben – wozu auch zählt, dass es extrem stressreduzierend wirkt, wenn man mit jemandem zusammen ist, der sich nicht so leicht aus der Ruhe bringen lässt und der in der Liebe kein Problem sieht; dann weiß man nämlich, dass es ganz in Ordnung ist, wenn man sich in der Gegenwart des Partners so gibt, wie man ist – eben menschlich. Aber diese Gabe gilt auch andersherum. Mit anderen Worten: Sie wollen sich nicht nur in der Gesellschaft von jemandem aufhalten, der Ihnen das Leben lustiger und leichter erscheinen lässt, Sie wollen Ihrem Partner auch so ein Mensch sein. Wenn Sie also wegen dummer Kleinigkeiten nicht mehr so schnell zum Streiten neigen, werden Sie für Ihren Partner erheblich begehrenswerter – und zwar im wahrsten Sinne des Wortes.

Bedenken Sie, dass es den Stress keineswegs reduziert, sondern ihn sogar noch fördert, wenn man mit jemandem zusammen ist, der ständig wegen irgendetwas, das Sie tun, irritiert ist oder wegen einer dummen Kleinigkeit einen Streit vom Zaun bricht; dergleichen belastet. Warum sollten Sie mit so jemandem zusammen sein wollen, der ständig auf Ärger aus ist? Das macht keinen Spaß und ist unwahrscheinlich anstrengend.

Die Lösung ist wirklich recht einfach; man braucht hauptsächlich ein wenig guten Willen. Der Trick besteht darin, etwas Irrelevantes oder Unwichtiges aus einem angemessenen Blickwinkel zu betrachten. Es hilft, wenn man sich auf das konzentriert, was wirklich von Bedeutung ist, und ansonsten fünfe auch mal gerade sein lässt. Stellen Sie sich die Frage: »Will ich mein Leben damit vergeuden, wegen irgendwelchem Blödsinn herumzustreiten und zu fordern, dass alle anderen – vor allem die Menschen, die ich ja eigentlich liebe – sich ändern sollen?« Stellen Sie sich diese Frage unumwunden und ehrlich, liegt die Antwort auf der Hand: Nein.

Sie sehen dann langsam ein, dass Sie sich als ein Partner definieren, der nicht in der Lage ist, sich auf die Vorzüge und Stärken in Ihrer Beziehung zu konzentrieren, wenn Sie ständig wegen dummer Kleinigkeiten ärgerlich werden und einen Streit anfangen. Diese Erkenntnis kann peinlich, ja erschreckend sein; aber sie ist wichtig. Sobald Sie erkennen, auf welche Weise Sie zu dem Problem beitragen, können Sie von dieser Neigung allmählich Abstand nehmen; stattdessen lassen Sie die Nichtigkeiten auf sich beruhen und konzentrieren sich auf das Positive in Ihrer Beziehung. So einfach ist das.

Sie werden erstaunt sein, wie viel mehr Liebe Sie erfahren und wie viel mehr Spaß Sie erleben werden, wenn Sie diese Strategie in die Tat umsetzen. Kommen Sie sich also auf die Schliche, dass Sie wegen einer dummen Kleinigkeit einen Streit vom Zaun brechen wollen, lachen Sie einfach über sich, und lassen Sie es sein. Geben Sie Ihrem Glück einen höheren Stellenwert als Ihrem Eigensinn. Diese Angewohnheit könnte den Weg, den Ihre Beziehung nimmt, grundlegend verändern.

24.

Werden Sie ein Zuhörer von Weltklasse

Ein typischer wunder Punkt in einer Beziehung ist die Klage: »Er – oder sie – hört mir nicht richtig zu.« Erkundigt man sich, stellt sich heraus, dass so gut wie niemand das Gefühl hat, sein Partner würde ihm gut zuhören.

Wird man ein Zuhörer von Weltklasse, passiert zweierlei. Zunächst einmal fühlt sich Ihr Partner zufriedener, weil Sie so zeigen, dass Sie sich wirklich für das interessieren, was er zu sagen hat. Es ist die beste und einzig effektive Art und Weise, wie Sie Ihr Interesse und Ihr Verständnis vermitteln können. Man kann ja immer behaupten: »Mir liegt viel an dir«; ist Ihre Aufmerksamkeit jedoch auf etwas anderes gerichtet, dann tun Sie damit kund, dass Ihnen das eigentlich viel wichtiger ist.

Hören Sie gut zu, bestärkt das Ihren Partner in seinem Glauben, dass Ihnen an seinen Gefühlen gelegen ist und dass Sie seine Ansichten anerkennen und schätzen. Hat jemand den Eindruck, dass man ihm zuhört, trägt das auch dazu bei, dass dieser Mensch das Gefühl hat, etwas Besonderes zu sein und nicht als Selbstverständlichkeit betrachtet zu werden. Außerdem ermutigt es ihn, sich mehr zu öffnen und sich mitzuteilen, was die beiden Partner dann noch näher zusammenbringt. Der andere fühlt sich nämlich ebenfalls motiviert, gut zuzuhören, wodurch die

Kommunikation viel intimer und herzlicher wird. Es steht außer Zweifel, dass es entspannend und aufbauend ist, mit jemandem zusammen zu sein, der einem zuhört, und – ganz offen gesagt – es ist eine Qual, wenn das Gegenüber dazu nicht in der Lage ist.

Es gibt noch einen anderen Vorteil, wenn jemand die Fähigkeit hat, gut zuzuhören, der allerdings vielleicht etwas weniger offensichtlich ist. Effektives Zuhören reduziert auch Ihren Hang zu Überreaktionen; Sie lassen sich dann nämlich durch Kleinigkeiten nicht mehr so schnell aus der Ruhe bringen. Hören Sie Ihrem Partner sorgsam und liebevoll zu, hält Sie das ab, vorschnelle Schlüsse zu ziehen und wie gewohnt zu reagieren, was genau dann passiert, wenn Sie schon im Voraus zu wissen glauben, was Ihr Partner sagen will, oder wenn Ihre Gedanken irgendwohin abschweifen, egal in welchem Ausmaß.

Nehmen Sie Zeit und Mühe auf sich, gut zuzuhören, vernehmen – und spüren – Sie vieles, was Ihnen entgangen wäre, wenn Sie nur darauf warteten, endlich selbst mit dem Reden an die Reihe zu kommen, oder wenn Sie dem, was der andere zu sagen hat, nur teilweise Aufmerksamkeit schenkten. Sie werden dann viel einfühlsamer, weil Sie nämlich selbst den Schmerz und den Frust spüren, den Ihr Partner vielleicht gerade empfindet. Sie merken, wie schutzlos Ihr Partner eigentlich ist, und Sie haben weiterhin ein offenes Herz für ihn. Außerdem können Sie an den Freuden Ihres Partners teilhaben, weil Sie seine Begeisterung und seinen Enthusiasmus spüren, was Ihnen völlig entgeht, wenn Sie nicht gut zuhören.

Es macht enorm viel aus, ob man einfach nur angemessen hinhört oder ein Zuhörer von Weltklasse ist. Oft kann man hier den Unterschied festmachen zwischen einer Beziehung, die schon »ganz in Ordnung« ist, und einer, die wirklich hervorragend ist. Hört man ganz normal und angemessen zu, wird das oft toleriert, doch ist es nicht gerade befriedigend. Es ist nämlich ein tiefes menschliches Bedürfnis, dass einem jemand richtig zuhört; deshalb hat man auch schnell das Gefühl, dass etwas fehlt, sobald jemand das nicht tut. Hat andererseits jemand den Eindruck, dass er gehört wird, bewirkt das – wenn es ehrlich gemeint ist – ein Gefühl von Vollständigkeit und Zufriedenheit; man würde dann nirgends lieber sein als eben bei seinem Partner.

Die einzige Möglichkeit, wie Sie ein guter Zuhörer werden können, ist – ganz traditionell – durch viel Übung. Ein Zuhörer von Weltklasse zu sein bedeutet viel mehr, als nur in der Lage zu sein zu wiederholen, was der Partner gerade gesagt hat. Es beinhaltet, wirklich präsent zu sein, sich geduldig und einfühlsam zu zeigen. Es heißt ferner, dass Sie zuerst versuchen zu verstehen, was der andere sagt – und zwar lassen Sie Ihr Gegenüber ausreden und konzentrieren sich ganz auf ihn, ohne dabei zu werten –, bevor Sie das Wort ergreifen.

Die gute Nachricht ist, dass jeder ein besserer Zuhörer werden kann, wenn er nur den ehrlichen Wunsch verspürt. Alles, was Sie tun müssen, ist zu beobachten, wie groß die Versuchung doch ist, dem anderen ins Wort zu fallen, ihn zu unterbrechen oder einen Kommentar abzugeben, bevor Ihr Gegenüber überhaupt zu Ende gekommen ist und bevor Sie versucht haben zu verstehen, was er eigentlich sagen will. Vermutlich werden Sie sich oft bei diesem Fehlverhalten ertappen, bis Sie diese Angewohnheit unter Kontrolle haben, aber dann geht es mit jedem Tag einfacher. Indem Sie dieses Problem im Keim ersticken und zumindest ebenso großes Interesse am Zuhören zeigen wie daran, selbst etwas zu sagen, ebnen Sie den Weg zu etwas besonders Freudvollem – zu einer auf Gegenseitigkeit beruhenden, respektvollen, befriedigenden Beziehung, die auf Zuhören von Weltklasse basiert. Was könnte man sich Besseres wünschen?

25.

Machen Sie die Erfahrung eines plötzlichen Umschwungs

In einem meiner Bücher habe ich schon einmal erwähnt, dass Jim und Yvonne zweiunddreißig Jahre lang meist unglücklich verheiratet waren, bis sich eines Tages herausstellte, dass Jim einen lebensbedrohlichen Tumor hatte. Bevor Sie diese schreckliche Nachricht bekamen, war ihre Beziehung angespannt und alles andere als liebevoll gewesen; sie hatten sich ständig gezankt und waren einander böse gewesen. Es gab mehr als genug Konflikte, Ärger und Frust, doch wenig zum Lachen und kaum gegenseitige Liebe und Respekt. Sie gingen sich oft auf die Nerven, und beide sahen ständig in allem ein Problem und machten sich verrückt. Auch wenn sie ihre Beziehung pro forma aufrechterhielten, beschrieb Jim ihre Liebe doch als etwas, das seit Jahren nicht mehr existierte. Yvonne stimmte ihm zu.

Etwas Seltsames vollzog sich jedoch, als der Arzt ihnen die traurige Diagnose mitteilte. Ihre Liebe zueinander, die von Verbitterung und Negativität aufgezehrt worden war, kehrte mit einem Mal zurück – und zwar zusammen mit einer neuen Sichtweise und einem Gefühl von Dankbarkeit. Die beiden erlebten etwas, das man als plötzlichen Sinneswandel oder Umschwung bezeichnen könnte. Vieles von dem, was sie als so trennend empfunden hatten und was ihnen so irritierend und niederdrückend vorgekommen war, schien mit einem Mal bedeutungslos. Wie eine dunkle Wolke vorüberzieht und der Sonne ermöglicht hinabzuscheinen, war es, als ob Jahre von negativen Gefühlen plötzlich Wärme und Liebe gewichen wären.

Jim und Yvonne waren die gleichen Menschen mit den gleichen Gewohnheiten und der gleichen Geschichte wie vor dem Zeitpunkt, als sie die schreckliche Nachricht erfuhren. Sie hatten die gleichen Marotten und sahen genauso aus. Und ihre Lebensumstände hatten sich mit Sicherheit nicht verbessert; sie waren höchstens noch schlimmer geworden. Schließlich hatten sie gerade von der tödlichen Krankheit erfahren. Und dennoch waren die beiden erfüllt von einer ehrlichen, tiefen Liebe zueinander. Warum so plötzlich?

Das Einzige, was anders war, war ihr Bewusstsein angesichts dieser Krankheit. Anders ausgedrückt: Der Umschwung fand allein in ihren Köpfen statt. Es wurde ihnen bewusst, wie lächerlich sie sich verhalten hatten. Und da jeder Umschwung sich mental vollzieht, liegt es auf der Hand, dass man nicht unbedingt mit einer schlechten Nachricht konfrontiert werden muss, damit er auch eintritt. Es sind vielmehr der ehrliche Wunsch, Offenheit und der Wille notwendig, etwas mit anderen Augen zu sehen, außerdem ein bisschen Selbsterkenntnis, um sich einzugestehen, dass man irgendwie festgefahren ist mit einem Verhalten, das der Beziehung – oder einem anderen Aspekt des Lebens – eher schadet, als dass es zuträglich ist.

Es hilft einem herauszufinden, was man sich als Idealfall wünschen würde. Sie könnten sich zum Beispiel sagen: »Ich weiß, dass es an mir liegen muss, aber ich verstehe einfach nicht, was los ist. Ich würde wahrhaftig gern aufhören, mich angegriffen zu fühlen und mich zu verteidigen, wenn mir mein Partner einen Vorschlag unterbreitet.« Dann kommen

Sie vielleicht zu einer Erkenntnis – Minuten, Tage, Wochen, ja sogar Monate später. Aber dann fällt es Ihnen womöglich wie Schuppen von den Augen. Es wird Ihnen beispielsweise mit einem Schlag klar, dass Ihr Partner generell die Angewohnheit hat, bestimmte Kommentare abzugeben, diese aber nie persönlich meint. Diese Erkenntnis ermöglicht Ihnen eine neue Sichtweise, so dass Sie nicht mehr das Gefühl haben, sich ständig verteidigen zu müssen – eine Erkenntnis, die den Weg, den Ihre Beziehung nimmt, völlig zu verändern vermag. So ein plötzlicher Umschwung kann unabhängig von Ort, Zeit und Umständen immer und überall eintreten.

Früher hatte ich stets furchtbare Angst, einen öffentlichen Vortrag zu halten. Schon allein bei dem Gedanken daran wäre ich am liebsten in Ohnmacht gefallen – und zweimal bin ich es sogar! Doch dann wurde eines Tages alles anders. Plötzlich hatte ich eine andere Sichtweise gewonnen und keine Angst mehr. Mir war klar geworden, dass Menschen eben Menschen sind und dass wir alle im selben Boot sitzen – und dass ich nichts zu befürchten hatte. Die Wirklichkeit war natürlich unverändert geblieben, es gab nichts, wovor man mehr oder weniger Angst haben müsste, die Faktoren waren die gleichen. Nachdem ich jahrelang auf eine Einsicht gehofft hatte, hatte ich also plötzlich das Glück, einen geistigen Umschwung in der Wahrnehmung meiner öffentlichen Vorträge zu erfahren. Bis zum heutigen Tag sehe ich die Sache nun mit anderen Augen. Es ist, um es noch einmal zu sagen, alles eine Frage des Bewusstseins.

Seien Sie dafür offen, dass auch Sie so einen plötzlichen Umschwung in Ihrer Beziehung erleben können. Vielleicht haben Sie ja immer wegen etwas gestritten und Sie würden dieses Kapitel in Ihrem Leben jetzt gerne abschließen – und zwar friedlich und ohne große Anstrengung. Oder

Sie haben womöglich die Gewohnheit angenommen, Ihren Partner als Selbstverständlichkeit zu betrachten, und es ist Zeit, endlich aufzuwachen. Egal, worum es sich handelt, Sie können durchaus einen plötzlichen Umschwung in Ihrer Sichtweise erfahren und zu einer Erkenntnis kommen, die Ihr Leben zum Besseren wendet. Legen Sie den Grundstein dafür, und halten Sie Ausschau, was sich entwickelt. Sie werden begeistert sein, was Ihnen alles widerfährt.

26.

Sagen Sie möglichst nicht: »Das war wirklich ein scheusslicher Tag.«

Eines unserer Lieblingslieder ist Shania Twains »Honey, I'm Home«. Vor allem die Kinder singen gerne mit. Bei diesem heiteren, lustigen Lied erzählt Twain, was für einen schweren Tag sie doch hatte. In aller Ausführlichkeit schildert sie, was alles schief gegangen ist – eines nach dem anderen. Alles, was daneben gehen konnte, ging auch daneben. Jeder, der einmal einen scheußlichen Tag hatte, kann eine ähnliche Geschichte erzählen. Am Ende des Liedes ist man regelrecht erleichtert, dass dieser Tag nun endlich vorüber ist. Man kann gar nicht anders, als die Verbindung herstellen zwischen der detaillierten Beschreibung der negativen Vorfälle an diesem Tag und dem Gefühl, dass jetzt alles wieder gut ist.

Ich muss natürlich zugeben, dass es auch mir bisweilen enorm hilft, mich einmal so richtig zu beklagen und zu jammern, und dass es auch notwendig und reinigend ist, dem anderen alle Schwierigkeiten, die an einem Tag aufgetreten sind, mitzuteilen; und doch ist diese Gewohnheit so verführerisch wie gefährlich, wenn man es zu weit treibt. Schnell wird aus so einem Tagesresümee nämlich eine Art – negative – Kommunikation und ein Lebensstil.

Einer unserer besten Freunde hat sich öfter mit einer netten Frau getroffen. Er mochte sie rundum gern. Allerdings hatte sie eine Eigenschaft, die ihn mit der Zeit fast in den Wahnsinn trieb. Jeden Abend nach der Arbeit sahen sich die beiden beim Essen oder telefonierten miteinander. Die Frau hatte dann die Angewohnheit, ihre Version von »Honey, I'm Home« zu singen – lustig war es allerdings nicht. Sie führte ein interessantes Leben und hatte eigentlich allen Grund zur Dankbarkeit, doch konzentrierte sie sich fast immer ausschließlich auf das, was schief gegangen war. Und da nun einmal bei uns allen immer etwas nicht recht klappen will, ging ihr die Munition nie aus. Tatsache ist, dass es nicht möglich ist, negative Vorfälle Revue passieren zu lassen und dabei positive, erhebende Gefühle zu empfinden. Das genaue Gegenteil ist der Fall. Alle positiven Gefühle, die zwischen Ihnen und Ihrem Partner bestehen, existieren bestenfalls *trotz* des negativen Rückblicks, nicht *wegen*.

Da unser Freund überaus einfühlsam ist und auch ein guter Zuhörer, fiel es ihm sehr schwer, sich einzugestehen, dass er dieses Verhalten nicht mehr ertragen konnte. Er bemerkte, dass er selbst langsam vergaß, wie schön das Leben insgesamt doch war. Die beiden versuchten öfter, diesen strittigen Punkt zu besprechen, aber die Frau vertrat den Standpunkt, dass sie einfach nur ehrlich ihre Gefühle äußerte.

Diese Gewohnheit abzulegen kann schwierig werden, weil wir sie immer mit den entsprechenden Beispielen, was alles Negatives passiert ist, belegen können, wie das ja auch die Exfreundin unseres Freundes tat. Es ist deshalb wichtig, nie zu vergessen, dass ein typischer Tag aus viel mehr besteht als nur dem, was alles schief gegangen ist. Sie haben im Lauf des Tages vielleicht an die zwanzig Sachen gemacht, und neunzehn davon haben recht gut geklappt – aber beim Essen reden Sie dann über den einen negativen Vorfall.

Niemand will hier natürlich leugnen, dass das Leben hart sein kann und dass so mancher Tag extrem scheußlich ist. Und jeder braucht hin und wieder ein offenes Ohr, und es ist durchaus in Ordnung und auch heilsam, gelegentlich einmal Dampf abzulassen. Aber versuchen Sie zu vermeiden, die negativen Zwischenfälle, die untertags passiert sind, zum Gesprächsthema Nummer eins zu machen. Ersticken Sie diese Angewohnheit im Keim, wird Ihnen viel eher bewusst, was in Ihrem Leben alles positiv ist, und diese Freude überträgt sich dann auf Ihre Beziehung. Das macht Sie schließlich auch viel interessanter für Ihren Partner, und es ist erheblich angenehmer, sich in Ihrer Gesellschaft aufzuhalten.

27.

Lassen Sie ihn sich sein Mittagessen kaufen

Kris unterhielt sich einmal mit einer Frau über die Schwierigkeiten, sich an ein bestimmtes Haushaltsbudget halten zu müssen. Diese Frau erzählte Kris, dass sie absolut wütend und frustriert sei, weil ihr Mann zum Mittagessen gern in ein Lokal ging, anstatt sich von ihr bekochen zu lassen. Ihrer Auffassung nach war das eine überflüssige Extravaganz und eine Geldverschwendung, die ihre finanzielle Zukunft gefährdete. Außerdem bemerkte sie noch sehr zutreffend: »Er gibt an die sieben oder acht Dollar aus, während ich ihm ein köstliches Mittagessen für nicht einmal drei zubereiten kann.« Ihr Mann war völlig anderer Ansicht. Für ihn war in ein Lokal zu gehen, um dort eine Kleinigkeit zu essen, eines der wenigen Dinge, die er sich gönnte, ein Luxus, den er sich schlichtweg leisten konnte. In der Arbeit fühlte er sich den ganzen Tag unter enormem Druck, und es tat ihm einfach gut, über Mittag in ein ruhiges Café oder ein nettes Bistro zu gehen. Er freute sich jeden Tag darauf und wollte diese liebe Gewohnheit nicht kampflos aufgeben.

Natürlich lässt sich dieses Beispiel mühelos umkehren. Oft ist es nämlich der Mann, der sich über die »Extravaganzen« seiner Frau beschwert. Und sicherlich sprechen wir uns nicht dagegen aus, eine gewisse Sparsamkeit an den Tag zu legen. In meinem Buch *Werde glücklich*, *werde reich* unterstützte ich die Sichtweise der Frau als hervorragende Möglichkeit, Geld zu sparen – was ja zweifellos auch zutrifft.

In diesem Fall verursachte dieser Streitpunkt jedoch große Spannungen in der Ehe und war der gegenseitigen Liebe abträglich. Was sollten die beiden also machen?

Auch wenn man mit Geldverschwendung sicher ein gutes Argument bei der Hand hat, täte die Frau besser daran, das Thema auf sich beruhen zu lassen und stattdessen die Freude ihres Mannes zu teilen. Sicher können ein paar Dollar mehr die Finanzlage eines Paares oft enorm konsolidieren, was bei den beiden allerdings nicht notwendig war. Natürlich ist es von Vorteil, ein bisschen mehr Geld zur Verfügung zu haben – doch zu welchem Preis? Was ist wichtiger – Recht zu haben und den Partner zu zwingen, sich der eigenen Auffassung anzupassen, oder auf Möglichkeiten zu sinnen, die ihn glücklich machen? Was ist wichtiger – eine gesicherte finanzielle Zukunft oder eine harmonische Gegenwart? Natürlich wollen wir Ihnen nicht nahe legen, Ihre finanzielle Sicherheit für ein paar Freuden in der Gegenwart aufs Spiel zu setzen; Sie sollten jedoch lernen, die Bedürfnisse Ihres Partners mit in Betracht zu ziehen.

Wir konnten nicht widerstehen, über dieses Thema zu schreiben, weil es für so vieles mehr steht als nur für die Essenskosten. Die Frage lautet nämlich im Grunde: »Wie viel ist ein einfaches Vergnügen, das Ihrem Partner Freude macht, eigentlich wert?« Für uns heißt die Antwort: »Unmengen.« Egal, ob Sie Geld, Zeit, Vorlieben oder irgendwelche Annehmlichkeiten opfern müssen, sollte Ihr Partner Ihnen das stets wert sein. Schließlich trägt nur ein grundsätzlich zufriedener Partner zu einer glücklichen und befriedigenden Beziehung bei.

Es vollzieht sich etwas Zauberhaftes, wenn man davon Abstand nimmt, unbedingt Recht haben zu müssen, und stattdessen den eigenen Standpunkt zu Gunsten des Partners revidiert. Das Ergebnis ist dann oft, dass der Partner auch viel weicher in seinen Ansichten wird und Sie so miteinander einen Weg finden können, Kompromisse zu schließen und zu einer Lösung zu kommen, die auch vernünftig ist.

Natürlich wollen wir Ihnen nicht vorschlagen, ständig nachzugeben und sich den Bedürfnissen Ihres Partners anzupassen – schon gar nicht, wenn es sich um etwas absolut Unvernünftiges handelt. Wissen Sie jedoch, dass etwas, das Ihren Partner glücklich macht, kein großes Aufhebens wert ist, dann ist es sicher besser für Ihre Beziehung, wenn Sie ihm seinen Willen lassen. Versuchen Sie es einmal und Ihre Beziehung wird davon profitieren.

28.

Überraschen Sie Ihren Partner mit Komplimenten

Vor zehn Jahren hätte ich diese Strategie wohl nicht mit in mein Buch aufgenommen, weil es mir als etwas ganz Selbstverständliches erschienen wäre, Komplimente zu machen – etwa so wie Zähneputzen. Mir hat es immer Freude bereitet, Komplimente zu verteilen und auch welche zu bekommen, und ich bin mit einer Frau verheiratet, die nichts lieber tut. Nachdem ich jedoch mit hunderten von Leuten über dieses Thema gesprochen hatte, wurde mir klar, dass die meisten Menschen leider nicht annähernd so viele Komplimente bekommen, wie sie es sich eigentlich wünschen würden, und schon gar nicht von ihrem Partner.

Es scheint diverse Gründe zu geben, warum Komplimente nicht großzügig verteilt werden. Zunächst einmal haben viele den Eindruck, dass ihr Partner gar nicht so erpicht darauf ist. Einer meiner Freunde hat mir einmal gesagt: »Sara weiß schon, dass mir ihr Essen gut schmeckt. Das muss ich nicht ständig wiederholen.« Andere vergessen einfach, wie wichtig so ein Kompliment ist. Man neigt nämlich schnell dazu, die Menschen, mit denen man häufig zusammen ist, als Selbstverständlichkeit zu betrachten – und zwar in einem solchen Ausmaß, dass ihre Leistungen schier unsichtbar werden. Ich unterhielt mich einmal mit einem Mann über seine Familie. Er hatte drei Kinder im schulpflichtigen Alter und bei allen dreien hatte seine Frau mindestens einmal pro Woche, wenn nicht öfter, in der Schule mitgearbeitet. Er hingegen hatte das nicht ein einziges Mal getan. Ich sagte also mit großem Respekt: »Da müssen Sie Ihrer Frau ja wahnsinnig dankbar sein, dass sie so viel für Ihre Kinder tut.« Plötzlich dämmerte es ihm, wie viel an Arbeit und Engagement das überhaupt bedeutete. Er gab etwas belämmert zu, dass er sich nie groß Gedanken darüber gemacht hatte – und dass er sich bei seiner Frau nicht einmal für ihren Einsatz bedankt hatte. »Wenn ich es mir jetzt recht überlege«, fügte er hinzu, »habe ich mich bei ihr auch noch nie dafür bedankt, dass sie in ihrem Job so hart arbeitet.«

So mancher hält es für eine Art Schwäche, Komplimente zu verteilen. Der Denkansatz dabei ist folgender: Mache ich zu viele Komplimente, heißt das indirekt, dass ich selbst nicht genug getan habe – oder dass ich nicht gut war. Beth erzählte mir einmal, dass sie ihrem Mann nicht sagen wolle, dass sie seine Versuche, bei der Hausarbeit mitzuhelfen, sehr zu schätzen wisse, weil »ich viel mehr leiste als er, und wenn ich ihm ein Kompliment mache, meint er womöglich, dass er mehr tut«.

All diese Gründe sind jedoch völlig falsch. Die Menschen brauchen und schätzen Komplimente und entfalten sich dann auch besser, sie sind motivierter. Außerdem ist es viel schwieriger für uns, unseren Partner zufrieden zu stellen, wenn wir nicht wissen, was ihm an uns gefällt. Bei einer Signierstunde von einem meiner Bücher sagte mir ein Teenager einmal: »Ich weiß genau, was meinem Freund alles an mir nicht passt, aber was ihm gefällt, weiß ich eigentlich kaum.«

Diese Strategie lässt sich leicht in die Tat umsetzen. Sie brauchen bloß einsehen, wie wichtig es ist, Komplimente zu machen, und es dann auch tun. Solange Ihre Komplimente ehrlich sind und von Herzen kommen, haben Sie nichts zu verlieren. Sie müssen nur über Ihre Partnerin nachdenken, um zu erkennen, wofür Sie ihr Dank schulden. Was würden Sie denn auch ohne sie anfangen? Würde sie das nicht gerne von Ihnen hören?

Lassen Sie Ihre Partnerin wissen, was Ihnen an ihr gefällt. Und sagen Sie ihr das nicht nur einmal, sondern immer wieder. Und wenn Ihnen als Frau etwas an Ihrem Partner gefällt, sagen Sie es ihm natürlich auch. Wissen Sie die Tatsache zu schätzen, dass Ihre Partnerin ihren Beitrag zum Einkommen der Familie leistet oder womöglich ganz dafür aufkommt, teilen Sie ihr Ihre Gefühle mit. Mäht Ihr Mann beziehungsweise Ihre Frau den Rasen, betrachten Sie das nicht als Selbstverständlichkeit. Rufen Sie stattdessen: »Du bist einfach großartig. Ich danke dir!« Je öfter Sie darüber nachdenken, desto offensichtlicher wird diese Denkweise und desto leichter fällt es Ihnen, sich entsprechend zu verhalten.

Gehen Sie nie von der Annahme aus, dass ein Kompliment nicht erwünscht oder gebraucht wird. Dies ist einer der Fälle, wo mehr auch wirklich mehr bringt. Kris hat mir vermutlich schon zehntausendmal gesagt, wie sehr sie mich aus den unterschiedlichsten Gründen schätzt. Weil ihre Worte ehrlich gemeint sind, geben sie mir ein ebenso gutes Gefühl wie beim ersten Mal.

Nehmen Sie sich heute einmal einen Augenblick Zeit und denken Sie über Ihren Partner nach. Lassen Sie sich durch den Kopf gehen, was er oder sie alles tut, um Ihnen das Leben zu verschönern und zu erleichtern. Bedenken Sie all seine Talente und positiven Eigenschaften. Das nächste Mal, wenn Sie Ihren Partner sehen, überraschen Sie ihn – oder sie – mit einem Kompliment. Und dann lassen Sie sich das in Fleisch und Blut übergehen.

29.

Hören Sie auf, sich zu wünschen, dass Ihr Partner anders sein soll

Es steht außer Frage, dass diese Strategie aus philosophischer Sicht die wichtigste in diesem Buch ist. Zwischen Ihrem Wunsch, dass Ihr Partner anders sein möge, und Ihrem Ausmaß an Unzufriedenheit besteht nämlich ein überaus bedeutsamer Zusammenhang. Und was noch schlimmer ist: Diese unselige Angewohnheit ist Ihnen selbst oft gar nicht bewusst, und falls doch, dann bestenfalls unterschwellig.

Wenn wir jemanden lieben, ist es überaus verführerisch und vielleicht sogar unvermeidlich, dass wir uns manchmal nach einem »besseren« Partner sehnen. Das heißt nicht unbedingt, dass wir den Partner wirklich wechseln wollen, sondern nur, dass wir uns wünschen, dass der Partner, den wir haben, ein bisschen anders sein möge, als er es eben ist. Egal, ob wir das offen zugeben oder nicht, diesen Wunsch hegen fast alle mehr oder weniger stark. Wir wünschen uns vielleicht, dass unser Partner mehr wie jemand anderer sein soll, ein besserer Familienvater und Zuhörer, ehrgeiziger, sanfter, leidenschaftlicher, besser aussehend, weniger empfindlich, hilfsbereiter oder eine Mischung aus alldem. Kaum einmal sind wir wunschlos glücklich.

Das Problem dabei ist Folgendes: Besteht eine Kluft zwischen dem, was wir haben, und dem, was wir wollen, sind wir unzufrieden und frustriert.

Daran lässt sich einfach nicht rütteln, und dieser Mechanismus gilt für unsere Beziehungen ebenso wie für viele andere Aspekte des Lebens. Es ist jedoch oft schwierig, diesen Zusammenhang zu erkennen, da Ihr Mangel an Zufriedenheit, oberflächlich betrachtet, ja unmittelbar durch Ihren Partner zu entstehen scheint. Die allgemeine Schlussfolgerung lautet dann: »Wenn mein Partner anders wäre oder sich entwickeln würde und meine Erwartungen erfüllen würde, wäre ich glücklich.«

Unsere Reaktion auf diese vermeintlich logische Konsequenz ist, sich danach zu sehnen, zu hoffen, zu wünschen und in einigen Fällen sogar auch zu fordern, dass unser Partner sich ändern möge. »Ich werde erst glücklich und zufrieden sein, wenn er das tut«, sagen wir uns dann.

Das Ergebnis ist allerdings, dass wir unzufrieden bleiben, wenn unser Partner sich eben doch nicht ändert oder unsere Erwartungen nicht zu erfüllen vermag. Wir sind dann womöglich sogar beleidigt und sind sauer auf ihn, weil wir ja so überzeugt sind, dass unser Partner unserem Glück im Wege steht; es ist eindeutig seine Schuld. Natürlich ist es ein Leichtes für mich, mir einzureden: »Wenn Kris bloß ein bisschen mehr meinen Vorstellungen entspräche, wäre ich ein glücklicherer Mensch.« Das Gleiche könnte Kris natürlich auch über mich sagen. In jedem Fall aber ist garantiert, dass ein Festhalten an dieser Annahme zu Unzufriedenheit führt. Das ist so sicher wie das Amen in der Kirche.

Selbst wenn sich unser Partner wirklich einmal ändert, ist die Befriedigung, die wir dadurch erfahren, meist leider nur von kurzer Dauer. Machen wir nämlich unser Glück von derartigen Bedingungen abhängig, die wir unserem Partner stellen, ist es nur eine Frage der Zeit, bis wir uns weitere Veränderungen wünschen. Ich habe dutzende von Leuten kennen gelernt – Männer wie Frauen –, die unbedingt wollten, dass ihr Partner mehr im Haushalt mithilft. Als sich ihr Wunsch dann erfüllte –

durch Konflikte, Kompromisse oder auch durch ehrliche Bemühungen von Seiten des Partners –, kamen sie schnell zu dem Schluss, dass diese Veränderungen nicht ausreichend waren; es wurde noch mehr gefordert.

Der Trick ist, den Zusammenhang zu begreifen zwischen dem Wunsch, dass der Partner anders sein soll, als er es eben ist, und dem damit einhergehenden Gefühl, dass in der Beziehung etwas fehlt oder irgendwie nicht stimmt. Haben Sie die Dynamik zwischen diesen Gedanken und Ihren Gefühlen einmal erkannt, können Sie sich auf eine enorme Überraschung gefasst machen. Ihre Beziehung wird nie mehr so sein, wie sie war.

Machen Sie ein Experiment. Notieren Sie sich, was Sie an Ihrem Partner unzufrieden macht und was Sie gern verändern würden. Und dann stellen Sie sich die Frage: »Was würde passieren, wenn ich aufhören würde, mir zu wünschen, dass er oder sie sich ändern soll, damit in meinen Augen alles perfekt ist?« Und: »Was wäre, wenn ich meinen Partner einfach so lieben würde, wie er eben ist?« Wagen Sie jetzt sofort einen Versuch.

Sie werden bemerkenswerte, ja dramatische Veränderungen feststellen. Ihre Forderungen nehmen ab, und Ihre Unzufriedenheit schwindet. Sie werden viel großzügiger und nachsichtiger und fällen generell auch weniger harte Urteile. Ihre Fähigkeit, ohne Aggression zu kommunizieren, nimmt zu, so dass sich Ihr Partner von seiner besten Seite zeigen kann. Und schließlich wird die Liebe, die Sie empfinden, tiefer und bedingungsloser. Genau die Art Liebe, die Sie immer erleben wollten, rückt dann in greifbare Nähe. Sie müssen nur aufhören, sich zu wünschen, dass Ihr Partner anders sein soll.

30.

Bringen Sie Ihren Partner nicht in Verlegenheit

Ziemlich weit oben auf der Liste mit dem Titel »Ich kann es nicht leiden, wenn mein Partner dieses oder jenes tut« steht die nervtötende, beleidigende und ach so ärgerliche Unart, den Partner in Verlegenheit zu bringen. Oder, anders ausgedrückt: Man zwingt den anderen in einem ungünstigen Moment, eine schnelle Entscheidung zu treffen, die ihn in einem schlechten Licht dastehen lässt.

Hier nun ein klassisches Beispiel dafür: Das Telefon läutet. Sie haben keine Lust auf ein Gespräch, deshalb geht Ihre Partnerin dran. Am Apparat ist eine gemeinsame Freundin, die wissen möchte, ob Sie beide sich mit ihr am Wochenende treffen wollen. Seit Wochen freuen Sie sich schon auf ein ruhiges Wochenende und auf die Möglichkeit, endlich ein paar Dinge im Haus zu erledigen. Ihre Partnerin hingegen hat Lust auf Gesellschaft und freut sich über den Vorschlag.

Und an diesem Punkt wird es nun schwierig. Ihre Partnerin hält den Hörer vom Ohr weg und sagt zu Ihnen: »Liebling, ich bin schon total aufgeregt. Susan ist dran. Wir wollen uns alle am kommenden Wochenende treffen. Ist das nicht toll?« Susan am anderen Ende der Leitung kann natürlich mithören, was Sie sagen, und wartet nun gespannt auf Ihre Antwort.

Es ist eine außerordentlich unangenehme Situation. Was können Sie tun? Wenn Sie ehrlich sind, haben Sie wirklich keine Lust, Susan zu treffen. Auf der anderen Seite ist sie eine gute Freundin, die Sie schon eine ganze Weile nicht mehr gesehen haben. Außerdem freut sie sich auf ein Wiedersehen – und Ihre Partnerin ebenso.

Sie sitzen in der Klemme. Ihnen bleibt keine Minute, um darüber nachzudenken, was Ihnen wirklich wichtig ist und wie viel Zeit Sie an dem Wochenende brauchen, um alles zu erledigen, was Sie sich vorgenommen haben. Sind Sie absolut ehrlich, erscheinen Sie womöglich egoistisch, verletzen die Gefühle Ihrer Freundin und verärgern Ihre Partnerin. Stimmen Sie zu, obwohl Sie ja eigentlich nicht hinfahren wollen, fühlen Sie sich überrumpelt und nehmen es Ihrer Partnerin übel. An so einem Punkt können Sie nur noch Ihre Alternativen abwägen und dabei bedenken, dass das alles eigentlich kein Problem ist. Jede Entscheidung ist akzeptabel.

Dabei gibt es eine Lösung, die so einfach und zugleich respektvoll ist, dass es eine Schande wäre, sich ihrer nicht zu bedienen. Man könnte sie folgendermaßen umschreiben: »Es ist nicht fair, meinen Partner in Verlegenheit zu bringen.«

Um diese Philosophie in die Tat umzusetzen, kann Ihre Partnerin ihrer Freundin zunächst einmal ganz ehrlich sagen, dass sie größte Lust hat, sie zu treffen. Dann allerdings würde sie ganz höflich hinzufügen: »Ich kann natürlich nicht für ihn sprechen, ich hoffe schon, dass er auch mitkommen will. Ich frage ihn, ob er etwas vorhat, und rufe dich dann gleich zurück. Ich kann es kaum erwarten, dich wieder zu sehen.«

Das war es auch schon. Problem gelöst. Jeder steht gut da, keiner wird brüskiert, und niemand wird in Verlegenheit gebracht. Sie haben die Möglichkeit, über Ihre Alternativen nachzudenken, zu erfahren, wie wichtig es Ihrer Partnerin ist, dass Sie dabei sind, alle Faktoren in Betracht zu ziehen und dann eine Entscheidung zu treffen. Gibt es etwas Einfacheres?

Die absolut peinlichste Art, wie man in Verlegenheit gebracht werden kann, ist unmittelbar vor den Augen anderer. Das ist noch schlimmer als in dem Beispiel mit dem Telefon, weil in diesen Fällen die anderen Sie nicht nur hören, sondern auch noch sehen können – Ihre Gesten, Ihre Körpersprache und so weiter.

Man kann seinen Partner in vielerlei Hinsicht derart unguten Situationen aussetzen. Leider wird dergleichen nie positiv aufgenommen oder gar geschätzt. Wird man in Verlegenheit gebracht, bewirkt das meistens, dass man in die Defensive geht, oder führt zu einer anderen Negativreaktion. Es erzeugt immer Stress.

Eine der einfachsten Möglichkeiten, wie es sich vermeiden lässt, in der Liebe ein Problem zu sehen und sich verrückt zu machen, ist, nicht unnötig auf den Prüfstand gestellt zu werden. Und es lässt sich ja in der Regel auch meist umgehen, den Partner in Verlegenheit zu bringen. Tun Sie das, werden Sie mit einem entspannteren und liebevolleren Partner belohnt werden.

31.

Denken Sie nach, bevor Sie etwas sagen

Eine gute Freundin hat uns einmal folgende Geschichte erzählt: Sie war gerade von einer langen Radtour mit Freunden nach Hause gekommen und war wirklich in Beststimmung, weil sie für die zweite Hälfte der Tour weniger Zeit gebraucht hatte als für die erste. Da sie sich schon seit einiger Zeit um eine bessere Kondition bemühte, war das überaus wichtig für sie, und so war sie mit Recht stolz auf sich. Als sie also ganz aufgekratzt durch die Haustür kam und ihrem Mann ihren Erfolg mitteilte, platzte dieser ohne nachzudenken heraus: »Du warst auf dem Rückweg schneller, weil es bergab geht; das ist alles.«

Ach je! Unsere Freundin hatte das Gefühl, als hätte ihr jemand ein Messer in den Rücken gerammt. Ihre Erfolgsstory schien nichts mehr wert, und sie fühlte sich in ihre Schranken verwiesen.

Sicher wird man manchmal mit viel schlimmeren Kommentaren konfrontiert, und unsere Freundin konnte die unbedachte Bemerkung ihres Mannes bestimmt schnell wegstecken. Die Frage ist jedoch: Warum musste er das überhaupt sagen? Ob er technisch gesehen Recht hatte oder nicht, spielt dabei überhaupt keine Rolle. Es bestand keine Aussicht, dass sich aus seiner Bemerkung etwas Positives entwickeln konnte. Das einzig mögliche Resultat war, dass er seine Partnerin verletzte, ihr Selbstwertgefühl minderte und ein Quantum Groll gegen sich provozierte. Warum macht jemand aber etwas, wenn das negative Ergebnis schon vorprogrammiert ist? Und viele von uns tun das ständig – und ausgerechnet den Menschen gegenüber, die sie am meisten lieben.

Das Interessante an der Sache ist, dass unser Freund eigentlich ein sehr netter Mann ist. Es ist somit höchst unwahrscheinlich, dass er böse Absichten hatte, außerdem liebt er seine Frau wirklich. Sein Lapsus hier beruhte nicht auf mangelnder Zuneigung – sondern auf mangelnder Disziplin, zuerst einmal nachzudenken, bevor man etwas sagt.

Die Angewohnheit, etwas gedankenlos daherzureden, zeigt sich in vielerlei Hinsicht – in Sarkasmus, demütigenden Kommentaren, indem man sich selbst in ein besseres Licht rückt oder indem man einfach etwas Unnötiges, aber in gewisser Weise Gemeines sagt. In der Regel passiert das, wenn man selbst in einer schlechten Verfassung ist und zu Überreaktionen neigt, also wenn man ein bisschen müde ist, sich überfordert fühlt, gestresst ist oder auch frustriert. Wie oft sind Sie schon mit etwas Negativem herausgeplatzt, wenn Sie schlecht gelaunt waren, nur um es hinterher gleich schrecklich zu bereuen?

Als Faustregel gilt: Hegen Sie den geringsten Zweifel, ob der Kommentar, der Ihnen auf der Zunge liegt, passend ist, stellen Sie sich die folgende – zweiteilige – Frage: »Trägt meine Bemerkung positiv zu diesem Gespräch bei und bringt sie uns näher zusammen, oder ist es wahrscheinlicher, dass sie trennend wirkt?« Mit dieser einfachen Überlegung können Sie die meisten verletzenden Bemerkungen im Keim ersticken, mit denen Sie Ihren Partner sonst konfrontieren würden.

Es ist wichtig, nicht zu vergessen, dass so ein verletzender Kommentar, der auf mangelndem Nachdenken beruht, nicht im luftleeren Raum steht. Sie können sich ja sicher vorstellen, dass ein Mensch, der Opfer einer verletzenden Bemerkung geworden ist, wohl meist in die Defensive geht, sich also verteidigt und außerdem selbst ein paar Takte als Antwort auf Lager hat. In jedem Fall ist eine solche Bemerkung also dysfunktional und lieblos, oft artet die Sache sogar in einen Streit aus. Hätte sich unser Freund nur einen Augenblick die Zeit genommen, um einmal nachzudenken, hätte er bestimmt etwas ganz anderes geäußert – oder vielleicht auch gar nichts. Anstatt den anderen zu verletzen und dann aufeinander böse zu sein, hätten sich die beiden an der Gesellschaft des anderen freuen können.

Diese Strategie ist knapp und angenehm. Sie können sich an sie erinnern unter dem Motto: »Kopf einschalten!«, oder dergleichen. Auch wenn es auf der Hand liegt, vergisst man doch schnell, wie wichtig es ist, eine kleine Pause einzulegen, wenn einem der Partner etwas erzählt hat, um zuerst einmal nachzudenken, bevor wir etwas darauf sagen. Es ist ein weiterer Beweis, dass es im Grunde gar nicht so schwierig ist, eine liebevolle Beziehung zu führen. Das Wichtigste dabei scheint, dass wir versuchen, einfühlsam und freundlich zu sein, und dass wir uns nicht beirren lassen – zumindest meistens nicht.

32.

Finden Sie heraus, was Sie zu einem Problem beitragen

Es gibt eine Vielzahl an Eigenschaften, die eine wirklich hervorragende Beziehung von anderen unterscheidet – Liebe im Herzen, Einfühlsamkeit, Großzügigkeit, Mangel an Eifersucht, Freundlichkeit, gemeinsame Wertvorstellungen, Vertrauen, Aufrichtigkeit, um nur einige zu nennen.

Hier ist nun noch eine Eigenschaft, die man dieser illustren Liste hinzufügen kann und die wirklich ebenso wichtig ist; sie wird allerdings nicht so oft diskutiert: der Wunsch und der Wille, den eigenen Beitrag an den Problemen zu erkennen. Kombiniert mit einer liebevollen Einstellung hat dieser Wille einen so enorm großen Einfluss, dass allein dadurch alles besser läuft, selbst wenn man sonst nicht viel richtig macht.

Denken Sie einmal einen Moment nach. Wie oft haben Sie schon die Erkenntnis gehört: »Du liebe Güte, ich sehe schon, dass ich an dem Problem mit Schuld habe.« Ich muss meist lachen, wenn ich diese Frage stelle, denn die Antwort lautet: »Fast nie.« Was wir in der Regel zu hören bekommen, sind Kommentare, die jemand anderen für die Probleme in unserem Leben und in unseren Beziehungen verantwortlich machen. Wir hören Aussagen wie: »Mein Partner fordert so viel«, »Er hört mir nie zu«, »Sie reagiert zu emotional«, »Er tut seinen Teil der Arbeit nicht« und hunderte von ähnlichen Klagen im Sinne von: »Meine Schuld ist das nicht«. Leider führt diese Denkweise zu gar nichts, sondern ist bestenfalls kontraproduktiv – und im schlimmsten Fall sogar destruktiv.

Seien Sie einmal ehrlich. Haben Sie je gehört, dass jemand auf eine Schuldzuweisung irgendwie positiv reagiert hätte? Wenn Sie beispielsweise in vorwurfsvollem Ton sagen: »Du hackst ständig auf mir herum«, können Sie sich da vorstellen, dass Ihr Partner so etwas darauf erwidert wie: »Da hast du Recht, Liebling. Danke, dass du mir das mitgeteilt hast. Ich werde sofort anfangen, an mir zu arbeiten. Ich liebe dich doch so sehr.« Keine Chance. Es ist dagegen viel wahrscheinlicher, dass der andere sich verteidigt oder überhaupt nicht reagiert, aber total verärgert ist. Denn Ihr Partner betrachtet Sie in so einem Fall nämlich als jemand, der absolut unvernünftig ist und in allem ein Problem sieht.

Es ist jedoch etwas ganz anderes, wenn Sie sich bemühen, Ihren eigenen Beitrag zu dem Problem zu erkennen, das Sie gerade haben. Anstatt abzuschalten oder Widerstand zu leisten gegen das, was Sie gesagt haben, ist Ihr Gegenüber viel eher gewillt, die Ohren zu spitzen und Ihnen wirklich zuzuhören.

Beispielsweise geht Ihnen durch den Kopf, dass Sie oft das Gefühl haben, jemand hacke auf Ihnen herum. Sie könnten also zu Ihrem Partner sagen: »Mir ist klar, dass ich ein bisschen zu empfindlich bin. Es stört mich, dass ich so oft den Eindruck habe, dass du auf mir herumhackst, und ich will wirklich daran arbeiten. Wie siehst du die Sache denn?«

Ihr Wille, Ihren eigenen Beitrag in Betracht zu ziehen, und Ihre unaggressive Haltung schaffen ein positives Klima und öffnen die Tür zu einer Diskussion, bei der etwas Positives entstehen kann. Ihr Partner kann Ihren Standpunkt viel eher einsehen und wird über Ihre Gefühle nachdenken. Vielleicht hackt er ja wirklich zu oft auf Ihnen herum; womöglich wusste er nicht, welche Gefühle das bei Ihnen auslöst. Oder, wer weiß, vielleicht sind Sie in der Tat überempfindlich!

Sie können in einem Bruchteil der Zeit zu einer Lösung kommen, wenn Sie sich bemühen, Ihren Anteil bei einer Sache zu erkennen. Das heißt natürlich nicht, dass Ihr Partner perfekt ist oder dass es nichts gäbe, was er besser machen könnte, oder Angewohnheiten, die er verändern könnte, oder dass er grundsätzlich nie an etwas Schuld hat.

Sicher gilt das nicht in jedem Fall, aber in der Regel hat doch alles zwei Seiten: Beide Partner tragen jeder auf seine Art zu einem Problem bei. Sieht keiner der beiden seinen Anteil, wird eine Veränderung unwahrscheinlich, ja sogar unmöglich. Erkennen hingegen beide, wie sie zu einem Problem beitragen, tritt eine sinnvolle Lösung zu Tage.

Denken Sie einmal über diese Strategie nach, dann kommt Ihnen Ihre Beziehung im Handumdrehen viel weniger verwirrend vor.

33.

Bringen Sie Ihre Arbeit zu Ende

Rachel hatte sich seit Monaten darauf gefreut, mit ihren Freunden auszugehen, die von auswärts zu ihr in die Stadt kommen wollten. Den günstigsten Zeitpunkt zu finden war schwierig gewesen, weil es so viele Verpflichtungen zu berücksichtigen galt, zumal Rachel halbtags arbeitete und drei Kinder hat. Der einzige Abend, der allen genehm war, war der letzte Abend der Schulferien; ein Babysitter stand somit nicht zur Verfügung. Deshalb musste entweder Rachel oder ihr Mann Rick zu Hause bei den Kleinen bleiben.

Rick, ein verantwortungsbewusster, liebevoller Vater, arbeitete ganztags. Als der besagte Abend gekommen war, war Rachel überaus dankbar, dass Rick auf die Kinder aufpassen wollte. Er war gezwungen gewesen, eine Verabredung abzusagen, und versäumte außerdem eine berufliche Veranstaltung, damit er daheim sein und Rachel ihre Freunde treffen konnte.

Rachel amüsierte sich prächtig. In dem Moment, als sie zu Hause durch die Tür trat, sackte ihre Stimmung jedoch in den Keller. Alle, auch Rick, schliefen schon, aber im Haus sah es aus, als hätte eine Bombe eingeschlagen. Sofort hatte Rachel das Gefühl, dass es ein Fehler gewesen war, etwas mit ihren Freunden zu unternehmen. Anstatt gut gelaunt ins Bett zu gehen, wurde sie ärgerlich, dass sie nun anfangen musste, diese Unordnung aufzuräumen, für die sie doch gar nichts konnte.

Die Geschichte ist eigentlich traurig, weil Rick ja keine Mühen gescheut hatte, um zu Hause zu bleiben; aber er war müde und brauchte Ruhe. Weil er seine Arbeit jedoch nicht zu Ende gebracht hatte, wurde aus einem wundervoll entspannenden Abend für Rachel ein Ärgernis. Eine Verabredung, auf die sie sich seit Monaten gefreut hatte, wurde überschattet, nur weil zu Hause dieses Chaos herrschte.

In dieser Geschichte bedeutet »seine Arbeit zu Ende bringen« eine halbe Stunde Zeitaufwand, um das Haus aufzuräumen. Aber es kann auch um ein Telefonat gehen, das zu führen Sie eingewilligt hatten, oder um ein Versprechen, das Sie einzuhalten haben, kurz um alles, was Ihrem Partner das Leben ein bisschen leichter macht. So einfach ist das.

Es erübrigt sich eigentlich zu sagen, dass Ausnahmen die Regel bestätigen. Sicher gibt es Zeiten, in denen Sie nichts tun können – weil Sie zu erschöpft sind oder zu beschäftigt oder es schlichtweg vergessen haben. Die Moral unserer Geschichte ist jedoch – und das sollten Sie sich als Faustregel einprägen: Tun Sie für Ihren Partner, was Sie nur können. Und bringen Sie Ihre Arbeit zu Ende. Dann sieht Ihr Partner nicht in allem ein Problem und macht sich verrückt – denn Sie haben ihm die Sache ja schon längst abgenommen!

34.

Denken Sie sanftmütig

Als grundsätzlich optimistischer Mensch bin ich stets davon ausgegangen, dass positive Gedanken der Schlüssel zum Glück sind. Ich glaube das bis heute, habe aber die Erfahrung gemacht, dass es noch mehr Wirkung hat, wenn man sanftmütig denkt. Wenn Sie es sich zum Ziel gesetzt haben, eine liebevolle Beziehung zu führen, bei der Kleinigkeiten keinen negativen Einfluss auf Ihre Liebe haben, ist diese Strategie es bestimmt wert, ernst genommen zu werden.

Eine interessante Übung ist, sich sanftmütige, liebevolle Gedanken zu machen und dann zu versuchen, sich zu ärgern. Ich schätze, dass Sie nicht dazu in der Lage sein werden! Sanftes Denken und Ärger passen nämlich nicht zusammen – sie schließen sich gegenseitig aus. Ist Ihr Denken von sanftmütigen Gedanken erfüllt, reagieren Sie auf die tagtäglichen Vorkommnisse – besonders auf Dinge, in denen Sie sonst ein Problem sehen und die Sie verrückt machen – mit Mitgefühl. In der Regel können Sie sich dann auch Ihren Sinn für Humor und eine angemessene Einschätzung bewahren. Anstatt scharf auf einen Vorfall zu reagieren, agieren Sie aus einer Position der Freundlichkeit heraus. Einfach ausgedrückt: Die ganz normalen Kleinigkeiten, die im Lauf eines Tages so passieren, gehen Ihnen lange nicht so auf die Nerven und scheinen Ihnen nicht der Rede wert zu sein.

Sanftmütige Gedanken verstärken das Gefühl, dass das Leben schön ist und dass es ein Privileg ist, daran teilhaben zu dürfen. Diese Gedanken reichen von Liebe und Frieden bis hin zu Verzeihen und Großmut; oft beinhalten Sie auch Dankbarkeit.

Ich habe gesehen, wie diese ach so einfache Strategie eine überaus positive Auswirkung selbst auf die ernstesten Menschen hatte. Ich habe einmal mit einem Mann vom – rationalen – Typus A zusammengearbeitet. Er war gehetzt, arbeitete hart, war fordernd und total angespannt. Seine Ehe war gefährdet, weil er an Frau und Kinder ebenso hohe Erwartungen richtete wie an seine Angestellten. In seinem Denken gab es keinen Platz für Fehler und Irrtümer. Alles musste perfekt sein; wenn nicht, verlieh er seiner Missbilligung unmissverständlich Ausdruck.

Ich bat ihn, mir zuliebe an einem Experiment teilzunehmen. Da er wie besessen davon war, bei allem, was er tat, immer der Beste sein zu müssen, hatte ich keinen Zweifel, dass er sich auch in diesem Fall ins Zeug legen würde. Ich forderte ihn also auf, sich einen ganzen Tag lang nur sanftmütige Gedanken zu machen. Jedes Mal, wenn sein Denken abschweifte in Richtung Leistung, Perfektion, Gewinn oder dergleichen, sollte er es wieder auf eine sanfte Grundeinstellung lenken. So lauteten meine Instruktionen.

Als er sich darauf konzentrierte, sanfter zu sein, konnte er gar nicht anders, als auch seiner Familie gegenüber mehr Nachsicht an den Tag zu legen. Seine Erwartungen ließen nach, und zwar in solchem Ausmaß, dass es seine Frau bemerkte. Er war etwas geduldiger und weniger schnell verärgert. Seine Kinder bemerkten, dass er nicht so gehetzt war – er aß mit ihnen zu Abend, ohne dabei ständig auf die Uhr zu sehen. Auch wenn es sich nur um geringfügige Veränderungen handelte, fielen sie ihm doch auf und öffneten ihm die Augen. Ihm wurde bewusst, dass

seine Frau und Kinder auf diese Weise viel weniger durch ihn gestresst wurden.
Obwohl dieser Mann ein überaus kompliziertes Leben führte und sich mit sehr komplexen Fragestellungen beschäftigte, vermochte diese einfache Strategie schließlich einige positive Veränderungen zu bewirken. Sicher war einiges an Zeit und viel Übung notwendig, um mit den alten Gewohnheiten aufzuräumen – dieser eine Tag reichte natürlich bei weitem nicht aus. Die Bereitschaft dieses Mannes, mit sanftmütigen Gedanken zu experimentieren, hat wahrscheinlich seine Ehe gerettet oder ihm zumindest die Dynamik bewusst gemacht, die einer Beziehung zu Grunde liegt. Manchmal zeigen eben die einfachsten Ideen die größte Wirkung.

35.

Zeigen Sie stets Mitgefühl

Wenn sich zwei Menschen verlieben, machen sie den Partner oft zum Mittelpunkt ihres Lebens. Sie hören einander zu, respektieren sich und zeigen vor allem Mitgefühl. Fühlt sich der eine nicht wohl, bleibt der andere an seiner Seite; ist einer verletzt – körperlich oder emotional –, teilt der andere seinen Schmerz. Jeder will vom anderen wissen, ob er den Tag gut verbracht hat und welche Erfahrungen er gemacht hat, denn sie prägen ja schließlich das gemeinsame Leben. Man tut das nicht aus Verpflichtung, sondern aus Liebe, und man betrachtet es als Privileg und Quelle der Freude, die Geschichten des Partners zu hören, von ihm zu lernen und Erfahrungen miteinander zu teilen.

Mitgefühl definiert sich als eine Art Sympathie. Legt man Mitgefühl an den Tag, heißt das, dass man sich an die Stelle des anderen versetzt. Generell empfinden wir Mitgefühl, wenn jemand leidet. Wir wollen demjenigen dann unter die Arme greifen, ihm eine Quelle der Stütze, Hilfe, Liebe und des Verständnisses sein. Mitgefühl ist ein wunderbarer Wesenszug, der uns als Menschen auszeichnet. Je mehr Mitgefühl wir empfinden und ausdrücken, desto menschlicher werden wir.

In den meisten Beziehungen jedoch scheint sich etwas Seltsames zu entwickeln – besonders wenn sie schon längere Zeit bestehen. Langsam verlieren wir das Mitgefühl für unseren Partner. Aus irgendeinem Grund sehen wir ihn in einem anderen Licht als andere Menschen, wir betrachten ihn als Selbstverständlichkeit und übersehen – wenn wir es nicht gar gänzlich vergessen –, dass unser Partner auch ein Mensch ist und somit ebenso leidet. Es fällt uns relativ leicht, Mitgefühl für einen völlig Fremden zu empfinden, der vielleicht Hunger leidet, krank oder verletzt ist oder einen schweren Verlust erfahren hat, aber wir können unser Herz nicht dem Menschen gegenüber öffnen, den wir eigentlich am meisten lieben auf dieser Welt – besonders nicht, wenn es sich bei den jeweiligen Kümmernissen um alltägliche Kleinigkeiten handelt.

Empfinden Sie noch Mitgefühl für Ihren Partner, dann sorgen Sie dafür, dass das auch so bleibt. Zeigen Sie sich weiterhin einfühlsam, steht Ihre Beziehung auf einer soliden, nämlich liebevollen Basis. Haben Sie Ihr Mitgefühl verloren oder ist es im Schwinden begriffen, können Sie es durchaus wiedererlangen. Sie müssen sich nur bewusst machen, dass die Schmerzen Ihres Partners ebenso real sind wie die von jedem anderen Menschen; ihn oder sie plagen die gleichen Ängste, Gefühle, Zweifel und Sorgen. Wenn Ihre Partnerin sich fürchtet oder verletzt ist, ist ihr Bedürfnis nach einer liebevollen Umarmung und nach jemandem, mit dem sie reden kann, ebenso legitim wie das Ihre oder meine. Hatte sie einen harten Tag, ist ihr Wunsch, sich darüber auszusprechen, absolut verständlich und sollte keineswegs abgetan werden. Bedenken Sie stets eines: Wenn Ihr Partner verärgert oder frustriert ist und Ihnen seine Gefühle kundtut, ist eine negative Reaktion von Ihnen das Letzte, was er braucht. Er benötigt vielmehr Ihre Liebe und Ihr Mitgefühl, dass Sie für ihn da sind und ihm mit offenem Herzen begegnen. Verhalten Sie sich so, werden Sie überrascht sein, wie oft kleine Probleme und Streitigkeiten sich in Wohlgefallen auflösen. Täglich Mitgefühl zu zeigen stärkt

Ihre Liebe und Ihren Respekt füreinander wie sonst kaum etwas. Es ist nämlich tröstlich zu wissen, dass jemand einen versteht – besonders Sie. Können Sie sich Ihr Mitgefühl für Ihren Partner bewahren oder es gar intensivieren, haben Sie am Ende eine befriedigende Beziehung.
Es ist jedoch auch wichtig, mit sich selbst einfühlsam umzugehen, das heißt, nicht zu vergessen, dass man selbst auch nur ein Mensch ist. Wenn Ihnen etwas misslingt, Sie einen Fehler machen, etwas Falsches sagen, die Fassung verlieren oder einfach nur einen schlechten Tag haben – seien Sie nett zu sich. Nehmen Sie es sich nicht übel. Gehen Sie behutsam mit sich um, indem Sie sich daran erinnern, dass auch Sie nicht mehr als Ihr Bestes geben können. Indem Sie sich selbst Liebe und Geduld entgegenbringen und kein hartes Urteil fällen, können Sie der angenehmste Mensch werden, den man sich nur vorstellen kann.

36.

Geben Sie Ihrer Beziehung einen Kick

Es ist eine weit verbreitete Annahme, dass der passende Zeitpunkt, einen Fachmann zu Rate zu ziehen, genau dann ist, wenn in einer Beziehung die ersten Probleme auftreten. Schließlich besteht kein Zweifel, dass ein guter Psychologe, Geistlicher, Sozialarbeiter, Eheberater oder sonst jemand mit einer entsprechenden Qualifikation in schwierigen Zeiten enorm hilfreich sein kann.

All diese Fachleute können jedoch auch überaus effektiv genutzt werden, um einer Beziehung einen neuen Kick zu geben, damit Sie sich miteinander weiterentwickeln, besser kommunizieren können und Ihre Liebe zueinander wächst.

Selbst die beste Beziehung kann nämlich zu etwas Festgefahrenem und Gewohntem werden. Schnell betrachtet man den anderen als Selbstverständlichkeit, und dann ist es vorbei mit dem zündenden Funken. Das heißt nicht, dass mit Ihrer Beziehung etwas nicht stimmt; aber besser könnte es durchaus sein. Oft können eine geringfügige Korrektur im Denken, eine leichte Änderung der Einstellung, eine etwas andere Sichtweise oder ein paar einfache Tipps enorm viel bewirken.

Ich habe viele Kurse in Sachen Glück und Zufriedenheit gegeben, die unter anderem auch solche Ratschläge mit einschlossen wie die, die Sie in meinen diversen Büchern finden können. Oft haben Paare daran teilgenommen, und zwar nicht, weil ihre Beziehung im Argen lag, sondern einfach, weil sie sich einen kleinen Kick versprachen. Eines der größten Komplimente, die man mir machen kann, ist, wenn jemand sagt: »Genau das habe ich gebraucht.« Was die Teilnehmer bei mir lernten, war immer einfach, eher eine Art Denkanstoß, wie man ein glücklicherer Mensch beziehungsweise ein glücklicheres Paar werden kann.

Einen ähnlich positiven Kick können Sie natürlich auch bekommen, wenn Sie mit Ihrem Partner an einem Seminar teilnehmen, in dem man gute Kommunikation oder liebevollen Umgang miteinander einübt – oder indem Sie sich einfach eine Stunde in einen Vortrag von Ihrem Lieblingsautor zu diesem Thema setzen. In vielen Buchgeschäften finden kostenlose Lesungen statt, und anschließend signiert der Vortragende noch seine Bücher. Sie können sich auch Kassetten zum Thema Beziehungspflege kaufen und sie dann in aller Ruhe miteinander anhören. Aber vielleicht ziehen Sie es ja auch vor, dem anderen einige Passagen aus Ihrem Lieblingsbuch vorzulesen, das Sie beide dann zueinander führt. Selbst etwas so Einfaches kann für den nötigen Kick sorgen, der Ihnen gefehlt hat. Wenn Sie einen derartigen Versuch unternehmen, zeigt das Ihrem Partner, dass die Beziehung wertvoll für Sie ist; es sagt aus, dass Sie sich mit ihm oder ihr weiterentwickeln wollen.

Wir möchten Sie nun ermutigen, sich jetzt nach so einem Kick für Ihre Beziehung umzusehen. Es ist eine hervorragende Möglichkeit, Zeit miteinander zu verbringen, und macht oft auch großen Spaß.

37.

Lassen Sie es nicht zu, dass aus ein paar flüchtigen Gedanken grosse Streitfragen werden

Ich kann mit Fug und Recht behaupten, dass Sie, wenn es darum geht zu lernen, nicht mehr in allem ein Problem zu sehen und sich verrückt zu machen, bei sinnvoller Handhabung nur dieser einen Strategie schon eine gute Figur machen werden. Sie zeigt enorme Wirkung und ist überaus wertvoll!

Tagtäglich gehen uns tausende von Gedanken durch den Kopf, die sich zusammensetzen aus Ideen, Plänen, Erwartungen, Erinnerungen und vielem anderen mehr. Einiges von dem, was wir denken, ist fröhlich, vieles nicht. Wir haben unsere Sorgen, Kümmernisse, Hoffnungen, Vorahnungen und Unmengen an Durcheinander im Kopf, jedenfalls die meisten von uns. Wir denken über die Vergangenheit nach und über die Zukunft.

Während uns die diversen Gedanken durch den Kopf schießen, kann zweierlei passieren. Zum einen kann es bei einem flüchtigen Gedanken bleiben; unter diese Kategorie fallen die meisten unserer Überlegungen. Im Lauf eines Tages geht uns nämlich so viel durch den Kopf, dass es unmöglich, unpraktisch und enorm verwirrend wäre, jedem einzelnen Gedanken nachzugehen. Beispielsweise fällt mir beim Autofahren plötzlich ein: »Ob Kris wohl daran gedacht hat, auf die Einladung zum

Abendessen zu antworten?« Nehme ich diese Überlegung nicht zu ernst und lasse sie einfach so vorüberziehen, geht sie so schnell, wie sie gekommen ist. Ich vergesse sie vermutlich völlig, oder sie kommt mir irgendwann noch einmal in den Sinn, etwas später wahrscheinlich. Aber dann drängt sich mir auch schon der nächste Gedanke auf.

Die andere Möglichkeit ist, dass ich an diesem Gedanken festhalte, als ob ich ihn untersuchen wolle. Ich nehme ihn mir vor, um ihn analysieren zu können. Ich widme ihm meine ungeteilte Aufmerksamkeit und messe ihm Bedeutung bei. Während ich mich gedanklich also damit beschäftige, fallen mir mehrere Vorfälle ein, wann Kris schon einmal etwas vergessen hat – als sie mir beispielsweise versichert hatte, dass sie ein Telefonat für mich erledigen würde, aber nicht dazu kam. In Sekundenschnelle bin ich irritiert. Übersehen Sie bei dem Beispiel nicht, dass Kris nicht einmal bei mir im Auto sitzt – und doch werde ich von Minute zu Minute ärgerlicher auf sie.

Sie können sicher nachvollziehen, wie einfach es ist, auf diese Weise so ziemlich aus allem eine Streitfrage zu machen. Sie müssen dazu bloß dem entsprechenden Gedanken genug Aufmerksamkeit schenken. Sie könnten dann darüber spekulieren, auf welche anderen Aspekte Ihrer Beziehung sich diese »Vergesslichkeit« noch auswirkt oder dass mit Ihrem Partner generell etwas nicht stimmt. Das Problem dabei ist Folgendes: Vermögen Sie nicht zu erkennen, wie Ihr eigenes Denken zu den Streitfragen beiträgt, die Sie schließlich frustrieren, ist Ihre Beziehung in kürzester Frist voll von derartigen negativen Überlegungen – und immer scheint Ihr Partner daran die Schuld zu tragen.

Oberflächlich betrachtet mag man es sogar ganz lustig finden, dass eine solche Bagatelle einen derart negativen Einfluss auf eine Beziehung ausüben kann. Und das stimmt ja auch irgendwie. In jedem Fall jedoch ist dieses Schema, selbst wenn die Einzelheiten immer etwas anders liegen, generell doch sehr weit verbreitet; dergleichen passiert uns allen mehr oder weniger oft.

In diesem Zusammenhang ist es wichtig, einmal festzustellen, dass jemand eine Beziehung mit einer Partnerin führen kann, die erheblich vergesslicher ist als Kris, dass derjenige daran aber keinen großen Anstoß nimmt. Es lässt sich zwar nicht leugnen, dass seine Partnerin vergesslich ist, und es wäre anders auch angenehmer, aber derjenige gestattet es sich einfach nicht, seine Gedanken außer Kontrolle geraten zu lassen. Er sucht stattdessen lieber nach einer heilsamen Möglichkeit, damit umzugehen.

Die Lösung liegt darin, die Tatsache anzuerkennen, dass Ärgernisse häufig einfach etwas Flüchtiges sind und wir sie viel zu ernst nehmen. Wenn Sie also das nächste Mal wegen irgendetwas wütend sind, überprüfen Sie Ihre Gedanken. Achten Sie darauf, ob Sie unnötigerweise an etwas festhalten, statt die Angelegenheit einfach auf sich beruhen und vorübergehen zu lassen. Dann werden Sie feststellen, dass sich viele Streitfragen in Ihrer Beziehung in Wohlgefallen auflösen. Geht es um etwas wirklich Wichtiges, werden Sie sicher nochmals damit konfrontiert. In der Zwischenzeit können Sie diese Gedanken aber einfach beiseite schieben, anstatt mit ihnen zu ringen, und Ihre Energie darauf verwenden, sich aneinander zu freuen.

38.

Werden Sie ein pflegeleichter Partner

Die meisten Menschen berichten, dass sie zwei unterschiedliche Typen von Gästen kennen. Die erste Kategorie lässt sich als pflegeintensiv charakterisieren. Das sind Gäste, die zu Ihnen kommen und sich in Ihr Leben drängen. Sie erfordern viel Aufmerksamkeit, benutzen Ihr Auto und wollen ständig unterhalten werden, sonst sind sie gelangweilt. Benutzen sie Ihr Telefon, vergessen sie dafür zu bezahlen. Sie verfügen über Ihre Zeit und fordern, dass Sie jede freie Minute mit ihnen verbringen, alle Mahlzeiten inbegriffen. Solange sie zu Besuch sind, lechzen Sie nach etwas Freiraum und Ruhe. Diese Gäste legen keine Anzeichen von Unabhängigkeit an den Tag und reagieren enttäuscht, wenn Sie irgendwelchen Verpflichtungen nachkommen müssen. Selbst wenn Sie diese Leute sehr schätzen, haben Sie Angst vor Ihrer Ankunft, und sind sie erst da, zählen Sie die Tage, bis sie wieder abreisen.

Der andere Typ Gast lässt sich als pflegeleicht bezeichnen. Diese Gäste sind die reinste Freude. Sie verbringen viel Zeit miteinander, lachen und unternehmen viel gemeinsam, doch in gewisser Weise haben Sie den Eindruck, dass sie gar nicht da sind. Diese Gäste machen keine Umstände. Sie stellen absolut klar, dass sie nicht unterhalten werden wollen – nicht einmal für kurze Zeit. Sie erklären uns sogar, was sie alles vorhaben. Sie wissen die Zeit zu schätzen, die Sie ihnen widmen, erwarten aber nicht zu viel. Kurz gesagt: Sie machen keine Mühe.

Eine ganz ähnliche Unterscheidung lässt sich auch bei intimeren Beziehungen treffen. Am einen Ende der Skala gibt es die pflegeaufwendigen Partner. Sie sind in der Regel fordernd, klammern sich an und benötigen viel Aufmerksamkeit. Sie regen sich ständig wegen irgendetwas auf und teilen Ihnen das auch mit. Man muss sie unterhalten und sich um sie kümmern. Oft sind sie eifersüchtig und unsicher. Haben Sie andere Verpflichtungen und deshalb nicht so viel Zeit, fordern sie eine Erklärung. Dieser Menschentyp sitzt Ihnen im Nacken und nörgelt ständig herum. Es fehlt ihm an wirklicher Unabhängigkeit. Sind solche Menschen auch nett, so machen sie doch viel Arbeit.

Auf der anderen Seite gibt es die absolut pflegeleichten Partner. Mit ihnen lässt sich leicht zusammen sein, und zwar in jeder Hinsicht. Sie stellen kaum Forderungen und wissen, dass sie dem anderen zwar wichtig sind, jedoch nicht den Nabel der Welt darstellen. Sie sind höchst unabhängig und sich bewusst, dass die meisten Menschen ihren Freiraum brauchen. Zudem sind sie offen und teilen sich gerne mit, verbringen aber nicht unmäßig viel Zeit damit, über die Schlechtigkeit der Welt zu jammern. Sie wissen es zu würdigen, wenn sie mit ihrem Partner zusammen sind, haben aber größtes Verständnis, wenn das nicht möglich ist.

Die meisten von uns werden wohl in eine Kategorie dazwischen fallen. Vermutlich ist niemand so absolut pflegeleicht, und Gott sei Dank gibt es auch das andere Extrem nicht so häufig. Machen Sie sich jedoch einmal bewusst, wie locker die eine Seite ist und wie mühsam die andere, dann wird Ihnen klar, dass Ihre Chancen für eine erfreuliche, liebevolle Beziehung besser stehen, wenn Sie etwas pflegeleichter werden, als Sie es derzeit sind.

Wir alle wissen, dass das Leben hart sein kann. Im Idealfall stellt Ihre Beziehung ein Refugium dar – eine Partnerschaft, in der Sie sich gegenseitig spirituell und emotional bereichern. Eine gute Beziehung macht Ihnen das Leben leichter, nicht komplizierter, und konfrontiert Sie nicht ständig mit der Forderung, Erklärungen abgeben zu müssen.
Sicher lässt es sich nicht vermeiden, dass hin und wieder einige der Eigenschaften des pflegeintensiven Menschentyps auftreten – bei uns ist das jedenfalls schon so. Kein Problem! Gelegentliche Unsicherheiten, Klammerreflexe und Klagen wirken sich auf die Qualität Ihrer Beziehung nicht grundsätzlich negativ aus; es geht hier vielmehr um das ständige Verhaltensmuster, das so belastend ist. Sehen Sie sich also Ihr Benehmen einmal genauer an. Es ist schon ganz in Ordnung so, egal, wo genau auf der Skala Sie liegen. Wir können Ihnen jedoch versprechen, dass Ihrem Partner schon die kleinste Veränderung, die Sie an sich vornehmen, auffallen wird und er sie auch zu schätzen weiß. Wir sind der Auffassung, dass es für Sie – das heißt für Sie beide – einfacher und weniger stressig ist, wenn Sie als Partner etwas pflegeleichter werden.

39.

Leben Sie nach Ihrer Fasson

Natürlich ist jede Beziehung einzigartig. Wir sind ja auch alle unterschiedlich. Jeder bringt in die Beziehung seine eigene Geschichte, seine Pläne, Träume, Ängste, Enttäuschungen und Erwartungen mit ein. Wir fühlen uns von unterschiedlichen Dingen angezogen, und mit Sicherheit geht jedem etwas anderes auf die Nerven und bringt ihn auf die Palme. Jeder von uns hat einige traurige Erfahrungen gemacht, die seine Persönlichkeit prägen – und natürlich auch viele positive.

Trotz der Tatsache, dass jede Beziehung eine andere Ausprägung hat, neigen viele von uns dazu, so zu handeln, als müsste sie einer bestimmten Vorgabe entsprechen, als müssten wir so leben wie die anderen. Das ist jedoch überaus unklug, weil dadurch eine Kluft entstehen kann zwischen dem, von dem Sie wissen, dass es für Sie gilt und gut für Sie ist, und der Art, wie Sie Ihr Leben gestalten. Es kann Sie außerdem davon abhalten, Ihrer Intuition zu folgen und Freude und Tiefgang im gemeinsamen Leben zu entdecken. Ihre Beziehung kann sogar sehr negativ beeinflusst werden – von Schickimicki-Gehabe, wenn Sie beispielsweise Partys besuchen, die Ihnen eigentlich gar nicht zusagen – bis hin zu Ernsthafterem, wenn Sie beispielsweise in die Kirche gehen, nur um des lieben Familienfriedens willen.

Wir haben immer wieder beobachtet, dass glückliche Paare, die nicht frustriert sind, ihr Leben nach ihrer Fasson gestalten und ihre eigenen Spielregeln aufstellen. Anstatt einen Blick über die Schulter zu werfen, um zu sehen, ob die anderen – also Freunde, Nachbarn, Angehörige – auch billigen, was sie tun, entdecken sie für sich, was ihnen Freude bereitet; und dann leben sie so, wie es ihnen am besten gefällt. Das macht sie schließlich glücklicher und innerlich ausgeglichener – als Einzelpersonen wie auch als Paar. Zollt man Unterschieden und differierenden Vorgehensweisen Respekt, schafft das auch eine von Respekt geprägte Einstellung zueinander. Das wiederum hilft, Mitgefühl und Liebe gegenüber der ganzen Menschheit zu vertiefen.

Wir beide machen seit jeher vieles anders als andere Paare, die wir lieben und respektieren. Beispielsweise teilen wir uns die Verantwortung für Haushalt und Kinder und lassen uns somit nicht auf ein bestimmtes Rollenverhalten festlegen. Auch wenn das in unserem Freundeskreis sonst niemand so handhabt, macht es uns Spaß, hin und wieder getrennt in Urlaub zu fahren. Jeder von uns beiden hat Freunde des anderen Geschlechts, ohne dass einer mit Eifersucht reagieren würde. Auch das können viele unserer Freunde nicht verstehen. Wir haben keine Schuldgefühle, wenn wir unsere Kinder einem guten Babysitter überlassen, damit wir unsere Zweisamkeit genießen können, eine Philosophie, die sich erheblich von der anderer hervorragender Eltern unterscheidet, auch in unserer Familie. Wir gehen unseren eigenen spirituellen Weg, der ebenfalls anders ist als der vieler unserer Freunde.

Wir sind zu dem Schluss gekommen, dass trotz der Tatsache, dass manch einer uns nicht versteht oder sogar auch versucht, uns zu manipulieren, indem er Schuldgefühle in uns weckt, es dennoch besser für uns ist, unseren eigenen Lebensstil weiterzuverfolgen. Wir können natürlich von anderen lernen und sind auch offen für einen Kurswechsel, wenn es einen besseren Weg gibt – aber sicher nicht aus dem Gefühl heraus, dass wir nicht dazu passen oder dass wir jemanden enttäuschen könnten. Unser Ziel ist es, freundlich und sanftmütig zu sein und miteinander und mit anderen liebevoll umzugehen. Und auch wenn wir unseren eigenen Erwartungen manchmal nicht gerecht werden, sind wir dennoch überzeugt, dass nur *wir* entscheiden können, wie man es insgesamt hinkriegen könnte.

Weil wir also glauben, dass wir nach unserer Fasson handeln müssen, fällt es uns auch sehr leicht, die Art anderer zu akzeptieren. Auf diese Weise können wir problemlos mit den unterschiedlichsten Menschen befreundet sein und an der Verschiedenheit auch noch unsere Freude haben. So lassen sich unsere Konflikte auf ein Minimum reduzieren und unsere Frustrationen unter Kontrolle halten.

Die gleiche Philosophie trifft auch auf uns als Paar zu. Selbst wenn wir Lebenspartner sind und viele Eigenheiten gemeinsam haben, gehen wir einiges doch sehr unterschiedlich an und haben auch viele differierende Vorlieben. Und weil wir damit kein Problem haben, regen wir uns nicht auf, wir sind nicht irritiert oder verärgert über den Partner, nur weil er anders ist.

Man gerät schnell in Versuchung, die eigene Beziehung mit der von anderen Leuten zu vergleichen und sich dann zu überlegen, ob wir deren Erwartungen wohl gerecht werden oder nicht. Eine freudvolle Beziehung schaffen Sie jedoch selbst – und sie gehört ganz allein Ihnen. Wir hoffen, dass Sie Ihre eigene Fasson anerkennen und entdecken, wie Sie am besten zurechtkommen.

40.

Lassen Sie sich nach dem Aufwachen drei Dinge durch den Kopf gehen, die Ihnen an Ihrer Partnerin gefallen

Auch auf die Gefahr hin, dass sich das jetzt ziemlich albern anhört – aber diese Strategie bringt wirklich etwas. Ich habe herausgefunden, dass es nahezu unmöglich ist, in der Liebe ein Problem zu sehen oder sich gestresst zu fühlen, wenn man sich erst vor kurzer Zeit bewusst gemacht hat, warum man seine Partnerin eigentlich so sehr liebt. Das gilt, egal, ob Sie sich nur gelegentlich treffen und womöglich in verschiedenen Städten wohnen, oder ob Sie verheiratet sind und Ihr Leben miteinander verbringen.

Ich will Ihnen nun ein Beispiel aus meinem Leben geben, das Ihnen zeigen soll, wie praktisch dieser Ansatz ist. Vor ein paar Tagen ließ ich mir nach dem Aufwachen durch den Kopf gehen, wie Kris mit ihrem reizenden Lächeln vielen Menschen das Leben verschönt. Seit ich sie kenne, lächelt sie ständig und ist zu jedem nett, selbst zu Fremden. Ich glaube nicht, dass ich sie jemals vom Flughafen abgeholt habe, ohne dass sie im Flugzeug eine neue Freundschaft geschlossen hätte. Das führte mich zu meinem zweiten liebevollen Gedanken: Es fiel mir ein, wie oft ich schon wegen etwas besorgt gewesen war und sie mich beruhigt hatte, indem sie einfach sagte: »Alles kein Problem!« Sie lässt sich nämlich von Kleinigkeiten viel weniger aus der Ruhe bringen als andere. Mein letzter

Gedanke, bevor ich dann schließlich aus dem Bett stieg, hatte mit einem Vorhaben eines unserer Kinder später am Tag zu tun. Ich dachte: »Ach, bin ich froh, dass Kris willens und in der Lage ist, die Mädchen für solche Veranstaltungen fertig zu machen.« Ich platzte fast mit einem Lachen heraus, als ich mir vorstellte, wie die Haare unserer beiden Töchter und ihre Kleidung unter meiner Obhut wohl aussehen würden. Nun wissen Sie es also – das sind drei von vielen Eigenschaften, die ich an Kris so sehr mag. Der ganze Vorgang dauerte vielleicht eine Minute, und doch hat er die Basis für den restlichen Tag geschaffen. Sie werden gleich verstehen, wie ich das meine: Ich ging nun also nach draußen, um die Zeitung zu holen. Dabei fiel mir auf, dass Kris die Autotür nicht abgesperrt hatte und ihre Geldbörse sowie die Schlüssel auf dem Vordersitz lagen – was mich eigentlich ziemlich aus der Fassung bringt. Sie ist so vertrauensselig, dass sie oft die einfachsten Sicherheitsmaßnahmen übersieht. Aber genau an diesem Punkt wird es nun interessant. Da meine liebevollen Gedanken an Kris noch ganz frisch waren, zuckte ich nur mit den Achseln und ließ es dabei bewenden. Die Sache war ja nicht der Rede wert, kein Grund, sich groß aufzuregen. Ich verschwendete keinen Gedanken daran. Es trifft nicht zu, dass ich nicht darüber hätte nachdenken wollen – es war mir in dem Moment einfach nicht so wichtig.

Der Rest der Geschichte ist natürlich reine Spekulation, aber ich möchte einmal mutmaßen, was passiert wäre, wenn meine Überlegungen eine andere Richtung genommen hätten. Die Frage ist: Wie hätte meine Reaktion auf die nicht abgesperrte Tür ausgesehen, wenn ich nicht nach dem Aufwachen über die positiven Eigenschaften von Kris nachgedacht hätte? Oder, noch schlimmer: Was wäre passiert, wenn ich mir nach dem Aufwachen sofort Gedanken über all meine Verpflichtungen gemacht hätte und mich so gleich selbst unter Stress gesetzt hätte – wie das ja viele tun? Diese Fragen sind fast schon rhetorisch. Die Antwort liegt nämlich auf der Hand: Ich hätte mich aufgeregt und wäre verärgert gewesen.

Natürlich heißt das nicht, dass Sie sich den lieben langen Tag nie ärgern, wenn Sie gleich nach dem Aufwachen an die verschiedenen Wesenszüge denken, die Sie an Ihrer Partnerin mögen; aber die Wahrscheinlichkeit nimmt zumindest ab. Und regen Sie sich doch über etwas auf, dann wenigstens nicht ganz so heftig.

Diese Strategie ist schnell, einfach und praktisch mühelos zu bewerkstelligen. Außerdem macht sie Spaß. Sie werden überrascht sein, wie einfach es ist, mit der Liebe kein Problem zu haben und sich nicht verrückt zu machen.

41.

Entscheiden Sie sich für Frieden an Stelle von Ärger

Bis zum heutigen Tag überrascht und freut es mich immer wieder, wie effektiv diese einfache Strategie doch ist. Immer wenn ich mir bewusst mache, dass ich in meiner Beziehung ja die freie Wahl treffen kann, werde ich mit weniger Ärger und Frust und mehr harmonischen Augenblicken belohnt.

Eigentlich stehen wir jeden Augenblick an einem emotionalen Scheideweg. Etwas passiert und wir müssen entscheiden, ob wir agieren oder nur reagieren. Da wir oft so schnell und gewohnheitsmäßig reagieren, kommt es uns oft so vor, als hätten wir gar keine Wahl. Unsere Reaktionen scheinen ein Eigenleben zu führen, und sie stellen sich postwendend ein, wobei sie ziemlich außer Kontrolle geraten können. Und es scheint ja auch angemessen zu sein, verärgert zu reagieren, wenn einem etwas widerfährt, das einem nicht passt.

Schauen Sie sich die Sache jedoch einmal etwas sorgfältiger an, wird Ihnen auffallen, dass Sie durchaus eine Entscheidung fällen können. Anstatt so wie immer zu reagieren, sind Sie in der Lage, anders mit der Situation umzugehen. Und das ist sehr wichtig, denn fehlt es Ihnen an Willen, sich frei für etwas zu entscheiden, werden Sie jedes Mal frustriert sein, wenn sich Ihr Partner als nicht perfekt erweist.

Einer meiner Freunde erzählte mir einmal die folgende Geschichte: Er hatte sich einverstanden erklärt, sich mit seiner Frau in einem Kaufhaus zu treffen, um Einkäufe zu erledigen; es war ihre Idee, nicht seine. Außerdem hatte es ihn einiges an Aufwand gekostet, den Termin halten zu können. Das Problem dabei war nun Folgendes: Er kam rechtzeitig, sie jedoch nicht. Er wartete eine halbe Stunde und sah langsam rot. Mit der Zeit drängte sich ihm ein negativer Gedanke nach dem anderen auf – Kritik, Ärger, Enttäuschung und Stress. Es fiel ihm ein, dass es ihm schon öfter so ergangen war. Jetzt war er wirklich wütend.
Plötzlich dämmerte es ihm. Es wurde ihm klar, dass er sich weiter den Kopf mit derartigen negativen und ärgerlichen Überlegungen voll machen konnte, wie er es schon so oft getan hatte. Er konnte sich aber auch für Ruhe und Frieden entscheiden. Von dem Augenblick an erschien ihm alles ganz einfach. Sicher hatte sich seine Frau verspätet, doch der Ärger war allein in seinem Kopf entstanden. Er war derjenige, der litt. Er machte sich also klar, dass seine Ausgeglichenheit und sein Wohlergehen sowie seine Ehe viel wichtiger waren, als sich in negativen Überlegungen zu ergehen und Gründe zu finden, warum er alles Recht hatte, wütend zu sein. Er ließ seinen Ärger also fahren und beschloss, sich in dem Kaufhaus umzuschauen und geduldig zu warten. Er wollte nicht in allem ein Problem sehen und sich dadurch verrückt machen.
Nach ein paar Minuten kam seine Frau wie eine Wilde auf ihn zugestürzt. Sie rechnete damit, dass er böse mit ihr sein würde und ihr eine Standpauke halten würde. Seine ausgeglichene Art machte sie dann total perplex. Er hatte sich für Ruhe und Frieden entschieden anstatt für Ärger und zeigte dementsprechend Mitgefühl. Weil er so gar nicht aggressiv war, entschuldigte sie sich und versicherte ihm, es täte ihr Leid,

dass sie ihn so lange hatte warten lassen. Ihre Entschuldigung war ehrlich gemeint.

Was schnell in einen üblen Machtkampf hätte ausarten können, wurde zu einem friedlichen gemeinsamen Nachmittag, an dem die beiden sich der Wichtigkeit ihrer Beziehung versicherten. Er fühlte sich gestärkt, weil er wusste, dass er eine liebevolle und friedliche Entscheidung getroffen hatte, anstatt sich seinen normalen Reaktionen zu beugen; und sie empfand enormen Respekt und Dankbarkeit, weil ihr Mann gewillt gewesen war, ihr einen Fehler nachzusehen. Seine Wahl brachte die beiden einander näher.

Eine solche Wahlmöglichkeit gibt es in so ziemlich jeder Situation. Dutzende Male am Tag geht entweder etwas schief, oder das Leben nimmt einen anderen Gang, als man es sich in dem Moment gewünscht hätte. Und egal, ob es um das Verhalten Ihres Partners geht oder um etwas ganz anderes, erhalten Sie so die Chance zu üben, wie man einfach loslässt, wie man sich für Frieden an Stelle von Ärger entscheidet.

Das soll natürlich nicht bedeuten, dass Sie schlechtes Benehmen plötzlich gutheißen oder dass es Sie nicht kümmert, wenn etwas schief geht. Es meint schlicht und ergreifend, dass Sie zu dem Schluss gekommen sind, dass ein friedliches Dasein vorzuziehen ist. Treffen Sie diese Wahl so oft wie möglich, werden Sie davon als Individuum wie auch als Paar zweifellos enorm profitieren.

42.

Machen Sie sich nicht verrückt wegen gelegentlicher Kritik

Manchmal, wenn jemand kritisiert wird, könnte man ob seiner Reaktion meinen, dass eine nationale Krise anstünde. Viele Menschen regen sich so auf, wenn sie kritisiert werden – besonders wenn ihr Partner das tut –, dass sie nicht nur in die Defensive gehen und überreagieren, sondern auch richtiggehend zurückschlagen und schier die Fassung verlieren. Schaut man sich Kritik jedoch einmal realistisch und mit der angemessenen Sichtweise an, werden Sie uns bestimmt zustimmen, dass sie eigentlich nicht der Rede wert ist.

Tatsache ist, dass keiner von uns allein auf der Welt ist. Somit kriegt jeder sein Leben lang auch sein Quantum an Kritik ab. Und wenn wir eine Beziehung führen, kommt automatisch ein Teil dieser Kritik von unserem Partner. Das ist ganz unvermeidlich, weil unser Partner ja viel Zeit mit uns verbringt. Er sieht uns in guten wie in schlechten Stimmungen. In der Regel kennt er unsere Schwächen – er kann sie ja tagtäglich beobachten – und auch unsere Stärken. Er erlebt uns, wenn wir wirklich deprimiert sind und deshalb besonders anfällig auf Kritik reagieren. Sind wir ehrlich, müssen wir zugeben, dass wir selbst dann auch besonders kritisch sind.

Außerdem sind wir natürlich auch mit unserem Partner zusammen, wenn der einmal schlecht drauf ist und aus diesem Grund gern Kritik austeilt. Folgende Tatsache lässt sich jedenfalls wohl nicht bestreiten: Unser Partner weiß, wie er uns per Knopfdruck auf die Palme bringen kann, und es ist nur menschlich, dass er das hin und wieder auch tut – besonders wenn er oder Sie schlecht gelaunt sind. Somit ist es unrealistisch und vielleicht sogar ungerecht zu erwarten, dass einen der Partner nie kritisieren darf. Das gehört einfach zu einer Beziehung dazu.

Wenn jemand Kritik an Ihnen übt, bedeutet das nicht, dass derjenige Sie nicht liebt. Ebenso wenig heißt es, dass Sie nicht respektiert oder anerkannt werden. Kritik wird aus ganz unterschiedlichen Gründen geübt. Manchmal tun wir es einfach aus Gewohnheit; oft sind wir frustriert, durcheinander, gestresst oder unsicher. Gelegentlich kritisieren wir andere auch, weil uns eine Schwäche auffällt, die wirklich behoben werden sollte. Anders ausgedrückt: Nicht jede Kritik ist unberechtigt. Oft ist sie auch konstruktiv und sogar hilfreich.

Die beste Art und Weise, mit Kritik umzugehen, ist, sie einfach zuzulassen und die Tatsache zu akzeptieren, dass sie sich hin und wieder auch gegen einen selbst richtet. In gewisser Hinsicht muss man damit rechnen – so wie mit Regenwetter; es kommt unausweichlich, man weiß bloß nicht genau, wann und unter welchen Umständen. Und so wie Sie sich über Regen auch nicht weiter aufregen – Sie spannen einfach Ihren Schirm auf und nehmen das schlechte Wetter in Kauf –, so müssen Sie sich auch über etwas Kritik nicht groß aufregen. Sie lassen einfach zu, dass es sie gibt, akzeptieren sie und kümmern sich nicht weiter darum.

Nehmen Sie diese etwas philosophischere Haltung ein und gehen Sie nicht mehr so oft in die Defensive, wenn jemand Sie kritisiert, werden Sie bald das Gefühl haben, dass es auch weniger oft vorkommt. Und falls doch, scheint es schneller vorbeizugehen. Aus irgendeinem Grund lebt Kritik nämlich davon, dass der andere sich verteidigt. Reagieren Sie darauf, hat die Person, die Kritik an Ihnen geübt hat, das Gefühl, das zu Recht getan zu haben, und wird damit fortfahren. Gehen Sie hingegen gar nicht weiter darauf ein, werden beim anderen das Bedürfnis und die Notwendigkeit, Kritik zu üben, erheblich nachlassen.

Gale erzählte mir, dass ihr Mann eigentlich ein netter Typ sei, der jedoch manchmal ihrem Mangel an – wie er es nannte – »technischem Sachverstand« kritisch gegenüberstand. Ihm machte es großen Spaß, mit dem Computer zu arbeiten, und deshalb verstand er nicht, warum ihr das solche Schwierigkeiten bereitete. Ich fragte sie, wie oft er sie deswegen kritisierte, und sie antwortete: »Wahrscheinlich so drei- oder viermal pro Monat.« Dann wollte ich wissen, wie sie denn in der Regel auf diese Kommentare reagiere. Sie sagte, dass sie meist in die Defensive gehe und verletzt sei. Sie versicherte mir auch, dass sie mit ihrem Mann oft über dieses Thema gesprochen habe, dass er aber einfach nicht aufhöre, darauf herumzureiten.

Ich teilte ihr daraufhin die Grundidee dieser Strategie mit, und sie meinte, dass sie eine dermaßen »passive« Haltung zwar nie in Betracht gezogen habe, es aber durchaus einmal mit dieser Methode versuchen wolle.

Etwa einen Monat später bekam ich eine wirklich nette Nachricht von ihr; sie sagte, dass ihr noch nie etwas so leicht gefallen sei wie zu lernen, der Kritik ihres Mannes den Wind aus den Segeln zu nehmen. Sie hatte sich entschlossen, seine Kommentare in einem anderen Licht zu sehen und sich zu sagen, dass er ihr mit seiner Kritik ja nur zeigen wolle, wie viel ihm an ihr lag und dass er ihr die Vorteile der Technik nahe bringen wolle. Anstatt seine Worte zurückzuweisen, Gegenargumente zu finden und ihm einen Grund zu liefern, weiter auf der Sache herumzuhacken, stimmte sie nun einfach zu und sagte: »Du hast ja so Recht,

Liebling. Ich sollte wirklich lernen, damit besser umzugehen.« Da sie so wenig Reaktion zeigte und sich nicht aufregte, ließ er das Thema sofort fallen. Einmal warf er gar die Hände nach oben und kicherte: »Was bringt das?«

Gale hatte aus der Kritik ihres Mannes ein Spiel gemacht. Und sie hatte gelernt, wie sie gewinnen konnte. Das war es schon, keine große Sache. Sie brauchte dazu keine extravaganten Techniken oder komplizierte psychologische Tricks zu diskutieren und zu bedenken – es waren nur eine angemessene Sichtweise, nämlich der Wille, die Harmlosigkeit in seiner Kritik zu sehen, sowie eine Portion Humor notwendig. Sicher lässt sich das nicht beweisen, aber ich denke doch, dass Gale weiterhin von ihrem Mann kritisiert würde, wenn sie nicht aufgehört hätte, in die Defensive zu gehen und die Sache so ernst zu nehmen. So löste sich die Kritik in Wohlgefallen auf.

Selbst wenn die Kritikpunkte Ihres Partners ernster sind und er öfter an Ihnen etwas auszusetzen hat, müsste diese Strategie Ihnen zumindest eine gewisse Erleichterung verschaffen. Ohne Ihre Reaktion fällt die jeweilige Kritik nämlich auf fruchtlosen Boden. Nehmen Sie sie also nicht mehr so ernst, dann verliert sie von selbst an Gewicht.

43.

Gehen Sie spielerisch miteinander um

Eines der befriedigendsten Komplimente, die wir beide als Paar je bekommen haben, machte uns jemand, den wir nie persönlich kennen gelernt haben. Wir saßen im Kino und warteten auf die Vorschau. Wir flüsterten, alberten herum, lachten, kicherten und amüsierten uns einfach.

Plötzlich hörte ich, wie die Frau in der Reihe hinter uns zu ihrem Mann sagte: »Schau dir mal die beiden an, die haben heute wohl ihr erstes Rendezvous. Weißt du noch, wie wir uns damals kennen gelernt haben? Waren wir da nicht auch so?« Zu diesem Zeitpunkt waren wir bereits dreizehn Jahre verheiratet!

Lasse ich mir durch den Kopf gehen, was ich an unserer Beziehung am meisten schätze, fällt mir sofort ein, dass wir nach all den Jahren noch immer spielerisch miteinander umgehen; wir nehmen uns selbst und einander nicht zu ernst. Eigentlich sind wir nur dann über den anderen frustriert, wenn wir es doch einmal tun.

Denke ich an all die Paare, mit denen ich im Lauf der Jahre zu tun hatte, gehen die glücklichen in der Regel mehr oder weniger spielerisch miteinander um. Sie können in anderer Hinsicht durchaus ernsthaft sein, aber in ihrer Beziehung zueinander haben sie die Fähigkeit, auch einmal herumzualbern – nicht übertrieben, aber doch recht locker. Sie verbringen viel Zeit, indem sie miteinander und über einander lachen. Sie nehmen die Angewohnheiten, Marotten und Schwächen des anderen nicht so ernst, und falls doch einmal, dann dauert diese Phase nicht allzu lang. Diese lockere Einstellung hält sie davon ab, in die Defensive zu gehen, aggressiv zu werden und Streit zu suchen; die gegenseitigen Erwartungen nehmen nicht überhand und bleiben in einem vernünftigen Rahmen. Wir sind zu dem Schluss gekommen, dass es fast unmöglich ist, in allem ein Problem zu sehen und sich verrückt zu machen, wenn man eine spielerische Ader hat und sich seinen Sinn für Humor bewahrt.

Denke ich andererseits an Paare, die nicht glücklich miteinander sind, dann sind sie meist auch zu ernst. Oft können sie nicht miteinander lachen. Sie gestatten sich nie, herumzualbern oder etwas spielerisch zu nehmen. Das Leben, ihre Beziehung eingeschlossen, ist für sie eine ernste Angelegenheit. Diese Haltung scheint zu Kommunikationsproblemen, Streit, Ärger und Machtkämpfen zu führen. Ist man zu ernst, kommt einem alles schrecklich kompliziert vor, und man sieht schnell in allem ein Problem und macht sich verrückt.

Die beste Möglichkeit, wie man etwas spielerischer im Umgang miteinander werden kann, ist, sich selbst nicht mehr so wichtig zu nehmen. Werden Sie lockerer. Gestehen Sie sich ein bisschen Spaß zu und hören Sie auf, sich zu überlegen, was andere von Ihnen halten – oder wie Sie in deren Augen dastehen.

Viele Leute machen den Fehler, sich zu sagen, dass sie irgendwann »später« spielerisch sein wollen – wenn alles in bester Ordnung ist und alle Probleme gelöst sind; aber bis dahin nehmen sie immer alles bierernst. Das Dumme daran ist, dass nie alles in bester Ordnung sein wird und es auch stets irgendein Problem geben wird, um das man sich unbedingt kümmern muss, ob man will oder nicht. Warten Sie also nicht, bis es womöglich zu spät ist – das Leben ist so kurz. Gönnen Sie sich Ihre spielerische Ader jetzt.

44.

Hüten Sie sich vor negativen Gedankenattacken

Diese Strategie in die Tat umzusetzen kann ein bisschen schwierig werden, aber haben Sie den Dreh einmal raus, vermag das Ihre Beziehung enorm zu verändern und zu verbessern. Die Vorteile, die Sie dann genießen, können bedeutend sein, und sie werden sich fast auf der Stelle bemerkbar machen.

Lassen Sie sich folgendes Beispiel durch den Kopf gehen: Kelly ist mit dem Auto zu ihrem Freund unterwegs. Plötzlich fällt ihr ein Streit ein, den sie vor ein paar Wochen mit ihm hatte. In der Erinnerung spielt sie die ganze Szene noch einmal durch, so als ob sich alles wirklich gerade eben im Auto ereignete. Es wird ihr klar, dass ihr Freund unnötig stur gewesen war, vielleicht sogar ein bisschen gemein. Es fällt ihr ein, dass etwas Ähnliches vergangenen Monat auf einer Party schon einmal passiert ist. Zweifel machen sich breit. Sie beginnt sich zu fragen, ob er überhaupt der Richtige für sie ist. Im Handumdrehen ist sie verärgert, während sie denkt: »Das macht er mir heute Abend lieber nicht noch einmal.« Als sie bei ihrem Freund ankommt, fühlt sie sich etwas distanziert; nicht schlimm, aber ausreichend, um den bevorstehenden Abend und ihre Beziehung in einem weniger positiven Licht zu sehen.

Wir bezeichnen diese Art von innerem Dialog als Gedankenattacke;

schließlich handelt es sich darum im wahrsten Sinne des Wortes: Ihre Gedanken greifen Sie an. Und hierbei geht es um etwas Komplexes: Sie sind sich dessen nämlich meist nicht bewusst! Derartige Gedanken entstehen so schnell und so oft, dass viele von uns nicht einmal merken, was da abläuft. Und das ist das eigentliche Problem. Wir verlieren uns in unseren Gedanken wie sonst in einem Kinofilm oder in einem guten Buch. Wie Kelly halten wir dann einen harmlosen negativen Gedanken für ein ernstes Beziehungsproblem. Anstatt derartige Gedanken einfach abzutun und nicht groß darauf einzugehen, gehen wir mit diesem hausgemachten Frust über unseren Partner um, als wäre er real. Und selbst wenn möglicherweise wirklich ein Problem besteht, dann bauschen wir es in unserem Denken über Gebühr auf.

Eine Gedankenattacke kann wegen allem entstehen, und sie kann überall und jederzeit auftreten – unter der Dusche, wenn Sie einschlafen wollen, im Flugzeug, wenn Sie den Hund Gassi führen, beim Hausputz, in der Arbeit oder wo auch immer. Gedankenattacken können sich darum drehen, was Ihnen an Ihrer Beziehung alles nicht passt, dass Ihre Bedürfnisse nicht befriedigt werden, es kann sich um Ängste oder Argwohn handeln. Manche leiden unter solchen Gedankenattacken, weil sie meinen, dass der Partner seinen Beitrag zur Beziehung nicht leiste; andere spielen die reinsten Horrorszenarien durch und stellen sich Streitereien vor, die Folgen nachlassender sexueller Anziehungskraft oder die Unfähigkeit des Partners, ausreichend viel zu verdienen – was auch immer.

Natürlich wollen wir nicht behaupten, dass es prinzipiell schlecht ist, sich Gedanken über seine Beziehung zu machen, über Sorgen, Träume, Streitpunkte, Pläne. Es ist oft sogar wichtig, hilfreich und förderlich. Allerdings gibt es einen enormen Unterschied zwischen rationalen Über-

legungen – wenn Sie nämlich wissen, was Sie tun – und schmerzlichen Gedankenattacken, in denen Sie sich unwissentlich verheddern.
Die Lösung liegt auf der Hand, ist allerdings nicht so einfach. Sie müssen sich nämlich bei diesen Gedankenattacken ertappen – und zwar wenn Sie wieder einmal mittendrin sind. Dann beobachten Sie sich selbst beim Denken. Gelingt Ihnen das, geht der Rest relativ einfach. Sie geben diese Gedanken auf und lassen sie los. Sie sagen sich so etwas wie: »Ach je, jetzt ist es mal wieder so weit«, also etwas, das zeigt, dass Ihnen bewusst ist, was sich in Ihrem Denken gerade abspielt und was Sie sich selbst antun. Mit der Zeit geht das immer einfacher, und Sie ertappen sich viel schneller dabei. Anstatt sich dann zehn Minuten lang in einem inneren Dialog zu ergehen, fällt Ihnen schon nach ein paar Sekunden auf, was Sache ist. Dann können Sie sich überlegen, ob Sie wirklich über das jeweilige Thema nachdenken wollen oder es einfach auf sich beruhen lassen. Anstatt in der Falle zu sitzen, treffen Sie eine Entscheidung.
Viele Menschen haben uns mitgeteilt, dass es mit zu ihren wichtigsten Erkenntnissen gehört hat, festzustellen, dass sie mit ihren negativen Gedankenattacken ihre Beziehung gefährdet haben, ohne sich dessen überhaupt bewusst gewesen zu sein. Lässt man sich geistig nicht ständig durch negative Szenen ablenken, bleiben in der Regel Liebe und Respekt für den Partner erhalten.
Ersticken Sie diese Angewohnheit im Keim, werden Sie feststellen, dass sich in Ihrer Beziehung viel mehr Ruhe und Zufriedenheit ausbreiten. Anstatt also negativen Gedanken Bedeutung beizumessen, können Sie diese Energie auf die positiven Aspekte Ihrer Beziehung lenken.
Wir hoffen, dass Sie es einmal mit dieser Strategie versuchen wollen – es macht Spaß und ist enorm effektiv; und vielleicht verändert sich so ja Ihr Leben.

45.

Machen Sie sich nicht zum Helden jeder Geschichte

Die meisten von uns erzählen liebend gern Geschichten. Wir haben Spaß daran, über unsere Erlebnisse zu berichten, über das, was wir empfunden, beobachtet, gehofft oder geschafft haben. Es kann sogar befriedigend sein, jemandem von unseren Misserfolgen und unserem Pech zu erzählen. Jemandem etwas mitzuteilen ist die nächstliegende Möglichkeit, wie zwei Menschen einen intimeren Umgang schaffen und pflegen können. Es ist auch eine Form, in Kontakt zu bleiben und Interesse zu zeigen.

Eine Angewohnheit jedoch ist so heimtückisch, dass sie sich in die meisten Beziehungen einzuschleichen vermag – zumindest manchmal. Diese Angewohnheit ist das Bedürfnis, sich selbst zum Helden einer jeden Geschichte zu machen.

Ich saß einmal in einem New Yorker Restaurant und wartete auf einen Freund, der sich verspätet hatte. Am Nebentisch hatte ein junges Paar Platz genommen, so etwa Mitte bis Ende zwanzig. Bei drei verschiedenen Gelegenheiten versuchte die junge Frau, von ihren persönlichen Erlebnissen zu berichten. In der ersten Geschichte drehte es sich darum, dass jemand an dem Tag unhöflich zu ihr gewesen war. In der nächsten schilderte sie, was für einen Stressjob sie hatte und welch hohe Anforderungen ihr Beruf an sie richtete. Und schließlich erzählte sie dem Mann noch eine rührselige Geschichte, nämlich dass ihre Eltern ihr nie zugehört hätten.

Die erste Geschichte endete damit, dass der junge Mann darauf bestand, dass der Taxifahrer vorhin bestimmt viel unhöflicher gewesen war als jeder andere sonst. Abschließend erklärte er: »Das war der schlimmste Typ, der mir je untergekommen ist.« Die zweite Geschichte nahm ein noch abrupteres Ende, als er ihr seinen eigenen Job schilderte, und zwar als den stressigsten, den man sich nur vorstellen konnte. Die letzte Geschichte endete schließlich mit der Beschreibung seiner eigenen Eltern, die ihn, seinen Worten nach, »emotional missbraucht hatten«.

Als ich der Frau in die Augen sah, fiel mir auf, dass sie fast leblos wirkten. Ihre Enttäuschung war offensichtlich. Jedes Mal, als sie versucht hatte, dem Mann etwas von sich zu sagen, hatte er mit einer bedeutungsvolleren Geschichte reagiert, die etwas mit ihm selbst zu tun hatte. Nichts, was sie erzählte, schien gut genug zu sein. Ich konnte mir ihre Ernüchterung vorstellen, ja vielleicht sogar ihren Schmerz, dass wieder einmal ein Mann unter Beweis gestellt hatte, dass er einfach nicht willens war, ihr zuzuhören und sie die Heldin ihrer eigenen Geschichten sein zu lassen.

Diese Strategie darzulegen ist schwierig, weil die Mechanismen oft sehr subtil sind. Ich bin mir ziemlich sicher, dass dieser Mann nichts Böses im Sinn hatte. Ich schätze, dass er meinte, einfach einen Beitrag zum Gespräch zu liefern. Leider fiel ihm nicht auf, dass er seiner Bekannten die Schau stahl. Selbst wenn es völlig unbeabsichtigt war, teilte er ihr durch seine Reaktionen indirekt mit, dass sie nicht wichtig oder interessant genug sei. Sie brauchte jedoch seine Anteilnahme, damit ihre Geschichten lebendig wurden. Nicht einmal sagte er so etwas wie:

»Mann, das ist ja eine tolle Geschichte«, oder: »Puh, das muss aber hart gewesen sein«, oder machte wenigstens eine Andeutung in diese Richtung.

Wir haben uns bei vielen Anlässen sicher auch schon so verhalten und hoffentlich aus unseren Fehlern gelernt. Unser Vorschlag lautet: Vermeiden Sie nach Möglichkeit, die Geschichten Ihres Partners abzuwürgen, sie zu korrigieren oder ihnen etwas hinzuzufügen. Besonders wichtig ist, dass Sie nicht eingreifen und die Geschichte an sich reißen, indem Sie beispielsweise sagen: »Das ist noch gar nichts im Vergleich zu dem, was ich erlebt habe.« Machen Sie das, schmälern Sie nämlich die Geschichte und tun indirekt kund, dass diese Story nichts getaugt hat, keine Bedeutung hatte und nicht wichtig genug war, um für sich allein zu stehen; Ihr Beitrag wurde notwendig, um sie zu vervollständigen. Auch wenn es nicht in Ihrer Absicht lag, irgendwelchen Schaden anzurichten, vermittelt das doch die Botschaft, dass Sie größeres Interesse daran haben, Ihren Teil der Geschichte hinzuzufügen, als der Erzählung Ihres Partners zu folgen und sie zu würdigen.

Können Sie diese Strategie in die Tat umsetzen, wird Ihnen auffallen, dass Ihr Partner viel enthusiastischer und lockerer wird. Er oder sie wird Ihnen dann mit Freuden etwas mitteilen. Und weil Sie so aufmerksam zuhören, will Ihr Partner das natürlich auch bei Ihnen tun. So haben Sie schließlich beide mehr Spaß und Freude aneinander.

46.

Machen Sie jeden Tag einen Neuanfang

Es ist ganz egal, ob Sie sich gerade kennen gelernt und frisch verliebt haben oder ob Sie schon viele Jahre zusammen sind. Es kann enorm hilfreich sein, jeden Tag neu zu beginnen. Tun Sie das, bedeutet das, dass Sie reinen Tisch machen und das Hier und Jetzt – und nicht gestern oder morgen – zum wichtigsten Tag Ihres gemeinsamen Lebens erklären.

Einzuwilligen, dass man jeden Tag einen Neuanfang macht, beinhaltet, die Entscheidung zu treffen, alles, was Sie in Ihrer Vergangenheit bedrückt hat, was Sie bedauern und was Sie enttäuscht hat, auf sich beruhen zu lassen und auch auf alle künftigen Erwartungen zu verzichten. Das Heute wird zum Fixpunkt in Ihrer Beziehung. Dieser Tag ist wichtiger als vergangene Fehler oder Zukunftspläne. Sie hören auf, das Heute mit dem Gestern oder mit Ihren Hoffnungen auf eine bessere Zukunft zu vergleichen. Sie stellen sich die Frage: »Wie kann ich aus dem heutigen Tag das Beste machen?« Die Antwort auf diese einfache Frage liefert dann den Schlüssel für eine herzliche und liebevolle Verbindung.

Bedenken Sie das Zitat: »Das Gestern war ein Traum, das Morgen ist eine Phantasie.« Das Heute jedoch ist Realität – der einzige Tag, der garantiert Ihnen gehört. Die gute Nachricht ist, dass Sie die Fähigkeit haben, aus den wertvollen Augenblicken des heutigen Tages das meiste herauszuholen. Das bewerkstelligen Sie, indem Sie Ihre Gedanken an die Vergangenheit loslassen und Ihre morgigen Pläne auf morgen verschieben – bis sie dann nämlich auch zum Heute werden. Der Trick ist, sich Vergangenes zu verzeihen, weniger Angst vor der Zukunft zu haben und den heutigen Tag als Geschenk zu preisen.

Es ist leicht einzusehen, warum das eine kluge Entscheidung ist, die Ihre Beziehung auf eine solide Basis stellt – oder sie neu belebt. Haben Sie sich beispielsweise gerade erst kennen gelernt, dann stellt es eine Versuchung dar zu erwarten – oder zu hoffen –, dass es jedes Mal, wenn Sie zusammenkommen, wie beim vorhergehenden Mal sein wird und dass der Zauber, den Sie gerade spüren, ewig andauern wird.

Es ist sehr schwierig, diese Angewohnheit zu vermeiden. Schließlich liegt es in der Natur des Menschen, sich zu wünschen, dass es immer so gut und aufregend bleiben soll, und an dem festzuhalten, was so schön ist. Ist Ihr Partner sehr aufmerksam und offensichtlich an jedem Wort interessiert, das Ihnen über die Lippen kommt – so als wären Sie der einzige Mensch auf Erden, dann gibt einem das ein herrliches Gefühl. Wer würde nicht gern so behandelt werden? Es ist jedoch ein Naturgesetz – und gilt auch für Beziehungen, dass alles im Fluss ist. Es ist eine Tatsache, dass nichts so bleibt, wie es ist, egal, ob es sich um etwas Positives oder Negatives handelt. Das soll nicht heißen, dass Ihre Liebe und Ihr Respekt für den anderen nicht noch tiefer werden könnten, bereichernder und befriedigender. Es bedeutet nur, dass Ihre heutige Erfahrung niemals so sein wird wie die gestrige. Stemmen Sie sich gegen diese Tatsache, müssen Sie unweigerlich enttäuscht werden; Sie sehnen sich dann nach vergangenen Erfahrungen und fordern, dass Ihr Partner so sein soll wie früher. Wenn Sie jedoch offen sind, haben Sie die Freiheit, sich jeden Tag aneinander zu freuen.

Sind Sie schon lange zusammen und machen gerade schwierige Zeiten durch, gilt das gleiche Prinzip, jedoch ein bisschen modifiziert. Wenn Sie davon ausgehen, dass die gegenwärtigen Augenblicke in Ihrer Beziehung so wie frühere sind – nämlich in gewisser Weise schwierig, erhält Ihre negative Erwartungshaltung Ihre Unzufriedenheit am Leben. Ihre Beziehung bleibt dann in der Vergangenheit kleben. Können Sie hingegen die Vergangenheit auf sich beruhen lassen und sich von ihr befreien – von Ärger, Kritik, Sorgen, Wut, Langeweile und Frust, öffnen Sie Tür und Tor für einen totalen Neuanfang. Sie erklären sich dann bereit, von vorne zu beginnen.

Das Angenehme dieser Strategie ist, dass sie einfach ist und wirklich funktioniert. Die gegenwärtigen Augenblicke in Ihrem Leben sind etwas Besonderes und von Bedeutung. Konzentrieren Sie sich ganz auf sie, versetzen Sie sich selbst in die Lage, aus jedem Tag Ihres Lebens das Beste zu machen.

47.

Vermeiden Sie es, andere zu korrigieren

Wir standen gerade am Eingang eines Fitnesscenters, als wir eine Frau zu ihrem Mann sagen hörten: »Bis später dann, Liebling. Ich fahre nach Hause, weil ich für dich und die Kinder diesen Eintopf zubereiten will, den du so gern isst. Es dauert über eine Stunde, und ich will mich nicht hetzen.« Als ich sie das sagen hörte, dachte ich bei mir: »Was für eine nette Frau!« Mir wurde allerdings ganz anders, als ich die Antwort ihres Mannes hörte. Ohne nachzudenken, erwiderte er barsch: »Ach was – das dauert doch höchstens eine Viertelstunde.« Du meine Güte!

Etwa eine Woche später war ich in einem Restaurant und hörte mit, wie ein Mann seiner Frau und einem anderen Paar eine Geschichte erzählte. Ich achtete natürlich nicht auf die Einzelheiten, aber er redete eine ganze Weile. Ich bekam dann bloß noch den letzten Satz mit, den er mit einem zufriedenen Kichern äußerte. Die Pointe lautete etwa: »Wir machten uns gerade zum Gehen fertig, als sich an die zehn Personen vordrängten.« Das schien mir ein guter Schluss, und ich wünschte mir, ich hätte die ganze Geschichte gehört. Aber bevor ihre Freunde noch lachen konnten, platzte seine Frau heraus: »Das waren keine zehn, das waren doch bloß sechs Personen.«

Wie man sieht, gibt es ziemlich scheußliche Beispiele für die Unart, andere zu korrigieren, die so viele von uns haben, und zwar ausgerechnet bei Menschen, denen wir sehr nahe stehen. Wir fanden gerade diese beiden Erlebnisse so passend, weil sie gut zeigen, wie schädlich diese respektlose Angewohnheit für die Qualität einer Beziehung sein kann. In beiden Beispielen – und das gilt natürlich auch für viele andere Fälle – war die Korrektur nämlich so überflüssig wie nur was. Angesichts der Tatsache, dass derjenige unsensibel ist, sein Kommentar den anderen verletzt und diesem die Freude nimmt, sich mitzuteilen, kann die einzige Motivation, so etwas zu machen, der – gemeine – Versuch sein, dem Partner eins auszuwischen.

Die Frau in dem Fitnesscenter wollte etwas für ihre Familie tun. Sie investierte ihre wertvolle Zeit, um ihrer Liebe mit ihren Kochkünsten Ausdruck zu verleihen. Sie war voller Enthusiasmus, als sie ihren Plan stolz ihrem Mann verkündete. Und seine Reaktion war, dass er sie niedermachte! Man kann wirklich nicht nachvollziehen, warum er so reagierte. Ich schätze, dass er es nicht einmal böse gemeint hat und gar nicht wusste, was er da sagte. Aber überlegen Sie sich einmal, was die Frau dabei empfunden haben muss. Was hätte aus so einem Kommentar Positives entstehen sollen? Selbst wenn seine Bemerkung zutreffend gewesen wäre, was bringt das? Wie kann es so viel wichtiger sein, Recht zu haben, anstatt auf die Gefühle von jemand einzugehen, den man liebt? So fühlte die Frau sich nicht anerkannt, sondern vielmehr herabgesetzt und in ihrem Eifer gedämpft.

Das Gleiche gilt für die Frau, die ihren Mann vor ihren Freunden korrigierte. Wenn man sie fragen würde, würde sie sicher nicht zugeben, dass sie die Geschichte ihres Mannes und seine Freude daran mit Absicht kaputtmachen und ihn auch noch wie einen Idioten dastehen lassen wollte. Es war wohl eher ein naives Gerede, zu dem es nur deshalb kam,

weil sie sich nicht die Zeit genommen hatte, darüber nachzudenken, wie destruktiv es ist, jemanden zu korrigieren. Wen interessiert es schon, wie viele Leute sich vorgedrängt haben? Was macht das für einen Unterschied?
Sicher bewirkt eine vereinzelte Korrektur keinen Bruch in einer sonst befriedigenden Beziehung. Wir alle haben das mehr als einmal getan. Und versuchen Sie, es nicht als große Katastrophe zu betrachten, wenn Ihr Partner Sie hin und wieder korrigiert. Das ist es sicher nicht. Bedenken Sie, dass es Ihr Ziel ist aufzuhören, in allem ein Problem zu sehen und sich verrückt zu machen. Sie sollten sich allerdings einmal die Frage stellen, warum Ihr Partner weiterhin jemandem seine Geschichten, Träume, Pläne und Abenteuer erzählen sollte, wenn dieser die Angewohnheit hat, ihn zu korrigieren. Wenn jemand, den Sie lieben, an diesem Verhalten festhält, werden Sie vorsichtig und sind auf der Hut, ja vielleicht auch distanziert.
Die Lektion hier ist einfach. Niemand schätzt es, wenn man ihn korrigiert; die meisten Menschen können es nicht leiden. Wenn es keinen wirklich guten Grund gibt oder es um etwas extrem Wichtiges geht, sollten Sie es sich zur Faustregel machen, Ihre Korrekturen für sich zu behalten. Dann kann sich Ihr Partner Ihnen gegenüber frei und offen äußern, was dazu beiträgt, dass Ihre Beziehung frisch und lebendig bleibt.

48.

Setzen Sie sich ruhig miteinander hin

Es steht außer Frage, dass eine der einfachsten, friedlichsten und – wie wir glauben – auch vorteilhaftesten Möglichkeiten, wie man eine liebevolle Verbindung aufrechterhalten kann, darin besteht, sich in der Kunst zu üben, einfach nur ruhig miteinander dazusitzen. Diese schöne und doch nur selten angewandte Übung fördert das Mitgefühl füreinander und verstärkt das Gemeinschaftsgefühl.

Denken Sie einmal an die Millionen Worte, die ein Paar im Laufe einer Beziehung im Durchschnitt wechselt: durch Erzählen, Streiten, Verhandeln, Planen, Erinnern, Nörgeln und so weiter. Wenige Paare – unabhängig davon, wie lange sie schon zusammen sind – nehmen sich je die Zeit, sich einfach einmal in aller Ruhe zusammenzusetzen, ohne ein Wort zu sagen. Diese stille Kommunikation zählt jedoch mit zum Wichtigsten, was Sie als Paar miteinander machen können. Sie kann eine der bedeutendsten und effektivsten Arten der Bezugnahme sein.

Die Übung selbst ist überaus simpel. Sie setzen sich einfach an einem ruhigen, angenehmen Ort nebeneinander. Sie können sich an der Hand halten, wenn Sie wollen, aber das liegt ganz bei Ihnen. Dann schließen Sie die Augen und versuchen, alle Gedanken loszulassen. Atmen Sie miteinander, und zwar langsam und ruhig. Sitzen Sie einfach nur da,

friedlich und liebevoll. Sie können das ein paar Minuten oder auch länger miteinander machen, ganz wie Sie wollen.
Es vollzieht sich etwas Zauberhaftes, wenn zwei Menschen, die miteinander verbunden sind, so schweigend miteinander dasitzen. Abwehrmechanismen nehmen ab, und das Herz öffnet sich weit. Bis Sie dann wieder die Augen öffnen, empfinden Sie ein Gefühl von Frieden und Liebe – füreinander und für sich selbst. Alles, was trennend zwischen Ihnen stand, hat sich mehr oder weniger in Wohlgefallen aufgelöst. Sie vermögen dann leichter die Unschuld im anderen zu erkennen und Ihren Partner so zu lieben, wie er oder sie eben ist, anstatt darauf zu beharren, dass er sich ändern soll, um Ihren Erwartungen zu entsprechen. Sie werden feststellen, dass alles, was Sie irgendwie irritiert hat, und auch Ihre Neigung, in allem ein Problem zu sehen und sich verrückt zu machen, dahinschwinden. Sie fühlen sich klüger, sind einfühlsamer und haben das Bedürfnis zu lächeln.
Miteinander ruhig dazusitzen ist einer der Grundpfeiler unserer Beziehung geworden. Wir tun es nicht jeden Tag, machen auch kein großes Aufhebens darum und reden nicht viel darüber. Wir tun es einfach so oft, wie es uns in den Sinn kommt – weil es ein schönes Gefühl ist und uns aus tiefstem Herzen verbindet. Meist sitzen wir gleich am frühen Morgen zusammen und trinken dabei unseren Kaffee.
Vielen von uns hat man beigebracht, dass »Kommunikation« wichtig ist, um auf Dauer eine gute Beziehung zu gewährleisten – und das ist sicher richtig. Das Paradoxe dabei ist, dass eine der besten und liebevollsten Arten, miteinander zu kommunizieren, ohne Worte ist. Genießen Sie also die Stille und den Frieden sowie die herzlichen Gefühle, die sich beim Zusammensitzen einstellen.

49.

Übernehmen Sie die Verantwortung für Ihr Glück

Leider ist einer der größten Fehler, den man in einer Beziehung begehen kann, gleichzeitig eine große Versuchung: Man macht den Partner für sein Glück verantwortlich und gibt ihm – oder ihr – die Schuld, wenn man nicht glücklich ist.

Man könnte es schon mit der Angst bekommen, wenn man Popmusik im Radio hört. Die Botschaft lautet nämlich oft: »Du machst mich glücklich«, »Ohne dich wäre ich verloren« oder »Du bist meine Welt«. Es gibt zahllose Beispiele für Liedtexte, die Ihnen jede Verantwortung abnehmen, sich um Ihr eigenes Glück zu kümmern, und sie stattdessen jemand anderem auferlegen. Du meine Güte! Denken Sie einmal darüber nach, stellen Sie fest, dass Sie damit enormen Druck auf Ihren Partner ausüben. Es ist, als würde man sagen: »Ich selbst kann nicht glücklich sein, aber wenn du bei mir bist, dann tu du das für mich.«

Oberflächlich betrachtet scheint diese Strategie auf der Hand zu liegen, aber wer von uns übernimmt schon wirklich die Verantwortung für sein Glück? Wie oft sagen wir uns: »Warum ist meine Frau nur nicht anders?«, oder: »Es bringt mich auf die Palme, wenn mein Mann sich so benimmt«, oder: »Ich bin gestresst, weil mein Mann so viele Überstunden macht.« Überprüfen Sie derartige typische Aussagen und Gedanken, wird Ihnen klar, dass sie – wie unterschwellig auch immer – implizieren, dass jemand anderer als Sie selbst für Ihr Glück verantwortlich ist. Der Gedankengang dabei ist folgender: »Wenn er – oder sie – anders wäre, wäre ich ein glücklicher Mensch. Er – beziehungsweise sie – muss sich also ändern, ich bestimmt nicht. Es liegt nur an ihm – oder ihr.«

Wir sind zu dem Schluss gekommen, dass Ihnen viel Kummer bevorsteht, wenn Sie meinen, dass jemand anderer Sie aus Ihrem Unglück befreien soll. Selbst wenn es diesem Menschen gelingt, Ihnen durch gelegentliche Veränderungen entgegenzukommen, verlassen Sie sich schnell auf diese Veränderungen als Grundlage für Ihr Glück. Das ist auch schon das einzige Ergebnis. Und schließlich fühlen Sie sich doch im Stich gelassen und entmutigt. Ihnen bleibt nur ein Gefühl der Hilflosigkeit und Abhängigkeit und dass alles seine beziehungsweise ihre Schuld ist.

Verstehen Sie uns nicht falsch. Wir wollen natürlich nicht behaupten, dass Ihr Partner für Ihr Glück keine Rolle spielt, dass Sie nicht am glücklichsten sind, wenn Sie mit ihm zusammen sind, oder dass Sie nicht am Boden zerstört wären, wenn er Sie aus irgendeinem Grund verlassen würde. Wir beide haben wahrlich sehr starke Gefühle füreinander – wie alle glücklichen Paare, die wir kennen. Wir wollen Ihnen auch nicht einreden, dass es keine dramatischen Beispiele gäbe, wo ganz offensichtlich einer dem Glück des anderen im Weg steht.

Wir wollen nur sagen, dass Sie allein und sonst niemand für Ihr eigenes Glück verantwortlich sind. Will es in Ihrem Leben nicht so recht klappen, müssen Sie selbst die Veränderungen vornehmen oder die Dinge in einem anderen Licht betrachten. Sie müssen vielleicht schwierige Entscheidungen treffen, schmerzliche und unangenehme Diskussionen führen oder irgendwie einen Kompromiss finden – aber Sie müssen die Verantwortung für Ihr Glück übernehmen. Es gibt keine Beziehung, die das für Sie leisten könnte.

Diese Einsicht ist für Sie wie auch für Ihren Partner von großer Bedeutung. Sie kommen nämlich zu dem Schluss, dass Sie selbst die Fähigkeit haben, sich glücklich zu machen – auch wenn Ihre Beziehung Ihnen absolut wichtig ist und Sie Ihren Partner über alles lieben. Das bedeutet, dass Sie sich auch wohl fühlen, wenn es einmal nicht so gut läuft und Ihre Partnerschaft zu wünschen übrig lässt. Ihr Glück hängt dann nämlich nicht völlig vom vermeintlichen Wohlverhalten Ihres Partners ab. Außerdem nehmen Sie Ihrem Partner so auch den Druck, indem Sie ihm nämlich vermitteln: »Es ist schon in Ordnung, du bist ja auch nur ein Mensch. Du kannst Fehler machen, und du musst für mich keinen Eiertanz aufführen. Du brauchst dir keine Sorgen zu machen, dass ich jedes Mal gleich ausraste, wenn ich enttäuscht von dir bin. Ich akzeptiere nämlich die Tatsache, dass diese Enttäuschung durch mein eigenes Denken entsteht. Ich habe meine Vorlieben, aber ich lasse nicht zu, dass sie mein Leben ruinieren. Du kannst ruhig einmal schlechter Stimmung sein, und du musst meinetwegen auch nicht perfekt sein. Es ist schon in Ordnung, wenn du einmal nicht so gut drauf bist, denn ich liebe dich so bedingungslos, wie ich nur kann.«

Indem Sie die Verantwortung für Ihr eigenes Glück übernehmen, öffnen Sie Tür und Tor für eine neue Art von Beziehung, die sich auf Ehrlichkeit, Verantwortungsbewusstsein, Mut und innerer Weisheit gründet. Schlagen Sie diesen Weg ein, stehen Ihre Chancen gut für ein Leben voller schöner Überraschungen. Sie werden erstaunt sein, wie viel glücklicher Sie sein werden, wenn Sie die Verantwortung dem geben, der sie auch hat – nämlich sich selbst.

50.

Werden Sie ein Meister in der Kunst, Gespräche von Herz zu Herz zu führen

Ganz egal, wie gut, ehrlich, liebevoll und wunderbar Ihre Beziehung auch sein mag, es ist ganz unvermeidlich, dass Sie gelegentlich mit einigen Konflikten konfrontiert werden. Bei jedem Paar gibt es hin und wieder Streitfragen, die es zu lösen gilt; das gehört einfach mit dazu. Und deshalb ist es auch so wichtig, dass Sie diese Art der Kommunikation zu beherrschen lernen. Ich kann mir nämlich nicht vorstellen, dass eine Beziehung Überlebenschancen hat – und entwickeln kann sie sich sicher schon gleich gar nicht, wenn dieses bedeutsame Mittel nicht zum Einsatz kommt.

Ein Gespräch von Herz zu Herz hat im Idealfall – wie Sie sich wahrscheinlich schon gedacht haben – auch eine Herzensangelegenheit zum Inhalt. Man kann so eine Unterhaltung dazu benutzen, um schwierige, schmerzliche und komplizierte Themen zu besprechen, oder auch als Möglichkeit, um Konflikte zu lösen und zu einer Übereinkunft zu gelangen. In vielen Fällen lässt sie sich sogar einsetzen, wenn Sie sich einigen, ruhig auch einmal uneins, also unterschiedlicher Meinung, zu sein. Es handelt sich dabei um eine überaus effektive Methode, mit jemandem zu kommunizieren, den man liebt. Dieser Ansatz ist in der Tat so einflussreich, dass es kaum etwas gibt, das zu diskutieren zu schmerzlich wäre, aber natürlich sollte man auf eine angenehme Umgebung achten.

Ein Gespräch von Herz zu Herz zu führen bedeutet, dass beide Partner willens sind, sich mit Liebe und Respekt zu begegnen. Beide Seiten wollen ohne Aggression etwas sagen und, was noch wichtiger ist, auch so zuhören, um offen zu bleiben und die eigenen Reaktionen unter Kontrolle zu halten. Übergeordnetes Ziel eines solchen Gesprächs von Herz zu Herz ist, dass der Partner gehört wird und dass beide sich einander näher fühlen – und zwar unabhängig davon, ob der strittige Punkt schließlich gelöst werden kann oder nicht. Der Schlüssel dazu ist, so ein Gespräch von Herz zu Herz auf eine freundliche, unaggressive Weise anzuregen und diese Haltung dann auch die ganze Zeit über beizubehalten. Bei einem Gespräch von Herz zu Herz ist es generell viel wichtiger, etwas zu lernen, als etwas zu lehren; es zählt das Zuhören, nicht das Reden. Außerdem ist es von Bedeutung, von voreiligen Schlüssen und gewohnten Reaktionsmustern abzusehen. Man sollte in sich aufnehmen, was gesagt wird – und nicht postwendend reagieren.

Es gibt viele Paare, mit deren Kommunikation es nicht zum Besten steht, wobei es sich um alltägliche Themen oder auch um diffizilere Punkte handeln kann. Die meisten Paare legen Spontanreaktionen an den Tag: Schuldzuweisung, Eifersucht, schlechtes Zuhören, den anderen als Selbstverständlichkeit betrachten und patzige Antworten, mit denen man dann fertig werden muss. Derartige Gewohnheiten führen in der Regel zu Vertrauensverlust, Apathie, Distanz oder sogar zu Missachtung und Wut.

Pflegt man hingegen Gespräche von Herz zu Herz und hat auch das ehrliche Bedürfnis danach, werden die meisten, wenn nicht gar alle diese Probleme hinfällig. In der Regel ist es ausreichend, wenn einer der Partner die Beziehung positiv beeinflusst, indem er so ein Gespräch von Herz zu Herz anregt. Natürlich können diese Unterhaltungen unterschiedlichen Tiefgang haben – aber jeder Schritt in diese Richtung ist enorm hilfreich.

Intimität sowie tief gehende und aufrichtige Gespräche sind ein existenzielles Bedürfnis des Menschen. Sie sind schlichtweg befriedigend und gehen mit einem Gefühl der Nähe einher. Sind Sie aus irgendeinem Grund nicht in der Lage oder gewillt, sich auf dieser Ebene mitzuteilen oder zuzuhören, wird sich Ihr Partner womöglich von Ihnen abwenden, emotional oder auch physisch. Vielen Menschen fällt es viel leichter, sich Bekannten mitzuteilen, ja sogar Fremden, als ihrem Partner oder sonst jemandem, der ihnen wirklich viel bedeutet. Im Extremfall macht sich der Partner dann auf die Suche nach einem Menschen, der ihm zuhört, nach jemandem, der zu so einer Kommunikation von Herz zu Herz fähig ist.

Es gibt keine formale Struktur, wie so ein Gespräch verlaufen soll, und auch keine richtige oder falsche Vorgehensweise. Sie müssen sich eigentlich nur einig sein, dass es Zeit ist für ein solches Gespräch von Herz zu Herz. Dazu müssen Sie sich allerdings mit Ihrem Partner absprechen, damit der Zeitpunkt auch für beide stimmig ist. Wenn sich einer in der Defensive sieht oder stur ist, bringt das alles nichts. Auch wenn Sie nur an Ihren Tagesordnungspunkten festhalten wollen, wird es besser sein, noch etwas abzuwarten. Sind Sie jedoch beide in einer liebevollen, aufnahmebereiten Stimmung und haben das Gefühl, dass Sie über das jeweilige Thema sachlich und ohne Überreaktionen sprechen können, dann ist der Zeitpunkt günstig, es auch zu versuchen. Legen Sie dabei viele Pausen ein. Überlegen Sie sich ehrlich, ob Sie Ihre Sache auch wirklich gut machen. Sie können einander Fragen stellen wie: »Ist das in Ordnung so?« Oder Sie können zu dem, was Ihr Partner gesagt hat, Stellung beziehen in der Form: »Ich habe den Eindruck, du willst sagen, dass … – habe ich das richtig verstanden?« Stellen Sie sicher, dass Sie nicht anmaßend, defensiv, überempfindlich oder zu aggressiv sind. Wenn doch, ist das allerdings auch nicht so schlimm. Nehmen Sie sich etwas zurück und versuchen Sie es noch einmal. Seien Sie geduldig und vor allem liebevoll.

Im Lauf der Jahre haben Kris und ich hunderte von solchen Gesprächen von Herz zu Herz geführt – einige ganz lockere wegen alltäglicher Ärgernisse, wenn wir plötzlich in allem ein Problem sahen und uns verrückt machten, und andere, die erheblich ernster waren. Wir haben schon über alles geredet, von unaufgeräumten Schränken und verlegten Haushaltsgegenständen über Themen wie Geld und Karriere bis hin zu Problemen mit den Kindern oder zwischen uns beiden. In jedem Fall war so ein Gespräch von Herz zu Herz ein wichtiger Schritt auf dem Weg zur Lösung des Problems.

Wir hoffen nun, dass auch Sie mit diesem Zaubermittel experimentieren und es für sich erforschen werden – bei uns hat es Wunder gewirkt, und wir glauben, dass das bei Ihnen ebenso sein wird.

51.

Verwechseln Sie Ihre eigenen Probleme nicht mit denen Ihrer Beziehung

Ich schätze, es liegt in der Natur des Menschen – oder ist zumindest weit verbreitet –, dass Sie, wenn Sie frustriert sind, herauszufinden versuchen, warum es Ihnen so schlecht geht, und dann Schuld zuweisen oder auf eine logische Begründung sinnen, die Ihnen Ihr Dilemma erklärt. Befinden Sie sich also in einem Stimmungstief oder sind sonst irgendwie frustriert, denken Sie vielleicht: »Wenn ich nur wüsste, warum ich mich so aufrege, dann würde ich mich schon besser fühlen.«

Und dann dämmert es Ihnen: »Das ist es, jetzt weiß ich es. Es gibt Probleme in meiner Beziehung!« Sofort schalten Sie auf Fehlersuche und fangen an, alles Revue passieren zu lassen, was in Ihrer Beziehung nicht so ist, wie Sie es sich wünschen. Sie gehen in Gedanken die Schwächen Ihres Partners durch und überlegen, in welcher Hinsicht Ihre Bedürfnisse nicht erfüllt werden. Sie analysieren, warum Ihre Beziehung nicht so recht funktioniert, warum sie nicht so ist wie früher und woran es zu arbeiten gilt. Manchmal ist diese Tendenz nur unterschwellig vorhanden, manchmal jedoch nimmt sie gravierende Ausmaße an. In jedem Fall haben Sie weiterem Frust Tür und Tor geöffnet, wenn nicht gar echtem Ärger.

Nehmen Sie von diesem Verhalten Abstand, werden Sie mit der Zeit einsehen, dass, gerade *weil* Sie so frustriert sind, Sie plötzlich auch Probleme in Ihrer Beziehung entdecken. Anders ausgedrückt: Am Anfang steht die Frustration, und dieser Frustration entspringt dann die Neigung, Probleme zu sehen, zu schaffen und zu analysieren. Sind Sie aufgeregt, gestresst, verärgert, besorgt, müde oder einfach schlecht gelaunt, kann man sich leicht ausrechnen, dass Sie sich den Kopf voller negativer Gedanken machen und dann auch oft meinen, Ihre Beziehung sei der Grund für Ihre schlechte Stimmung. So ziemlich jede Erklärung, die Ihnen in den Sinn kommt oder die Ihnen jemand vorschlägt, erscheint logisch, wenn es Ihnen nicht gut geht. Sie denken sich dann etwa: »Meine Frau unterstützt mich nicht genug«, oder: »Mein Freund hört mir nie richtig zu«, und das alles scheint absolut zuzutreffen, weil Sie so deprimiert sind. Sie können Ihre Gefühle mit Unmengen Beispielen belegen. Wenn Ihnen nicht wohl ist und Sie sich unsicher fühlen, kommt Ihnen leider alles problematisch vor – Sie machen sich wegen allem und jedem verrückt. Und darüber hinaus erscheint Ihnen das alles ganz logisch. Dieser geistigen Falle lässt sich nicht so einfach aus dem Weg gehen. Ganz egal, ob Sie in einer frischen Beziehung leben oder schon seit fünfzig Jahren verheiratet sind, die Dynamik bleibt stets die gleiche.

Das soll natürlich nicht heißen, dass alle Probleme, die Ihnen in den Sinn kommen und über die Sie nachdenken, wenn es Ihnen schlecht geht, grundsätzlich nicht bestehen. Doch jedes echte Problem, mit dem Sie sich in einem Stimmungstief konfrontiert sehen, wird auch dann noch bestehen, wenn es Ihnen wieder besser geht. Nicht immer, aber in den meisten Fällen verschwinden allerdings die Probleme, die sich einem so real und bedeutsam darstellen, wie durch Zauberei, sobald man wieder in einer besseren Verfassung ist.

Diese Strategie in die Tat umzusetzen ist überaus einfach und kann den

Weg, den Ihre Beziehung nimmt, für immer verändern. Nehmen Sie Ihre Gedanken und Gefühle also nicht so ernst, wenn Sie deprimiert sind. Ihnen fehlt es dann nämlich an innerer Weisheit, Mitgefühl, an angemessenem Einschätzungsvermögen und an gesundem Menschenverstand. Anstatt sich zu sagen: »Ich weiß schon, warum ich so deprimiert bin, es liegt an ihm – beziehungsweise an ihr – oder an der Beziehung«, denken Sie sich besser: »Ich weiß, dass ich verärgert und frustriert bin. Ich bin einfach schlecht drauf. Ich bin nicht in der richtigen Verfassung, um klar denken zu können.« Anstatt zu reagieren, warten Sie ab. Schenken Sie Ihren Gedanken weniger Aufmerksamkeit und messen Sie ihnen weniger Bedeutung bei; und vermeiden Sie es vor allem, irgendwelche Analysen anzustellen. Sind Sie dazu in der Lage, können Sie Ihre Beziehung weitgehend vor den meisten Problemen, die tagtäglich anfallen, schützen. Je weniger Aufmerksamkeit Sie Ihren negativen Gedanken und Gefühlen schenken, desto schneller hebt sich Ihre Stimmung, und Ihr gesunder Menschenverstand kehrt zurück.

Natürlich ist das leichter gesagt als getan. Auch wenn dieser Ratschlag sehr einfach scheint, ist er es nicht unbedingt. Der Grund ist, dass man natürlich schnell wieder in die nur allzu menschliche Neigung verfällt, seinen Frust logisch begründen zu wollen. Sind Sie jedoch geduldig und üben ein bisschen, dann kriegen Sie den Dreh schon raus. Und es lohnt sich wirklich.

52.

Hören Sie auf, sich so oft zu verteidigen

Wenn Sie jegliches Defensivverhalten aus Ihrer Persönlichkeit eliminieren könnten, hätten Sie nicht nur die beste Beziehung weit und breit, sondern Sie wären auch noch der liebevollste und bewundernswerteste Mensch auf Erden. Sie hätten so viel Ausstrahlung und Charme, dass Sie unwiderstehlich wären und andere wie ein Magnet anziehen würden. Die Leute würden herbeiströmen, um in Ihrer Gesellschaft zu verweilen, und Sie und Ihr Partner würden bis ans Ende Ihrer Tage glücklich miteinander leben.

Seien wir einmal realistisch. Niemand vermag aus seinen Reaktionen jegliches Defensivverhalten zu entfernen; es gehört einfach mit dazu, wenn man ein Mensch ist. Jeder verteidigt sich bisweilen, weil er sich nicht gern kritisieren, fragen, angreifen, beurteilen, belehren oder tadeln lässt. Wir sind jedoch zu dem Schluss gekommen, dass es mit wenig Mühe relativ einfach ist, Fortschritte zu machen und weniger schnell defensiv zu reagieren.

Wie das Wort schon sagt, beinhaltet »Defensive«, dass wir die Notwendigkeit empfinden, uns zu verteidigen. Wir fühlen uns emotional angegriffen, angespannt und wehren uns gegen all die Bemerkungen – manchmal auch nur Gedanken, die sich gegen uns richten. Wir unternehmen dann Verschiedenes, um uns zu schützen, was mit zu unserem Verhaltensmuster – Flucht oder Verteidigung – gehört.

Es ist ein Glück und ein Unglück zugleich, dass unsere spontane Reaktion, in die Defensive zu gehen, uns nicht davor bewahrt, uns verletzt, zurückgewiesen oder unsicher zu fühlen. Das ist ungünstig, weil es uns relative Sicherheit geben würde, wenn dieser Mechanismus funktionierte. Wir hätten dann eine Strategie, die uns davor bewahren würde, uns niedergeschlagen zu fühlen, wenn jemand uns kritisiert. Achten Sie jedoch einmal darauf, wie es wirklich um Sie steht, wenn Sie sich verteidigt haben, wird Ihnen auffallen, dass es Ihnen eigentlich noch schlechter geht. Es ist, als würden Sie noch Salz in die Wunde streuen.

Daraus können wir schließen – und das ist die gute Nachricht –, dass es einen besseren Weg geben muss. Und den gibt es wirklich.

Die Alternative zu einer defensiven Haltung ist Akzeptanz. Im Gegensatz zur Verteidigung, wenn Sie sozusagen die Faust ballen und auf stur schalten, beinhaltet Akzeptanz, dass Sie Ihre Faust lockern, sich öffnen und aufnahmebereit werden. Wenn Sie sich um Akzeptanz bemühen, versuchen Sie, das Leben in sich aufzunehmen – einschließlich Kritik, Kommentare, denen Sie nicht zustimmen, und allem Übrigen – und zwar mit einer gesunden Portion Gleichmut.

Akzeptanz heißt weder, dass man sich zum Fußabstreifer machen lässt, noch, dass man apathisch wird. Auch sollen Sie Ihre geschätzten Glaubensgrundsätze nicht aufgeben. Akzeptanz bedeutet nur, dass Sie etwas offener werden für das, was andere zu sagen haben. Sie sollen weniger schnell überreagieren und besser zuhören lernen.

Am Anfang mag einem das abseitig und deshalb auch relativ schwierig vorkommen. Man braucht schon eine ganze Menge Zutrauen, um loszulegen – den Willen, es mit einer sanfteren Vorgehensweise zu versuchen. Man wird jedoch die angenehme Erfahrung machen, dass es mit jedem Versuch erheblich leichter geht. Sehen Sie einmal ein, um wie viel einfacher Ihr Leben und Ihre Beziehung werden, halten Sie bestimmt an dieser Methode fest – Sie verspüren gar nicht mehr den Wunsch, so oft zurückzuschlagen.

Haben Sie sich erst ans Werk gemacht, wählen Sie Ihre Kriegsschauplätze sorgfältiger aus. Ist eine Sache wirklich wichtig und es wert, sie zu verteidigen, nehmen Sie die Mühe natürlich auf sich; aber den tagtäglichen Kleinkram, der einen verrückt macht, lassen Sie lieber auf sich beruhen. Geht jemand auf Sie los – oder übt Kritik an Ihnen –, bleiben Sie ruhig, und entscheiden Sie dann, ob an den Kommentaren etwas Wahres ist oder nicht. Entweder lernen Sie so aus Ihren Erfahrungen, oder Sie sind klug genug, um loszulassen. In beiden Fällen werden Sie nicht annähernd so sehr in Mitleidenschaft gezogen wie früher.

Es macht sich ungeheuer bezahlt, wenn man weniger schnell in die Defensive geht. Ihr Partner reagiert auf Ihren Sinneswandel, indem er einfacher im Umgang wird – und indem auch er sich nicht mehr so häufig verteidigt. Außerdem lernen Sie ständig dazu. Anstatt nämlich auf Vorschläge und Kritik mit Ärger, Angst oder Rückzug zu reagieren, interessieren Sie sich für den Standpunkt des anderen. Sie können dann mehr Gespräche von Herz zu Herz führen und haben weniger tiefgreifende Konflikte.

Warum versuchen Sie es nicht einmal? Was haben Sie schon zu verlieren bis auf eine Reaktion, die sich auf Ihre eigentlich gute Beziehung sowieso nur negativ auswirkt?

53.

Seien Sie stets dankbar

Nichts hält eine Beziehung frischer, lebendiger und ist ihr insgesamt zuträglicher als aufrichtige Gefühle der Dankbarkeit. Andererseits gibt es kaum etwas, das eine Beziehung mehr zum Scheitern verurteilt, als wenn diese Dankbarkeit fehlt. Dankbarkeit ist einer der wichtigsten Bestandteile einer für beide Partner befriedigenden Beziehung.

Dankbarkeit ist aus verschiedenen Gründen von Bedeutung. Sie verleiht Ihnen ein offenes Herz und macht Sie aufnahmebereit für das Geschenk des Lebens und Ihrer Beziehung. Sie erinnert Sie beständig daran, wie glücklich Sie sich schätzen dürfen, am Leben teilzuhaben, und hält Sie davon ab, Ihre Beziehung als Selbstverständlichkeit zu betrachten. Empfinden Sie Dankbarkeit, fühlen Sie sich zufrieden, weil Sie wissen, dass das, was Sie haben, auch wirklich gut für Sie ist. Konzentrieren Sie sich auf Ihre Dankbarkeit, bewahren Sie sich eine angemessene Sichtweise für Ihre Probleme, besonders wenn es nur um Kleinigkeiten geht. Sie sind dann immun gegenüber den kleinen Schwächen Ihres Partners und den Unzulänglichkeiten in Ihrer Beziehung. Mit Hilfe der Dankbarkeit gelingt es Ihnen, nicht in allem ein Problem zu sehen und auf Beziehungsprobleme nicht überzureagieren.

Von Ihrer eigenen Zufriedenheit einmal abgesehen stärkt es auch Ihre liebevolle Beziehung zu Ihrem Partner, wenn Sie Ihrer Dankbarkeit Ausdruck verleihen. Jeder hört es gern, dass er geschätzt und anerkannt wird. Hat jemand das Gefühl, als Selbstverständlichkeit betrachtet und nicht geachtet zu werden, ist es zu Ärger und Apathie meist kein weiter Weg mehr. Mangelnde Dankbarkeit ist einer der Hauptfaktoren dafür, dass eine Beziehung stagniert und langweilig wird. Die beiden Partner empfinden dann nicht mehr so viel füreinander, weil sie sich nicht mehr geachtet und geschätzt fühlen. Oft stellt man sich dann die Frage: »Was soll das alles eigentlich noch?«

Indem Sie nie aufhören, dankbar zu sein, und diese Gefühle auch zeigen, bekräftigen Sie die Tatsache, dass Ihre Beziehung ein Geschenk für Sie ist – was ja auch stimmt. Dankbarkeit ist ein machtvolles Mittel, mit dem sich die meisten Probleme lösen oder überwinden lassen, die in einer Beziehung auftreten. Anders ausgedrückt: Sie können vieles falsch machen, Fehler begehen und zeigen, dass Sie auch nur ein Mensch sind – solange Sie nur nicht vergessen, dankbar zu sein.

Schnell verfällt man in die Angewohnheit, den anderen als Selbstverständlichkeit zu betrachten. Die Kombination aus Vertrautheit miteinander, gemeinsam verbrachter Zeit und der Hetze des Lebens scheint auf uns überzugreifen und uns aufzufressen. Dabei vergessen wir, wie wertvoll uns unser Partner doch ist und welche Bedeutung er für unser Leben hat. Mit etwas Aufmerksamkeit jedoch lässt sich leicht eine dankbare Haltung entwickeln. Zunächst einmal hören wir damit auf, uns darauf zu konzentrieren, was uns alles nicht passt und was nicht klappt, und ersetzen diesen Ansatz durch das ehrliche Engagement, über all das nachzudenken, was gut ist im Leben und in der Beziehung. Und das ist eigentlich auch schon alles! Der Rest geht dann wie von selbst. Lassen Sie sich durch den Kopf gehen, was alles positiv ist, bemerken Sie plötzlich

auch, was Ihr Partner mit seiner Liebe zu Ihrem Leben beiträgt, und wissen diesen Beitrag auch zu würdigen. Und wenn Sie das, was Ihnen alles auffällt, dann auch schätzen, bekommt Ihre Beziehung all die Nahrung, die sie braucht, um zu wachsen und zu gedeihen.
Ich habe einmal einen sehr schönen Leserbrief bekommen, der die Bedeutung der Dankbarkeit prägnant zusammenfasste: »Früher habe ich nachgedacht, heute bin ich mir bewusst.« Es ist alles eine Frage der Betrachtungsweise. Letztendlich sieht man immer das, wonach man Ausschau gehalten hat. Ist Ihr Denken darauf ausgerichtet zu erkennen, was richtig und schön ist in Ihrer Beziehung, fällt Ihnen auch genau das auf – und das macht Ihre Beziehung aus.

54.

Geraten Sie nicht in die Falle, die da lautet: »Ich habe für alle Zeit, bloß für dich nicht.«

Ich bin Zeuge geworden, wie viele Paare in diese ach so typische Falle geraten sind, dass es schon fast schmerzlich ist, darüber zu schreiben. Die meisten von uns können ein Lied davon singen, wie schnell man sich von all den Verpflichtungen, die das Leben an einen stellt, überfordert fühlt, so dass man ständig unter Druck ist und verzweifelt darum kämpft, seinen Terminplan irgendwie zu reduzieren. Wie heißt es so schön: »Man muss Prioritäten setzen.«

Ohne dass man sich dessen so recht bewusst ist und ohne böse Absicht sind es leider oft gerade unsere Lieben, die dann den Kürzeren ziehen. Anders ausgedrückt: Bei unseren Bemühungen, alles zu erledigen, vernachlässigen wir schließlich ausgerechnet die Menschen, die wir am meisten lieben auf der Welt – unseren Partner, die Kinder oder andere, für die wir viel empfinden. So treiben wir einen schmerzlichen Keil zwischen uns und die, die wir lieben. Schließlich will niemand das Gefühl haben, dass alles und jedes wichtiger ist als er. Es tut weh, wenn der andere Zeit zu haben scheint für alles andere – nur für einen selbst nicht.

Wir finden Zeit zum Arbeiten – mehr als genug sogar. Und natürlich ist es überaus einfach, das auch zu rechtfertigen, weil ja schließlich jeder arbeiten muss. Und dann gibt es da natürlich auch noch die anderen Dinge, die es regelmäßig zu erledigen gilt – zu viele, um sie hier überhaupt aufzuzählen. Zu Hause muss immer irgendetwas gerichtet werden. Dann engagieren Sie sich in der Gemeinde – wie sollte man das streichen? Und wer wollte das auch? Hinzu kommen all die gesellschaftlichen Verpflichtungen. Wir möchten gute Freunde, Nachbarn, Menschen sein – wie könnte man davon Abstand nehmen? Und schließlich haben wir auch noch persönliche Interessen, das Bedürfnis, Sport zu treiben, oder vielleicht ein Hobby. Die Liste findet nie ein Ende.

Passen wir nicht auf, vernachlässigen wir die Menschen in unserem Leben, die uns eigentlich etwas bedeuten, indem wir weniger Zeit mit ihnen verbringen und uns ablenken lassen. Dahinter steht keine Absicht; es passiert einfach. Sie kommen vielleicht immer öfter spät nach Hause oder sind häufiger auf Reisen. Verabredungen werden abgesagt, oder man sieht sich nur noch kurz. Die Zeit, die Sie miteinander verbringen, wird also immer weniger – oder Sie kombinieren eine andere Unternehmung mit dem Zusammensein. Sind Sie zu Hause, machen Sie dann meist etwas anderes, vermutlich etwas »Produktives« – putzen, den Hof aufräumen, etwas reparieren. Oder Sie beschäftigen sich mit den Schulproblemen Ihrer Kinder, machen die Steuererklärung oder sonst etwas.

Natürlich führen wir ein hektisches Leben und haben viele wichtige und zeitraubende Verpflichtungen. Und sicher müssen wir alle Opfer bringen und Kompromisse schließen. Ein Tag hat eben nur vierundzwanzig Stunden, und keiner kann alles gleichzeitig machen. Wir wollen Ihnen bestimmt nicht nahe legen, die Art, wie Sie Ihr Leben verbringen, drastisch zu verändern oder völlig neue Prioritäten zu setzen, um so mehr Zeit für Ihren Partner zu haben. Aber es ist wichtig, sich diese Neigung einmal bewusst zu machen – und zu sehen, wie leicht sich dieser Trend auch in Ihre Beziehung einschleicht. Es kann helfen, sich

einmal die Botschaften zu überlegen, die Sie Ihrem Partner vermitteln. Selbst wenn Sie Ihren Partner über alle Maßen lieben, sagt das, was Sie ihm mitteilen, nämlich eigentlich genau das Gegenteil aus. Die alte Redensart: »Taten sagen mehr als Worte« trifft hier wirklich zu.
Es gibt wohl kein Patentrezept, wie sich diese Angewohnheit überwinden lässt – wir haben jedenfalls noch keines gefunden. Es ist jedoch von Vorteil, wenn man regelmäßig über seine Beziehung nachdenkt und einmal darauf achtet, wo sich dieser Trend bereits eingeschlichen hat – oder drauf und dran ist, es zu tun. Nehmen Sie sich diese Zeit, kann Ihnen das nützen, die notwendigen Korrekturen vorzunehmen, indem Sie es nämlich lernen, die Wünsche anderer abzulehnen, Grenzen zu setzen oder indem Sie von Angewohnheiten Abstand nehmen, die sich auf Ihre liebevolle Partnerschaft störend auswirken. Hoffentlich finden Sie diese Strategie so nützlich wie wir.

55.

Organisieren Sie miteinander ein karitatives Projekt

Kaum etwas hat ein solches Potenzial, zwei Menschen näher zusammenzubringen, wie miteinander etwas für einen guten Zweck zu tun und ohne fremde Hilfe ein karitatives Projekt auf die Beine zu stellen und auch durchzuziehen. Diese Strategie ist es wert, dass man sie ernsthaft in Betracht zieht. Viele Paare sind überaus freundlich und großzügig und beteiligen sich auch an Initiativen für einen guten Zweck, indem sie spenden, bei kirchlichen Projekten mitmachen oder auch ehrenamtliche Aufgaben übernehmen; doch nur ein sehr geringer Prozentsatz an Paaren ruft ohne fremde Hilfe ein derartiges Projekt ins Leben und kann so die Erfahrung machen, welche Freude es bereitet zu geben. Die Auswirkungen dieses Erlebnisses auf Ihre Beziehung sind bedeutsam und von Dauer. Sie entwickeln dadurch Gemeinschaftsgeist, empfinden mehr Dankbarkeit für all das, was Sie bereits miteinander haben, und gewinnen tiefere Einsichten, die Ihnen helfen, sich von Kleinigkeiten nicht mehr irritieren zu lassen, die Ihnen sonst viel bedeutsamer vorkommen, als sie es eigentlich sind.

Schnell verheddert man sich nämlich in der Hektik des Alltags – die Anforderungen, die das Leben an einen stellt, sind eine häufige Frustrationsquelle. Auch wenn das Leben zweifelsohne frustrierend sein kann und einen auch oft überfordert, können wir diese negativen Empfindungen reduzieren, indem wir für andere etwas tun, woran wir glauben. Lenken wir unsere Aufmerksamkeit darauf, Gutes zu tun, und richten wir einen Teil unserer Bemühungen auf etwas anderes als auf unsere Probleme, die uns nur verrückt machen, dann wird uns bewusst, dass es viel mehr im Leben gibt, als es vordergründig den Anschein hat – unsere Probleme, besonders die kleineren, werden dann nicht mehr so überbewertet. Darüber hinaus erfahren wir, was es bedeutet, diese reine Freude am Geben zu empfinden – etwas absolut Positives und Selbstloses zu tun, das nichts mit unserem Ego oder unserem Alltagstrott zu tun hat.

Unser erstes Projekt, das wir miteinander in Angriff nahmen, planten wir während einer Indien-Reise. Wir sahen damals so viel Leid, dass uns bewusst wurde, wie glücklich wir uns schätzen durften, dass all unsere Bedürfnisse gestillt wurden – einschließlich ausreichend Essen auf dem Teller zu haben. Es wurde uns zudem klar, dass auch bei uns viele Menschen hilfsbedürftig waren. Wir hatten es uns bereits zur Gewohnheit gemacht, anerkannten Organisationen Geld und Lebensmittel zu spenden, eine eigene Aktion hatten wir allerdings noch nie geplant. Obwohl unser Projekt natürlich nur klein und einfach war, sollte sich seine Planung als ein Schlüsselmoment unseres Daseins erweisen. Wir widmeten unser Leben der Freundlichkeit und dem Dienst am Nächsten. Wir sahen, wie unglaublich einfach es war, für andere etwas zu tun, und wie viel Freude es in unser Leben und in unsere Beziehung brachte. Mutter Teresa sagte einmal: »Wir können auf dieser Welt nichts Großes tun. Wir können nur Kleinigkeiten mit großer Liebe tun« – ein wunderbares Beispiel für ihre Überzeugung, welche die Liebe so sehr in den Vordergrund stellte.

Unser Projekt war einfach: Wir verschickten an so ziemlich alle Bekannte in unserem Umkreis einen Brief, in dem wir sie baten, doch wenigstens eine große Tüte mit unverderblichen Lebensmitteln zu spenden. Wir gingen dabei von der Annahme aus, dass eine Bitte von Freunden ernster genommen würde als von einem Fremden. Anschließend riefen wir noch jeden Einzelnen an und baten, doch auch die Nachbarn zu motivieren, an unserer Aktion teilzunehmen. Wir machten es allen so leicht, dass es fast schon unmöglich gewesen wäre, nicht mitzumachen. Wir setzten einen Termin fest und mieteten einen Lkw. Jeder sollte seine Spende an jenem besagten Morgen vor die Haustür legen. Dann riefen wir zwei Tage vorher alle noch einmal an, um sie zu erinnern und darum zu bitten, die Nachbarn erneut zum Mitmachen zu animieren, die dann einfach ihre Spende zu den anderen vor die Tür legen sollten.

Die Reaktion fiel so positiv aus, wie wir es nie erwartet hätten. Nicht nur nahmen alle teil, die wir gebeten hatten, sondern viele hatten auch wirklich noch ihre Nachbarn überzeugt. Vor manchen Häusern lagen also nicht ein oder zwei, sondern gleich zehn oder zwölf große Tüten mit Lebensmitteln. Man bekam fast den Eindruck, als würden alle ihre eigene Spendenaktion organisieren. Und wir mussten nun nur alles einsammeln, um es dann wieder zu verteilen. Außerdem schrieben uns viele freundliche Karten mit ein paar Zeilen, in denen sie sich für unsere Bemühungen und unseren guten Einfall bedankten. Es dauerte den ganzen Tag, aber wir beluden den Lastwagen randvoll mit Lebensmitteln und brachten sie zu einer Kirche, die täglich Essen an Obdachlose verteilt. Alle waren uns dankbar und sagten, dass das eine der größten Spenden sei, die sie je von ganz normalen Mitbürgern erhalten hätten. Zu wissen, dass diese ganzen Lebensmittel von Menschen verzehrt werden würden, die wirklich bedürftig waren, war eines der befriedigendsten Gefühle, die sowohl Kris als auch ich je hatten. Es wurde uns klar, dass selbst wenn unsere Bemühungen nur auf eine einzige Tüte mit Lebensmitteln hinausgelaufen wären, es dennoch den Aufwand wert gewesen wäre. Wichtig war nicht die Menge an Essen – sondern die Liebe, die mit dieser Spende verbunden war.

Am nächsten Tag schrieben wir sämtlichen Teilnehmern einen Dankesbrief und berichteten vom Erfolg der Aktion und was sie für uns bedeutete. Es lässt sich nicht genau sagen, welche Auswirkungen unser Projekt auf andere hatte, aber wir hatten schon den Eindruck, dass sich von da an viele Menschen überlegten, wie sie etwas mehr für ihre Gemeinde tun könnten. Oft bedarf es ja nur eines Anstoßes, und es kommt zu einer Kettenreaktion. Aber ob unsere Aktion nun so eine Wirkung auf unsere Freunde, Bekannten und Nachbarn hatte, war eigentlich auch zweitrangig. Wir jedenfalls wissen, dass die Zeit, die wir mit der Organisation unseres Projekts verbracht hatten, einen so positiven Einfluss auf unsere Beziehung gehabt hat, dass er bis zum heutigen Tag anhält.

56.

Stellen Sie sich die Frage: »Ist das wirklich so wichtig?«

Genau betrachtet ist die grundlegende Einsicht, wenn man lernen will, nicht in allem ein Problem zu sehen und sich verrückt zu machen, die Kunst zu erkennen, dass vieles von dem, worum wir ein Riesenaufhebens machen, es eigentlich gar nicht wert ist; wir bauschen etwas über alle Maßen auf, messen der Sache viel zu viel Bedeutung bei; wir deuten etwas hinein, überinterpretieren, nehmen das Schlimmste an, werden angespannt, ergehen uns in negativen Gedanken, die uns nur unglücklich machen, kurz: wir machen aus einer Mücke einen Elefanten. Gelingt es uns jedoch, das Steuer herumzureißen und der Sache wieder den ihr angemessenen Stellenwert zuzuweisen, sind wir auf dem besten Weg zu einem friedlicheren Leben.

So simpel es auch klingt – und es ist wirklich simpel –, ist es doch enorm hilfreich, wenn Sie sich wieder einmal so angespannt fühlen, sich die Frage zu stellen, ob alldem, insgesamt gesehen, überhaupt dieser Stellenwert zukommt. In vielen Fällen reicht es schon aus, überhaupt einmal darüber nachzudenken. Diese Frage holt Sie mit sanfter Gewalt in die Realität zurück, und Sie können zu einer angemessenen Sichtweise finden. Sie sagen sich dann vielleicht: »Ach ja« oder: »Auch egal« und zucken mit den Achseln.

Sowohl Kris als auch ich haben diese Methode recht effizient anzuwenden gelernt, und sie hat uns wiederholt geholfen, nicht in allem ein Problem zu sehen, so dass wir uns wieder dem Alltag zuwenden konnten. Egal, ob es sich darum handelt, dass wir vielleicht vergessen haben, etwas zu erledigen, eine ungute Angewohnheit an den Tag legen oder auch übersehen haben, jemandem wie versprochen einen Gefallen zu tun, wir sind in der Regel in der Lage, uns bewusst zu machen, dass das nicht der Rede wert ist – und einfach loszulassen. Ich weiß noch gut, wie Kris einmal aus dem Haus ging, um ein paar Sachen einzukaufen. In der Zeitung sollte ein Artikel erscheinen, der mich wirklich sehr interessierte, deshalb erinnerte ich sie dreimal, nur ja nicht zu vergessen, die Zeitung zu besorgen. Sie vergaß es trotzdem.

Vor zehn Jahren hätte ich deshalb bestimmt mit ihr geschimpft, wie das wohl bei vielen Paaren in einer solchen Situation der Fall wäre. Ich habe jedoch gelernt, über dergleichen einfach mit einem Lachen hinwegzugehen, als käme ihm keine Bedeutung zu – was insgesamt gesehen ja auch stimmt. Ich betrachte solche Zwischenfälle mittlerweile als Nichtigkeiten, wegen deren man sich nicht verrückt machen muss. Und es ist mir aufgefallen, dass Kris nun fast nie mehr etwas vergisst, seit ich weniger auf Perfektion poche und geduldiger bin. Und wenn sich doch einmal wieder zeigt, dass sie auch nur ein Mensch ist, ist das auch ganz in Ordnung.

Kris geht mit mir ebenso locker um. Anstatt auszurasten, wenn mein Flug storniert werden muss, ich zu viele Dinge auf einmal erledigen will oder mich einmal nicht so liebevoll verhalte, sagt sie sich, dass das zwar enttäuschend ist, aber dennoch bloß eine vorübergehende Phase, die wirklich nicht der Rede wert ist. Doch, um ehrlich zu sein, gibt es natürlich auch Zeiten, in denen wir uns total in etwas hineinsteigern und uns

die angemessene Sichtweise abhanden kommt. Aber wir haben gelernt, dass auch das nicht so tragisch ist.
Eine Freundin sagte einmal zu mir: »Wenn jemand im Sterben liegt, ernstlich verletzt ist oder in Gefahr, dann ist das etwas Gravierendes – alles andere nicht.« Weder Kris noch ich haben diese Strategie wirklich absolut zu meistern gelernt, aber wir wissen, dass wir uns in die richtige Richtung bewegen. Und das können Sie auch!

57.

Tun Sie nicht immer dasselbe und hoffen trotzdem auf ein anderes Ergebnis

In einem Aquarium haben wir einmal etwas überaus Kurioses beobachtet. Etwa eine Viertelstunde lang sahen wir einer Meeresschildkröte zu, wie sie anmutig in einem der großen Wasserbecken herumschwamm. Jedes Mal, wenn sie an einen bestimmten Punkt gelangte, schlug sie sich eine Flosse und den Kopf an der Scheibe an, und zwar immer auf die gleiche Weise. Es war klar, dass sie sich nicht wirklich wehtat, aber selbst ein Laie bekam den Eindruck, dass das Tier jedes Mal von neuem überrascht war, wenn es sich anstieß.

Geisteskrankheit wurde einmal definiert als »immer wieder das Gleiche zu tun, dabei jedoch ein anderes Ergebnis zu erwarten«. Da ich ja nun nicht weiß, was die Schildkröte erreichen wollte, würde ich sie natürlich nie als geisteskrank bezeichnen; aber auf uns Menschen angewandt scheint dieser Definition doch eine gewisse Logik innezuwohnen.

Wie oft reagieren wir über, schlagen frustriert wie wild um uns, sehen in allem ein Problem und machen uns verrückt oder reagieren unüberlegt auf jemand, den wir lieben – auf unseren Partner, unser Kind, den Freund, einen Kollegen oder die Eltern –, und werden daraufhin mit einer Reaktion konfrontiert, die uns nicht passt. Wenn wir das nächste Mal frustriert sind, bedienen wir uns der gleichen Verhaltensweise –

und erhalten natürlich das gleiche Ergebnis. Immer wieder wiederholen wir denselben Fehler. Man würde meinen, dass wir es nach zigtausend Versuchen einsehen müssten – doch weit gefehlt!

Mary war eine intelligente Frau. Sie hatte einen herrlichen Sinn für Humor und war außerdem auch noch sehr attraktiv. Es hatte den Anschein, als liefe alles hervorragend: Sie erfreute sich bester Gesundheit, guten Aussehens, einer erfolgreichen Karriere, sie war ehrgeizig, einfühlsam, intelligent und witzig. Als ich sie kennen lernte, schien sie nur eine Schwachstelle zu haben: Sie war extrem eifersüchtig. Ihre Beziehungen fingen in der Regel alle gut an. Dann bekam sie aus heiterem Himmel Eifersuchtsanfälle wegen relativer Belanglosigkeiten – ihr Partner hatte eine alte Freundin erwähnt, erzählte etwas von einer Frau, mit der er zusammenarbeitete, ließ die Bemerkung fallen, dass er gern allein eine Rucksacktour machen würde – oder etwas ähnlich Harmloses. Immer wieder vertrieb Mary ihre Partner durch ihre Reaktionen. Sie sagte mir, dass sie in den letzten Jahren über ein Dutzend Beziehungen geführt habe und dass jede unter derartigen Umständen ein Ende gefunden habe.

Zugegeben, dieses Beispiel ist extrem. Doch wie so viele von uns erwartete – oder erhoffte sich – auch Mary immer eine andere Reaktion. Sie sagte mir, dass sie sich insgeheim nach einem Mann sehne, der sie nicht eifersüchtig machen würde. Sie glaubte daran, dass ihr dramatisches Verhalten den Partner wieder auf den richtigen Weg bringen würde. Es hat nie funktioniert – aber trotzdem versuchte sie es immer wieder. Es wurde ihr nicht bewusst, dass das Problem nicht bei den Männern lag, mit denen sie Umgang hatte, sondern in ihren Spontanreaktionen auf das, was sie ihr erzählten beziehungsweise wie sie sich verhielten.

Sobald Mary ihren eigenen Beitrag an dem Problem erkannte, gelang es ihr Gott sei Dank, ein paar grundlegende Korrekturen in ihren Reaktionen vorzunehmen. Sie konnte größtenteils aufhören, ständig ihre Verhaltensmuster zu wiederholen. Denn es war ihr nun bewusst, dass sie zu keinem anderen Ergebnis kommen würde, wenn sie an ihrem alten Schema festhielt. Sie konnte manchmal sogar über ihre dummen Reaktionen lachen. Es erübrigt sich zu sagen, dass ihre Beziehungen sich verbesserten – und vermutlich auch länger hielten.

In gewisser Weise haben wir alle dieses Problem. Kris und ich sind da sicher keine Ausnahme. Egal, ob wir auf Kritik oder Vorschläge mit unserem typischen Reaktionsmuster antworten oder nicht richtig zuhören und dafür die Sätze anderer Leute beenden oder sonst was – wir machen etwas immer wieder und hoffen trotzdem auf ein anderes Ergebnis. Indem man sich diese Tendenz einmal aufrichtig eingesteht, kann man das Problem im Keim ersticken. Tun Sie das, werden sich Ihre Beziehungen verbessern und Sie ersparen sich Unmengen Frustration.

58.

Reagieren Sie mit Liebe

Es steht außer Frage, dass das eine der einfachsten und vielleicht auch offensichtlichsten Strategien in diesem Buch ist. Natürlich ist sie nicht immer leicht zu bewerkstelligen, aber es ist mit Sicherheit die beste Handlungsweise und die günstigste Einstellung, die man sich zu Eigen machen kann.

Wenn Sie mit Liebe reagieren – also nicht mit Eifersucht, Ärger, Groll, Egoismus oder Frust, sondern mit nichts als Liebe –, dann haben Sie praktisch die Garantie für einen einfühlsamen Austausch und, langfristig gesehen, für eine liebevolle und erfolgreiche Partnerschaft. Anstatt in allem ein Problem zu sehen und sich verrückt zu machen, wissen Sie zu schätzen, was wirklich zählt. Sie neigen nicht mehr zu Überreaktionen und gehen nicht in die Defensive, sondern weisen dafür ein hohes Maß an Akzeptanz auf. Sie haben zudem den Eindruck, dass alles, was in Ihrer Beziehung wichtig ist, wie von Zauberhand geregelt wird, alle Schwierigkeiten mit eingeschlossen. Der Grund: Liebe heilt. Reagieren Sie mit Liebe, respektiert Sie Ihr Partner, er liebt Sie und wünscht sich, dass Sie bei ihm sind; und er möchte, dass Sie glücklich sind. Kompromisse fallen ebenso leicht wie zu verzeihen. Mit Liebe zu reagieren verhilft Ihnen zu der Einsicht, von welch naiver Harmlosigkeit Ihr Partner, Sie selbst und die ganze Menschheit doch eigentlich sind. Reagieren Sie mit Liebe, fällt es Ihrem Partner nicht schwer, seine eigenen Schwächen zu erkennen, ohne sich dabei in der Defensive oder angegriffen zu fühlen. Ebenso ist es für Sie viel einfacher, Ihren Beitrag an den Problemen zu erkennen, die Sie vielleicht haben, wenn Ihr Partner mit Liebe reagiert.

Ich habe über diese Strategie viel nachgedacht und kann schlichtweg keine Schwachstelle darin entdecken. Alle großen spirituellen Lehrer und anerkannten spirituellen Traditionen sprechen sich für diese Position aus – und alle guten spirituellen Bücher sind erfüllt von dieser Weisheit. Und wenn Sie sich mit glücklichen Paaren unterhalten und um einen Vorschlag für eine gute Beziehung bitten würden, stünde das hundertprozentig ganz oben oder zumindest sehr weit oben auf der Liste.

Man hat viele verschiedene Ansätze gefunden, um diese Überlegung auszudrücken, doch die Botschaft bleibt eigentlich stets die gleiche. Sie lautet ganz einfach: »Reagieren Sie mit Liebe und es wird alles gut.« Sehr häufig höre ich dann als Erwiderung: »Ich tue das ja, aber mein Partner nicht.« Haben Sie dieses Gefühl, ist es allerdings wahrscheinlicher, dass Sie selbst noch nicht mit genug Liebe reagieren. Sicher gibt es einige seltene Ausnahmen, zum Beispiel wenn Missbrauch mit im Spiel ist, aber meist wird einfach noch mehr Liebe benötigt.

Hier nun zwei relativ alltägliche und vielleicht auch banale Beispiele. Nummer eins: Nehmen wir einmal an, Ihr Partner stürmt schlecht gelaunt ins Haus und knallt die Tür hinter sich zu. Was sollen Sie da tun? Eine Reaktionsmöglichkeit wäre, genervt auszurufen: »Hast du was?« Oder wäre es womöglich besser, einfach geduldig, verständnisvoll und liebevoll zu sein? Es gibt kein Patentrezept, was genau Sie sagen oder tun sollen. Ihre Handlungsweise ergibt sich ganz automatisch, wenn Ihr Herz mit Liebe reagiert.

Beispiel Nummer zwei: Was passiert, wenn Ihr Partner Sie beschuldigt, etwas getan zu haben, Sie jedoch genau wissen, dass es nicht stimmt – beispielsweise, dass Sie nicht genügend in die Beziehung investieren? Sie können nun mit Ihren Gefühlen, Taten und Reaktionen in die Defensive gehen, wie das wohl die meisten Menschen tun. Sie können mit verletzenden Kommentaren zurückschlagen – was weitere negative Gefühle auf beiden Seiten garantiert. Was aber würde passieren, wenn Sie mit Liebe reagierten? Was wäre, wenn Sie nicht mit Ärger oder sonst einer gängigen Reaktion antworteten, sondern einfach liebevoll und freundlich blieben? Was wäre, wenn Sie so etwas sagten wie: »Es tut mir Leid, dass du so empfindest« – und zwar ohne jeglichen Sarkasmus und ohne eine Spur von Ärger in der Stimme. Was wäre, wenn Sie nicht die Forderung stellten, dass Ihr Partner sich liebevoll geben soll, damit Sie selbst auch so liebevoll bleiben? Was meinen Sie, würde geschehen? Lassen Sie sich einen Moment lang durch den Kopf gehen, wie schnell die meisten Streitfragen sich in Wohlgefallen auflösen und verschwinden würden. Und stellen Sie sich vor, wie viel mehr Zeit Sie mit liebevollen an Stelle von ärgerlichen Gefühlen miteinander verbringen könnten.

Sicher ist niemand perfekt, und keiner kann immer mit Liebe reagieren – Kris und ich jedenfalls bestimmt nicht. Aber wir können Ihnen aufrichtig versichern, dass wir es uns zum Ziel gesetzt haben. Und auch wenn wir noch einen langen Weg vor uns haben, reagieren wir doch schon viel öfter mit Liebe als früher.

Uns stellt sich die Sache folgendermaßen dar: Setzen Sie es sich nicht als wichtigstes Ziel, in Ihrer Beziehung mit Liebe zu reagieren, wird nie etwas daraus. Sie können Ihr ganzes Leben damit zubringen, darauf zu warten, dass Ihr Partner sich ändern und liebevoller werden soll, oder

Sie warten womöglich ewig auf diesen perfekten Partner – auf einen Menschen, der nie auf eine Weise reagiert, die Sie nicht billigen. Da haben Sie keine guten Karten! Einer Sache sind wir uns gewiss: Jedes Paar kann glücklicher, liebevoller und weniger oft dazu neigen, in allem ein Problem zu sehen und sich verrückt zu machen, wenn es sich kollektiv als Paar, aber auch individuell als zwei Einzelpersonen dazu entschließt, mit Liebe zu reagieren.

59.

Sehen Sie in den Spiegel

Sehr oft, wenn wir über jemanden, den wir lieben, verärgert oder frustriert sind, kommt insgeheim noch etwas anderes mit an die Oberfläche – wir sind über uns selbst verärgert oder frustriert. Richtig: über uns selbst. Aber da es nun einmal einfacher ist, dem anderen die Schuld in die Schuhe zu schieben, und unser Partner uns am nächsten steht, machen wir ihn verantwortlich, anstatt einmal in den Spiegel zu sehen und den Tatsachen ins Auge zu blicken.

Kurz nachdem unser erstes Kind zur Welt gekommen war, machten Kris und ich eine kurze Krise durch; ich war frustriert und dachte, es läge an ihr. Ich machte meinem Frust Luft, indem ich behauptete, dass ich »zu viel täte«. Ich arbeitete voll für mein Studium und versuchte, ein guter Ehemann und Vater zu sein. Wenn sich Kris dann Zeit für sich nahm, zur Gymnastik ging oder sich mit Freunden traf, spürte ich einen Anflug von Ärger. Ich fragte mich: »Warum hat sie Zeit für sich, während ich ständig zu kämpfen habe?« Es kam mir nicht gerecht vor – ich war nonstop und zu hundert Prozent am Arbeiten, Studieren oder bei unserem Baby. Und selbst wenn mir alles, was ich tat, auch Freude bereitete – besonders Vater zu sein –, blieb mir dennoch keine Minute mehr für mich. Ich war müde und ausgebrannt.

An einem gewissen Punkt spürte Kris dann meine Frustration und bat mich um ein Gespräch von Herz zu Herz über uns beide. Wie es meist der Fall ist, wenn zwei Menschen, die sich lieben, ihre Abwehr aufgeben und sich öffnen, kam die eigentliche Wahrheit heraus. In Wirklichkeit war ich nicht böse auf Kris. Ich beneidete sie um ihre Fähigkeit zu arbeiten, enorm viel Zeit und Energie auf unsere Tochter zu konzentrieren – und es dennoch zu schaffen, ein paar Mußestunden für sich selbst herauszuschinden, zumindest hin und wieder. Die Wahrheit lautete, dass sie ihre Prioritäten sinnvoll gesetzt hatte und ich schlichtweg eifersüchtig war. Sie hielt ein angemessenes Tempo ein, beachtete ihren Rhythmus und ging mit allen Widrigkeiten so um, dass sie sich nicht ungünstig auf sie auswirkten und sie sich somit weiterhin wohl fühlen konnte. Ich hingegen steuerte zielsicher auf einen Nervenzusammenbruch zu.

Rückblickend betrachtet erkenne ich, dass es einfacher war, Kris die Schuld zu geben, als mir selbst einzugestehen, dass mir – und nur mir – das Leben außer Kontrolle geraten war. Ich hatte zu viele Verpflichtungen übernommen – einige aus Notwendigkeit, andere aus freien Stücken. Es regte mich auf, dass mir für mich selbst keine Zeit mehr blieb und dass ich es mir, im Gegensatz zu Kris, nicht wert war, mir wenigstens ein paar Minuten für mich zu gönnen. Aber anstatt die Verantwortung für meine Entscheidungen zu übernehmen, führte ich mich auf wie ein kleiner Märtyrer oder wie ein armes Opfer.

Unser Gespräch – und Kris' Klugheit – halfen mir einzusehen, dass das Leben mit Sicherheit auch weitergeht, wenn ich mir etwas Zeit für mich nahm. Ich lernte sogar, dass mein Dasein einfacher und erfreulicher wurde – nämlich so wie früher –, wenn ich eine gesündere Gangart einlegte.

Der Augenblick, in dem mir bewusst wurde, dass mein Frust nichts mit

Kris, sondern allein mit mir selbst zu tun hatte, veränderte alles. Ich fühlte mich ausgeglichener und wieder als Herr der Lage. Außerdem empfand ich mich stärker mit Kris verbunden und zollte ihr mehr Respekt denn je. Anstatt Ihre Entscheidungen zu verurteilen, bewunderte ich sie. Ich versuchte, von ihr zu lernen.

Ich habe dabei etwas entdeckt, das für mich eine Offenbarung war: Wenn Sie sich um sich selbst kümmern und sich etwas Gutes tun, haben Sie auch genug Energie, sich um Ihre Verantwortlichkeiten zu kümmern – und zwar liebevoll und effizient.

Es stellt eine große Versuchung dar, unserem Partner an unseren Frustrationen die Schuld zu geben. Die Idee, doch einmal in den Spiegel zu sehen, lässt sich auf verschiedene Aspekte in unseren zwischenmenschlichen Beziehungen anwenden. Oft ist Frust ein Zeichen dafür, dass Sie mit sich selbst nicht im Reinen sind.

Unser Vorschlag lautet so: Das nächste Mal, wenn Sie wegen Ihrem Partner verärgert, eifersüchtig oder frustriert sind, nutzen Sie das als Gelegenheit, einmal ausgiebig in den Spiegel zu sehen. Was Sie entdecken, mag dann womöglich Ihr Seelenheil retten – und Ihre Beziehung.

60.

Gestatten Sie Ihrem Partner, auch nur ein Mensch zu sein

Das Herzstück unserer Freundschaft, Liebesbeziehung und Ehe liegt in der Anerkennung der Tatsache, dass wir nur zwei Menschen sind, die einfach ihr Bestes geben wollen. Natürlich lieben und respektieren wir uns – sehr sogar –, und wir sind einander im wahrsten Sinne des Wortes ergeben, bis der Tod uns scheidet. Und dennoch wissen wir, dass wir einfach nur zwei ganz normale Menschen sind. Diese gegenseitige Akzeptanz unserer Menschlichkeit bereichert unsere Beziehung, macht sie liebevoll, lebendig, befriedigend und außerdem interessant.

Eigentlich klingt das ganz simpel – und das ist es ja auch. Wie viele Paare vergessen jedoch diese ach so wichtige Tatsache? Wie viele von uns werden ärgerlich, eifersüchtig oder zornig, wenn sich herausstellt, dass der Partner auch nur ein Mensch mit Fehlern und Schwächen ist? Wie viele von uns sind völlig Fremden gegenüber viel toleranter und geduldiger, als sie es ihrem Partner gegenüber sind? Wie viele von uns richten nahezu unerfüllbare Erwartungen an den Partner, die eigentlich nur von einem Übermenschen erfüllt werden könnten? Wie oft vergessen wir, in unserem Herzen Raum für die Tatsache zu lassen, dass unser Partner ein menschliches Wesen ist?

Menschen sind sehr komplex. Wir sind, wie Alexis Sorbas es im gleichnamigen Film einmal ausdrückt, »eine einzige Katastrophe«. Wir machen Fehler. Wir verändern uns. Manchmal sagen wir etwas Falsches und enttäuschen andere, einschließlich die Menschen, die wir lieben. Unser Urteilsvermögen ist oft gut, doch bisweilen liegen wir total daneben. Einige unserer Entscheidungen sind klug, andere nicht. Wir haben schlechte Laune und schlechte Tage, und manchmal sind wir deprimiert. Wir werden unsicher und kommen von unserem Weg ab. Wir hören nicht immer gut zu. Viele von uns sehen in allem ein Problem und machen sich verrückt – in der Liebe und auch sonst. Wir hegen Zweifel und Befürchtungen. Und wir alle haben zumindest eine Portion Eigeninteresse, Furcht, Gier und Lust – wenn nicht in unserem Handeln, dann doch zumindest in unseren Gedanken. Sie können so tun, als würde das nicht stimmen, Sie können es leugnen, Sie können es verbergen, ja sich vielleicht sogar darüber erheben – aber die Wahrheit bleibt: Sie sind ein Mensch. Selbst wenn Sie Ihrem Partner völlig ergeben sind, haben Sie noch andere Anliegen und Interessen in Ihrem Kopf – und in Ihrem Leben.

Sind Sie in einer Liebesbeziehung, übersehen Sie schnell, mit wem Sie diese Beziehung eigentlich führen – nämlich einem Mitmenschen. Sie sind nicht mit jemand Perfektem zusammen, der nicht fähig wäre, Sie zu enttäuschen, jemand, der über jeden Irrtum erhaben ist, oder jemand, der weniger menschliche Eigenheiten aufwiese als alle anderen auch.

Wir haben Männer kennen gelernt, die verärgert waren und sich haben scheiden lassen wegen Kleinigkeiten, über die wir nicht einmal nachdenken würden – eine Partnerin, die sein Urteil in Zweifel zieht, mit Freunden über ihn spricht, jenseits von Ehe und Familie mit Leidenschaft noch andere Interessen pflegt, oder vielleicht den Wunsch hegt, gelegentlich einmal für sich zu sein, also ohne den Partner. Aber genau das machen viele Frauen – sie sind eben auch nur Menschen. Warum sollte das nicht richtig sein? Und wir haben auch schon Frauen gesehen, die schier durchgedreht sind, nur weil ihr Freund oder Mann einmal Fußball sehen wollte oder eine attraktive Frau angeschaut oder eine Bekannte getroffen hat. Aber genau das machen viele Männer – sie sind eben auch nur Menschen.

Ich habe den Eindruck, dass viele von der Annahme ausgehen, dass ihr Partner keine menschlichen Züge mehr aufweisen darf, sobald sie in einer festen Beziehung oder verheiratet sind. Also stellen wir Regeln auf, und werden die verletzt, drehen wir durch, sind beleidigt, eifersüchtig oder ärgerlich. Wir sabotieren unsere Beziehung – nur weil der Partner auch nur ein Mensch ist. Kein Wunder also, dass so viele Beziehungen leblos sind und es an ehrlicher Kommunikation mangelt. Wer würde sich schon jemandem mitteilen wollen, der ihm nicht zugesteht, ein Mensch mit allen Fehlern und Schwächen zu sein? Wir nicht.

Viele Probleme entstehen, wenn man dem Partner nicht gestatten will, nur ein Mensch zu sein. Was auf der Hand liegt, haben wir schon erwähnt: Es ist schlicht völlig unrealistisch. Darüber hinaus errichten Sie eine Mauer zwischen sich und Ihrem Partner, wenn Sie ihm sein Menschsein nicht zugestehen. Wenn Ihr Partner Ihnen seine Träume nicht mitteilen kann, ohne Kritik fürchten zu müssen, dann lässt er es eben bleiben – garantiert. Können Sie nicht über Ihre Ängste sprechen, ohne dass man Ihnen einen belehrenden Vortrag hält, wenden Sie sich eben an jemanden, der Ihnen zuhört. Und wirklich verlieren viele Paare ihre Freundschaft wie auch ihre Intimität, weil sie es sich größtenteils nicht zugestehen, menschlich zu sein. Sie schieben so den Partner praktisch von sich – im übertragenen Sinn oder ganz wörtlich.

Wir wollen hier wirklich keine Affären oder anderes destruktives Verhalten billigen. Aber es hat einfach etwas Befreiendes und Zauberhaftes, wenn man sich gegenseitig als ganz normale Menschen betrachtet, anstatt Forderungen zu stellen, die nicht realistisch sind – oder, wie wir meinen, nicht einmal erstrebenswert. So können Sie Ihre Freundschaft, die gemeinsame Menschlichkeit und das Interesse füreinander wiedererlangen. Sie fühlen sich tiefer miteinander verbunden, und gleichzeitig regen Sie sich wegen Nichtigkeiten nicht mehr auf. Sich so zu verhalten ist einer angemessenen Sichtweise ebenso förderlich wie Ihrem Sinn für Humor. Eine Frage, die wir uns – und einander – oft stellen, lautet: »Was ist eigentlich so schlecht daran, ein Mensch mit allen Fehlern und Schwächen zu sein?« Vermutlich sind wir deshalb ja auf Erden – um die Erfahrung zu machen, ein Mensch zu sein, zu wachsen, spiritueller zu werden, zu lernen und zu lieben.

61.

Schliessen Sie Frieden mit Veränderungen

Man sagt, nur zwei Dinge im Leben sind sicher: der Tod und die Steuern. Das stimmt nicht. Das dritte, was mit Sicherheit feststeht und womit man sich tagtäglich und jeden Moment auseinander setzen muss, ist die Veränderung. Und eines der größten Geschenke, die Sie sich und Ihrer Beziehung machen können, ist, mit dieser Tatsache Frieden zu schließen. Auch wenn wir uns oft wünschen, dass dem nicht so wäre, bleibt doch nichts gleich. Unser Körper verändert sich ebenso wie unsere Gesundheit. Wir können dagegen ankämpfen, aber die Veränderung vollzieht sich trotzdem. Unsere Stimmung wechselt fast ständig und unsere Wahrnehmung auch. Im einen Moment fühlen wir uns inspiriert und voller Liebe – und dann, wie aus dem Nichts, haben wir plötzlich unsere Zweifel und Ängste. Ein paar Stunden später sind wir wieder auf dem gewohnten Weg.

Auch unsere Beziehung ist ständigen Veränderungen unterworfen. Den einen Tag sagt unser Partner etwas wirklich Nettes, und alles scheint bestens. Wir sind froh, so eine Beziehung zu haben. An anderen Tagen sagt unser Partner etwas Falsches und wird unseren Erwartungen nicht gerecht. Dann sind wir wütend und fragen uns, warum wir überhaupt mit diesem Menschen zusammen sind.

Stemmen Sie sich gegen Veränderungen, sind Enttäuschungen vorprogrammiert. Ganz egal, ob es Ihnen bewusst ist oder nicht, Sie sind immer auf der Hut, weil Sie versuchen, alles beim Alten zu belassen, sofern Ihnen die jeweilige Erfahrung, die sie gemacht haben, angenehm war, oder aber Sie kämpfen, um etwas anders zu gestalten.

Zu akzeptieren, dass nichts bleibt, wie es ist, bedeutet enorme Freiheit. Begrüßen Sie Veränderungen, heißt das, dass Sie von Ihrer Forderung absehen, dass das Leben anders sein soll, als es im Moment eben ist. Anstatt niedergeschlagen oder verärgert zu reagieren, wenn Ihr Partner etwas Falsches sagt, einen Fehler macht oder irgendwie mürrisch oder launisch ist, können Sie spielerisch damit umgehen. Sie wissen nämlich, dass dergleichen im Lauf Ihrer Beziehung zigtausend Mal passieren wird. Und das ist auch ganz in Ordnung, weil Sie nämlich auch wissen, dass die guten Zeiten und die positiven Gefühle wiederkehren. Anders ausgedrückt: Sie genießen und freuen sich über die schönen Tage und die glücklichen Momente, aber Sie halten nicht starr daran fest. Sie wissen, dass nichts von Dauer ist – einschließlich der himmlischen Gefühle, wenn alles perfekt scheint. Sie wissen es zu schätzen, wenn Sie miteinander lachen können und sich einander nahe fühlen, aber wenn die Stimmung sich ändert, bewerten Sie das nicht über – oder verlieren gar die Liebe zu Ihrem Partner.

Viele bekannte Liebeslieder beinhalten Botschaften wie: »Das wird sich nie ändern«, »Ich werde immer so für dich empfinden«, »Ich werde dich immer so lieben« oder »Wenn dieser Augenblick nur nie enden würde«. Über dieses Thema wird vielfach und sehr schön gesungen, die Grundidee ist jedoch stets die Hoffnung und der Traum, dass all diese leidenschaftlichen und liebevollen Gefühle immer gleich bleiben mögen.

Uns scheint, dass einer der Gründe, warum viele mit ihrer Beziehung so unzufrieden sind, genau darin liegt. Natürlich lieben Sie den anderen, und das ist wunderbar. Aber sobald diese Gefühle sich verändern oder verlagern, macht sich Panik oder zumindest Enttäuschung breit. Dann kommen Gedanken wie: »Also so wollte ich das eigentlich nicht haben«, oder: »Plötzlich ist alles anders; das hätte nicht passieren dürfen.« Das Ergebnis ist, dass die Menschen dann entweder sehr unglücklich sind, diese Veränderung aber hinnehmen, oder dass sie sich nach jemand anderem umsehen.

Das muss nicht so sein. Wenn Sie Veränderungen eher willkommen heißen als gegen sie ankämpfen, dann akzeptieren und freuen Sie sich meist an jedem Moment, wie er gerade ist. Sie vergeuden dann weniger Energie, indem Sie diesen Augenblick bewerten und fordern, dass er anders sein möge – im Sinn von: »Mir passt das nicht!« – und konzentrieren sich mehr darauf, ihn einfach zu erleben. Sie verstehen dann langsam, dass Ihre Beziehung aus einer Abfolge von Augenblicken besteht – und dass diese Augenblicke einem konstanten Wandel unterworfen sind. Viele davon sind glücklich, andere wieder nicht. Das soll nicht heißen, dass Ihnen solche Glücksmomente nicht lieber wären – das geht uns allen so, sondern nur, dass Sie keine Schlacht kämpfen, die Sie ohnehin nicht gewinnen können.

Stellen Sie sich vor, wie viel entspannter Ihr Partner sein wird, wenn er oder sie sich die ganze Zeit geliebt und akzeptiert fühlt, und zwar nicht nur dann, wenn er das von Ihnen geforderte Wohlverhalten an den Tag legt. Es steht außer Frage, dass Frieden und Harmonie in Ihrer Beziehung Einzug halten werden, sobald Sie Veränderungen akzeptieren.

62.

Analysieren Sie die Schwächen Ihres Partners nicht zu sehr

In der vorhergehenden Strategie bezogen wir uns auf die Tatsache, dass es im Leben nur weniges gibt, was absolut sicher ist – darunter der Tod und die Steuern. Und es gibt noch einen weiteren Punkt, den man dieser überaus kurzen Liste hinzufügen könnte: Wenn Sie die Schwächen Ihres Partners übermäßig analysieren, dann werden Sie sie mit großem Erfolg auch herausfiltern. Sie werden sich selbst überzeugen, dass Ihr Partner ernsthaft an sich arbeiten muss. Anders ausgedrückt: Suchen Sie nur sorgfältig genug, wird sich die Tatsache bestätigen, dass Ihr Partner – also der Mensch, den Sie lieben – von Fehlern regelrecht übersät ist. Ihr detektivischer Spürsinn führt dann ganz unweigerlich zu ernsthaften Zweifeln und Ärger über Ihre Beziehung. Je mehr Sie analysieren, desto wahrscheinlicher wird es, dass Sie in die Falle geraten, die man als »Lähmung durch Analyse« bezeichnen könnte, nämlich die Neigung, das eigene Denken überzustrapazieren.

Das Problem bei dieser fast schon heimtückischen Angewohnheit liegt darin, dass Ihre Beziehung unter Garantie darunter leiden wird. Sehen wir den Tatsachen ins Auge: Die meisten von uns sind ja recht intelligent. Wenn wir nach etwas suchen – oder lange genug darüber nachdenken –, finden wir es in der Regel auch.

Wir haben Leute kennen gelernt, die meinten, grundsätzlich in einer sehr stabilen und liebevollen Beziehung zu leben. Ein Paar entschloss sich dennoch, einen Therapeuten oder Eheberater aufzusuchen, der ihnen helfen sollte, noch weiter zusammenzuwachsen. Der Therapeut ermutigte die beiden allen Ernstes, ihre Streitpunkte zu analysieren und darüber nachzudenken. Das taten sie dann – bis die Ehe fast geschieden wurde.

Bitte missverstehen Sie mich nicht. Ich habe nichts gegen Therapeuten. Ich bin sogar mit einigen befreundet und respektiere sie sehr. Es gibt Zeiten, in denen eine Therapie enorm hilfreich ist und eine Ehe oder Beziehung wirklich retten kann. Holt man sich Rat, sollte man jedoch vorsichtig sein. Es besteht nämlich die Gefahr, etwas im Übermaß zu analysieren, das einem Sorgen bereitet. Wenn Sie einmal in Ruhe darüber nachdenken, wird Ihnen auffallen, dass Sie sich ein bisschen entmutigt, frustriert oder verärgert fühlen, wenn Sie etwas zu ausgiebig analysieren, was Sie bewegt. Die harmloseste Reaktion ist noch, dass Sie in allem ein Problem sehen und sich verrückt machen. Sie werden mir aber sicher zustimmen, dass das keine Gefühle sind, die mehr Liebe in Ihre Beziehung bringen können.

Wenn Sie sich also das nächste Mal dabei ertappen, dass Sie Ihre Beziehung zu sehr hinterfragen, versuchen Sie einfach, Abstand zu gewinnen – nur ein wenig. Stellen Sie sich die Frage: »Bin ich jetzt wirklich auf meinen Partner böse – oder hat die Tatsache, dass ich völlig in meinem Denken gefangen bin, einen Einfluss auf meine lieblosen Gefühle?« Sie werden erstaunt über das Ergebnis sein! Sobald Sie von Ihrem analytischen Denken Abstand nehmen – selbst wenn es nur ein Deut ist, lässt Ihr Ärger nach und Ihre Liebe kehrt zurück. Sie werden feststellen, dass etwas von wirklicher Bedeutung auch noch da ist, nachdem Sie der Sache die Chance gegeben haben, sich auch so in Wohlgefallen aufzulösen. Unser Vorschlag lautet also: Hören Sie auf, die Schwächen Ihres Partners zu hinterfragen, dann haben Sie auch weniger, womit Sie zu Rande kommen müssen.

63.

Treffen Sie die Entscheidung, den anderen zu unterstützen (Kris)

In jeder Beziehung gibt es Höhen und Tiefen. Wir alle wissen nur zu gut, wie einfach das Leben ist, wenn alles im Lot ist. Wir wissen aber auch, dass es ganz anders aussieht, wenn es einmal nicht so glatt läuft. Sie können die unvermeidlichen Tiefs jedoch am weiteren Absacken hindern, wenn Sie sich dazu entschließen, den anderen zu unterstützen.

Trish und Gavin waren zehn Jahre verheiratet, als Gavin ziemlich unerwartet seine Stelle verlor. Die Familie lebte in einer Stadt, wo es höchst unwahrscheinlich war, dass er in der gleichen Branche wieder eine vergleichbare Arbeit finden würde. Da die beiden zwei kleine Kinder hatten und eine satte Hypothek, gab es also Grund zur Sorge.

Die Art, wie Trish mit dieser Krise umging, war so klug und couragiert, dass wir Ihnen davon erzählen möchten. Auch wenn die Situation ihr Angst machte – und das tat sie wirklich –, traf sie die Entscheidung, ihren Mann weiterhin zu unterstützen. Anstatt also zu jammern oder Gavin im Geringsten herabzusetzen, ließ sie keinen Zweifel daran, dass sie alles Notwendige tun würde, um ihm bei seinen Bemühungen behilflich zu sein. Sie stellte klar, dass sie an ihn glaubte, egal, was passierte oder wie ihre Zukunft aussehen würde. Sie machte ihm keine Vorwürfe und vermied alles, was in ihm Minderwertigkeitsgefühle hätte auslösen können. Sie beklagte sich nicht bei ihren Freunden und verglich die Situation nicht mit anderen. Sie war absolut willens, ihr geliebtes Heim aufzugeben, wieder zu arbeiten und einen weniger aufwendigen Lebensstil zu pflegen. Das alles war absolut in Ordnung für sie. Anstatt sich darauf zu konzentrieren, was nicht gut war, war sie dankbar für alles, was sie hatte. Sie wurde eine Säule an Stärke und ein Musterbeispiel für das, was gut ist in einer Beziehung.

Viele Menschen hätten auf eine derartige Krise mit Hilfsbereitschaft reagiert, was an Trishs Reaktion jedoch so einzigartig war, war ihre ermunternde Einstellung. Sie zeigte bei ihrer Unterstützung nicht eine Spur von Ärger; ihre Hilfe war ehrlich und kam von Herzen; sie war nicht aufgesetzt, sondern echt.

Man hat in schwierigen Zeiten schnell Ärger und andere negative Reaktionen parat. Wie einfach wäre es beispielsweise für Trish gewesen, sich in Selbstmitleid zu ergehen oder ein paar flapsige Kommentare loszulassen, die ihren Unmut ausdrückten.

Um es kurz zu machen: Die beiden mussten wirklich ihr Haus verkaufen und in eine andere Stadt ziehen. Doch diese Erfahrung entzweite sie nicht, sondern wurde zu einem Abenteuer, das ihr Engagement und ihre gegenseitige Liebe noch stärkte. Gavin musste dann auch den Beruf wechseln, und eine Weile waren sie wahrlich extrem knapp bei Kasse. Mit der Zeit besserte sich ihre Finanzlage jedoch.

Zweifelsohne wird sich Gavin sein ganzes Leben lang an Trishs Unterstützung erinnern; er spricht stets mit großem Respekt und mit Dankbarkeit von ihr. Ich habe meine ernsten Zweifel, dass er das auch täte, wenn sie die ach so typische Reaktion anderer Menschen an den Tag gelegt hätte.

Wir können alle etwas lernen aus ihrer Erfahrung und aus der Art, wie

Trish sich verhalten hat – also Richard und ich jedenfalls bestimmt. Durch ihre Reaktion wurde es Gavin nämlich möglich, sich auf die Lösung der Krise zu konzentrieren, anstatt sich schlecht zu fühlen. Außerdem wurde auch deutlich, dass wir unser Schicksal nicht immer in den Händen halten – dass wir aber durchaus die Wahl haben, wie wir mit Widrigkeiten umgehen. So wird einem wieder einmal klar, dass bestimmte Lebensumstände keine Paare schaffen, sondern enthüllen, ob zwei Menschen wirklich eines sind. Trish erwies sich als eine Partnerin, die sich entschloss, ihrem Partner jegliche Unterstützung zuteil werden zu lassen. Den beiden hat das etwas gebracht – und bei Ihnen kann das auch der Fall sein.

64.

Machen Sie einen Zeitsprung nach vorn, und blicken Sie dann zurück

Beim Mittagessen warf Kris einmal folgende Frage auf: »Wenn wir eines Tages auf unser gemeinsames Leben zurückblicken, was meinst du, woran werden wir uns am besten erinnern und was war für uns wohl am wichtigsten?« Je länger wir über die Antwort nachdachten, desto klarer wurde uns, dass schon die Fragestellung als solche wichtig war. Seitdem haben wir viele Paare kennen gelernt, die sich der gleichen geistigen Übung hingegeben haben, und bislang scheinen alle der Meinung zu sein, dass sie sowohl interessant als auch hilfreich ist.

Meist kommt einem alles klarer und grundsätzlich weniger dringlich vor, wenn man es aus einer gewissen Distanz heraus betrachtet. Hat man ausreichend Abstand, ist man in der Lage, allem den richtigen Stellenwert zuzumessen und zwischen dem zu unterscheiden, was wirklich wichtig ist, und dem, was nur im Augenblick relevant erscheint. Stellen Sie sich also vor, auf Ihr Leben zurückzublicken, ist das, als würden Sie Ihre Erfahrung von Ihrer Persönlichkeit lösen, wodurch Sie alles durch eine objektivere Brille sehen können.

Damals habe ich bei mir gedacht, dass wir beide wohl die guten Zeiten betonen würden, die positiven Erfahrungen und nicht das Negative. Kris machte jedoch sehr richtig darauf aufmerksam, dass wir schon oft auf Schwieriges und Schmerzliches zurückgeblickt haben, wobei es aus dieser Perspektive gesehen gerade die Erfahrungen waren, die für unsere persönliche Entwicklung wichtig waren und unser Leben bereichert haben. Wären wir beispielsweise nicht um ein Haar bei einem Autounfall ums Leben gekommen, wüssten wir heute vielleicht das Geschenk des Lebens nicht so sehr zu würdigen. Hätten wir uns nicht mit Geldproblemen herumgeschlagen und ein paar dumme Investitionen getätigt, als wir jung waren, könnten wir womöglich nicht den Luxus schätzen, genug zu haben, oder wüssten nicht, wie wichtig es ist, Bedürftigen zu geben. Hätten wir nie körperliche Schmerzen erlebt, hätten wir keine Ahnung, dass man auf sich achten muss, und wir könnten die Gnade nicht anerkennen, die es bedeutet, keine Schmerzen zu haben. Hätten wir nicht gute Freunde durch einen Autounfall verloren, bei dem der andere Fahrer unter Alkoholeinfluss stand, hätten wir nie gelernt, langsamer zu machen, um auch jeden wertvollen Tag genießen zu können, und hätten auch nie erkannt, dass guten Menschen schreckliche Dinge widerfahren können.

Kris fragte sich, auf welche andere Geschenke, verkleidet als schmerzliche Erfahrungen, wir wohl später zurückblicken würden. Sie kicherte, als sie bemerkte: »Mit Sicherheit weiß ich, dass wir später nicht sagen werden: Wenn nur dieser ganze tagtägliche Zirkus nicht passiert wäre, dann wären wir sehr viel glücklicher gewesen.« Ganz im Gegenteil, es wurde uns klar, dass die meisten Dinge, die uns so zusetzen, in der Erinnerung absolut keinen Stellenwert haben, wenn sie einem überhaupt noch einfallen. Das ganze Gemeckere und Gestreite oder das Bedürfnis, sich selbst zu beweisen, erscheint einem dann als das, was es ist – eine traurige Verschwendung von Zeit und Energie.

Was für uns beide das Wichtigste sein wird, ist die Liebe, die wir einander und auch anderen Menschen geben konnten, die unglaubliche Gnade, die uns unsere Kinder bedeuteten, und die Freude, die sie in unser Leben gebracht haben, sowie unsere spirituelle Entwicklung und die Einsichten, die wir auf unserer kurzen Reise hier auf Erden erfahren durften.

Wir waren uns darin einig, dass unsere geringfügigen Frustrationen über den anderen, unser Ehrgeiz, unsere Sorgen über Kümmernisse wie das Gewicht, unser Aussehen, unser Zuhause und wie ordentlich es dort war, materieller Besitz und der Kontostand uns sicher unwichtig erscheinen würden. Natürlich hat all das auch seinen Stellenwert und gehört zu einem guten Leben – aber doch viel weniger als anderes.

Viele Paare verweisen auf ähnliche Einsichten, wenn sie diese Übung machen. Mitten in einer schwierigen Phase haben Freunde uns einmal gesagt: »Ich möchte wetten, dass uns das rückblickend betrachtet völlig bedeutungslos erscheinen wird, selbst wenn es uns jetzt noch so schmerzlich vorkommt. Warum treffen wir also nicht die Entscheidung, unseren Ärger jetzt gleich aufzugeben?« Ein derart abgehobener Standpunkt ermöglicht es Paaren, nicht in allem ein Problem zu sehen und sich verrückt zu machen und sich stattdessen auf Wichtigeres zu konzentrieren.

Genau darum geht es also in dieser Strategie – zu lernen, etwas auf sich beruhen zu lassen, wenn man im Grunde seines Herzens weiß, dass es die Sache gar nicht wert ist, sich groß aufzuregen. Ist Ihnen schon klar, dass etwas zu einem späteren Zeitpunkt unwichtig sein wird, warum sprechen Sie der Sache dann nicht gleich jegliche Bedeutung ab?

Wir wollen Sie ermutigen, sich doch die Zeit zu nehmen, einmal über diese Übung nachzudenken. Machen Sie also gedanklich einen Zeitsprung nach vorn zum Ende Ihres Lebens. Blicken Sie dann zurück und beobachten Sie, was Sie sehen. Mit ein wenig Glück fällt Ihnen etwas auf, das zu ändern Sie dann in Betracht ziehen können – Ihre Prioritätensetzung, eine Angewohnheit, eine selbstzerstörerische Fehleinschätzung oder eine Lebenseinstellung. Im schlimmsten Fall finden Sie diese Übung nur interessant; im besten Fall wird sie Ihre Sichtweise verändern.

65.

Bedenken Sie die Gleichung: Ein glücklicher Mensch ist ein glücklicher Partner

Manchmal werden die eigentlich offensichtlichsten Gleichungen einfach übersehen. Sie wissen schon, so etwas wie: »Wenn Sie sich gut fühlen wollen, müssen Sie etwas für sich tun.« Klar? Eigentlich schon, aber wie viele von uns machen das auch wirklich? Oder: »Wenn Sie im Urlaub zu viel Geld per Kreditkarte ausgeben, werden Sie es später bereuen.« Auch das liegt auf der Hand, aber die meisten von uns tun es trotzdem.

Diese Strategie fällt unter diese Kategorie. Häufig ziehen wir persönliche Bequemlichkeit oder eine andere egoistische Reaktion vor, anstatt uns um das Glück unseres Partners zu bemühen. Tun wir das, verletzen wir aber eine klare Gleichung – ein glücklicher Mensch ist auch ein glücklicher Partner – und wir bekommen unter Garantie unnötigen Stress und Unfrieden in unserer Beziehung.

Sicher vertreten wir die Auffassung, dass Sie nicht für das Glück Ihres Partners verantwortlich sind. Dieses Buch widmet ja eine ganze Strategie der Überzeugung, dass jeder seines eigenen Glückes Schmied ist. Dennoch gibt es Dinge, die wir alle tun können – Kleinigkeiten ohne Aufwand –, die ganz eindeutig zur Zufriedenheit unseres Partners beitragen. Und haben Sie einen glücklichen und zufriedenen Partner, ist der

Umgang mit ihm stets einfacher. Ein froher Mensch hört besser zu und ist auch ein leidenschaftlicherer Liebhaber, er ist eher geneigt, an den Freuden anderer teilzuhaben, er hat mehr zu geben, kann sich besser einfühlen und trifft Entscheidungen, welche die Qualität der Beziehung verbessern.

Wo also liegt der Knackpunkt?

Der Knackpunkt ist, dass es oft unbequem ist, Entscheidungen zu treffen, die unseren Partner glücklich machen. Man muss ein kleines Opfer bringen, oder es bedeutet einigen Aufwand. Aber letztendlich ist es die Mühe immer wert. Sie werden nicht nur Ihren Partner glücklich sehen, sondern auch die Erfahrung machen, dass Ihre Beziehung einen Aufschwung nimmt.

Für Kris bringt es beispielsweise Unannehmlichkeiten mit sich, mich zu ermuntern, mehr Zeit für mich allein zu verbringen; schließlich bin ich ja geschäftlich schon viel unterwegs. Bin ich nicht da, bedeutet das mehr Arbeit für sie. Warum ermuntert sie mich aber trotzdem, wo doch so viele andere Frauen davon abraten oder sich beklagen würden? Die Antwort lautet, dass sie nicht nur einfühlsam ist, sondern auch weiß, dass es mir Freude macht, auch einmal für mich zu sein. Und wenn ich glücklicher und zufriedener bin, bin ich auch ein besserer Ehemann und Vater. Es macht mehr Spaß, mit mir zusammen zu sein, ich bin lockerer und hilfsbereiter, entspannter und geduldiger.

Ich versuche natürlich, Kris ebenso viel Respekt und Ermutigung zuteil werden zu lassen. Es passt mir natürlich nicht immer in den Kram, aber wenn sie einmal Freunde besuchen oder sonst etwas unternehmen will, ermuntere ich sie so gut wie möglich. Ich kann mir nicht vorstellen, mich über etwas zu beklagen, das Sie glücklich macht. Außerdem ist Kris eine Pferdenärrin, und es macht ihr große Freude, viel Zeit bei den

Tieren zu verbringen. Obwohl mir selbst an Pferden nicht so viel liegt, habe ich mit den Jahren versucht, nicht nur ihren Wünschen entgegenzukommen, sondern sie auch zu ermutigen und ihr behilflich zu sein. Zu meinen täglichen Arbeiten zählt wahrhaftig das Ausmisten! Natürlich ist es nicht meine Pflicht, Kris zu unterstützen – und umgekehrt ebenso wenig. Aber warum sollten wir das nicht tun? Wir lassen nichts unversucht, Entscheidungen zu treffen, die auf das Glück des anderen zielen. Natürlich stellen wir den anderen nicht stets an die erste Stelle, aber insgesamt machen wir es wohl gar nicht so schlecht.

Vielleicht hat Ihr Partner ja besondere Hobbys oder Interessen, die einiges an Zeit und Energie erfordern. Oder Ihre Partnerin gehört einem Club oder einer Organisation an, bei der Sie selbst nicht Mitglied sind. Vielleicht schaut Ihr Partner gern mit Freunden Sport oder raucht Zigarren. Oder Ihre Frau hat liebe Freundinnen, die sie gern besucht und mit denen sie häufig am Telefon plaudert. Vielleicht möchte sie am Morgen Gymnastik machen, wodurch die Notwendigkeit entsteht, dass Sie ein paar Handgriffe mehr im Haushalt übernehmen. Worum auch immer es sich handelt, Sie müssen womöglich eine gewisse Anpassungsleistung erbringen, einen Kompromiss schließen oder ein Opfer bringen. Ist das der Fall, machen Sie kein Problem daraus! Wenn Ihre Partnerin dadurch glücklicher und zufrieden ist, ist es das bestimmt wert.

66.

Bitten Sie Ihren Partner um ein »Update« seiner Träume

Sind Sie sich im Klaren über die Träume Ihres Partners – was er sich wirklich vom Leben erhofft? Kennen Sie die geheimsten Phantasien Ihrer Frau – was sie sich vom Leben verspricht, ihre Idealvorstellungen, was ihr ein Gefühl von Erfüllung geben könnte? Sind Sie sich sicher? Oder nehmen Sie nur an, dass Sie das wissen? Haben Sie Ihren Partner schon einmal gefragt? Und wenn ja, wann war das zuletzt?

Wir haben den Eindruck, dass viele Menschen überhaupt keine Ahnung haben – von einigen oberflächlichen Vorstellungen einmal abgesehen –, wovon ihr Partner wirklich träumt. Sicher, viele können so eine Aussage machen wie: »Er legt Wert auf finanzielle Sicherheit«, oder: »Sie will Mutter werden.« Doch bei diesen doch sehr allgemeinen Aussagen hört die Kenntnis – oder das Interesse –, was die Träume des Partners angeht, meist auch schon auf. Dieser Trend scheint sich proportional zur Dauer der Beziehung zu verstärken. Wenn Sie frisch verliebt sind, wollen Sie unbedingt herausfinden, wovon Ihr Partner träumt. Mit der Zeit tritt dieser Wunsch jedoch in den Hintergrund, bis er dann irgendwann gänzlich verschwindet.

Eine Beziehung ist natürlich vielschichtig. Für das Gemeinschaftsgefühl ist es jedoch schön und bereichernd, sich gegenseitig zu erzählen, wovon man träumt. Es hat etwas Befriedigendes, jemandem seine Visionen anzuvertrauen – was man gern machen möchte, wohin man gerne reisen würde und was man für die Beziehung tun will. Und wenn derjenige, dem Sie das alles sagen, richtig »bei Ihnen« ist und Ihre Träume mit Ihnen teilt, mit echtem Interesse und Respekt zuhört, dann werden Ihre Träume wahr, und Ihrer gemeinsamen Erfahrung haftet ein Zauber an. Es steht außer Frage, dass diese Art des Austausches hilft, zwei Menschen aneinander zu binden. Und glücklicherweise kann man durch so ein Update auch wieder Zugang zu den Träumen des Partners finden, falls man außer Kontakt geraten ist.

Wir haben mit den Jahren mit dutzenden von Paaren gesprochen, die außereheliche Beziehungen unterhielten, die sich von ihrem Partner trennten, sich scheiden ließen oder auch einfach das Interesse am anderen verloren haben. Wenn man ihnen die Frage stellte: »Wie konnte das aus Ihrer Sicht passieren?«, dann beinhaltete die Antwort in fast allen Fällen so etwas wie: »Der – neue – Partner hat mir zugehört – er oder sie hat sich für meine Träume interessiert und für das, was ich zu sagen hatte.«

Wir wollen Untreue in keinem Fall entschuldigen oder dem Partner, der treu war, die Schuld in die Schuhe schieben; das wäre unverantwortlich. Wir bemühen uns vielmehr zu zeigen, welche Kraft das Bedürfnis hat, wirklich gehört zu werden – und wie destruktiv es ist, wenn dieser Wunsch nicht erfüllt wird.

Hat ein Mensch ein gutes Gefühl, wenn er einem anderen seine Träume mitteilt, erfährt und empfindet derjenige so etwas wie Sicherheit, Befriedigung und Lebendigkeit. Ist dem nicht so, bleibt oft der Eindruck, dass etwas Grundlegendes fehlt.

Der Vorschlag, den Partner um ein Update seiner Träume zu bitten, ist

eine bedeutsame Strategie, wobei es gar nicht so relevant ist, ob aus dem Traum letztendlich etwas wird oder nicht; wichtig ist allein die Tatsache, dass man weiß, was der andere sich wünscht. In Wirklichkeit ist es ja so: Keiner von uns bekommt alles, was er will. Dennoch ist es schön, dem anderen seine Träume mitzuteilen – und zu wissen, dass der Partner mit uns dasselbe tut.
Ein Update in Sachen Träume kann Ihrer Beziehung wieder den ursprünglichen Zauber verleihen. Jeder spricht gern von seinen Träumen. Machen Sie es sich also von heute an zur Regel, Ihren Partner um ein solches Update zu bitten. So leisten Sie einen Beitrag, dass Träume Wirklichkeit werden.

67.

Unterschätzen Sie nie die Macht der Liebe

Vor Jahren nahm ich einmal an einem Beziehungsseminar teil, als jemand aus dem Publikum aufstand und den Redner fragte: »Warum sollte ich mich meiner Frau gegenüber liebevoll verhalten? Sie ist doch auch nicht liebevoll zu mir!« Der Sprecher antwortete sanft und ohne jede Überheblichkeit: »Weil Sie üben müssen.«

Seine Worte beeindruckten mich zutiefst – und ich habe sie nie vergessen. Sein Rat traf – und trifft – den Nagel nämlich auf den Kopf. Mir kommt wahrhaftig nicht ein einziger Mensch in den Sinn, der in der Kunst des Liebens nicht ein wenig Übung bräuchte. Und Ihnen? Kennen Sie Leute, welche die Kunst der liebevollen Zuwendung perfekt beherrschen? Wenn ja, würde ich gern ihre Bekanntschaft machen!

Von wenigen Ausnahmen abgesehen brauchen wir alle Übung in Sachen bedingungsloser Liebe. Es stünde uns allen gut an, weniger oft in die Defensive zu gehen, weniger egoistisch zu sein und nicht überzureagieren. Die meisten täten gut daran, besser zuzuhören und netter, sanfter und etwas großzügiger zu werden. Aber um sich diese Wesenszüge anzueignen, ist einige Übung erforderlich – und zwar nicht so sehr, wenn unser Partner sich liebevoll verhält und uns unterstützt, sondern eher in Zeiten, in denen er abweisend und lieblos ist. Anders ausgedrückt: Es ist nicht schwer, nett und liebevoll zu sein, wenn der Partner es auch ist. Ganz anders sieht es aus, wenn er sich nicht so verhält.

Sie können Ihre Beziehung für immer verändern, wenn Sie die Macht der Liebe einsetzen. Ist es Ihnen möglich, mit Liebe zu reagieren anstatt mit Frustration, können Sie sich Ihre liebevolle Art bewahren, statt in die Defensive zu gehen. Vermögen Sie Ihr Herz zu öffnen, selbst wenn es in diesem Moment gar nicht so erwünscht scheint, dann haben Sie die Macht der Liebe entdeckt – und die effektivste Art und Weise, dauerhafte und bereichernde Beziehungen in Ihrem Leben zu gewährleisten.

Es ist sicher leichter gesagt als getan, die Macht der Liebe voll einzusetzen. Aber so schwierig, wie es Ihnen vorkommen mag, ist es nun auch wieder nicht. Sie brauchen nur Ihren festen Willen dazu und – Sie können es sich schon denken – viel Übung. Ist Ihr Partner aufmerksam und liebevoll, freuen Sie sich und wissen Sie es zu schätzen. Wenn nicht, ist die Zeit gekommen, das Herz einzuschalten. Anstatt also darauf zu beharren, dass er oder sie sich anders verhalten soll, tun Sie Ihr Bestes, verständnisvoll und mit bedingungsloser Liebe zu reagieren. Lassen Sie locker. Verzeihen Sie und hören Sie gut zu. Bewahren Sie sich Ihren Sinn für Humor und lassen Sie Ihrem Partner Unterstützung zuteil werden.

Einer der geheimnisvollsten und zauberhaftesten Züge einer Beziehung ist die Verbindung, die zwischen diesen beiden Menschen besteht. Ist Ihr Herz voller Ärger, sind die Aussichten gut, dass Ihre Beziehung darunter leiden wird. Sind Sie fordernd und aggressiv, kapselt sich Ihr Partner ab. Haben Sie den Kopf voller Überlegungen, was mit Ihrem Partner alles nicht stimmt, und andere negative Gedanken, dann spürt Ihr Partner in gewisser Weise Ihre unschönen Gefühle und bleibt distanziert und auf der Hut. Ihre Beziehung ist dann bei weitem nicht so, wie sie sein könnte.

Ist andererseits Ihr Herz voller Liebe, spürt Ihr Partner das in den meisten Fällen auch. Seine Abwehrmechanismen nehmen ab, und er empfindet wieder Zuneigung. Wenn Ihr Partner etwas »Falsches« sagt oder tut und Sie das einfach übergehen und ihm zugetan bleiben können, wird er sein Gleichgewicht viel schneller wiederfinden, als wenn Sie verärgert auf Rache sinnen. Können Sie sich eine liebevolle Grundeinstellung bewahren, die auch von weniger perfektem Verhalten nicht negativ beeinflusst wird, lösen sich die meisten Probleme ganz von selbst. Damit meine ich nicht, dass Sie den Kopf in den Sand stecken und Fehlverhalten einfach akzeptieren sollen, sondern eher, dass Sie lernen, Kleinigkeiten keine Bedeutung beizumessen, damit Ihr Herz offen bleiben kann.

Wenn Sie sich also das nächste Mal über Ihren Partner aufregen oder ärgern, versuchen Sie es einmal mit einer anderen Strategie. Anstatt in dem Teufelskreis zu verweilen und zu fordern, dass der andere den ersten Schritt in Richtung auf eine Veränderung tun soll, halten Sie sich die Möglichkeit offen, trotz allem liebevoll zu handeln. Sie werden vielleicht überrascht sein, wie schnell und dramatisch sich alles zum Guten wendet. Unterschätzen Sie nie die Macht der Liebe!

68.

Lassen Sie nicht zu, dass Ihre Kinder sich zwischen Sie und Ihren Partner stellen

Ich glaube, dass Kris und ich unsere Sache im Hinblick auf diese Strategie sehr gut machen. Wir lieben unsere Kinder mehr, als Worte es beschreiben können, wir vergöttern sie, wollen ihr Bestes und haben ihnen größtenteils unser Leben gewidmet. Sie geben uns das Gefühl, dass wir alles haben, was wir uns nur wünschen können, und es besteht kein Zweifel, dass sie an erster Stelle für uns stehen.

Aber wir lieben uns auch sehr. Und das sagen wir nicht nur so dahin – es stimmt wirklich. Wir sind gute Kumpel und die besten Freunde. Wir verbringen gern viel Zeit miteinander, um die Dinge des Lebens zu teilen, zu lachen, uns zu lieben, herumzualbern, einfach einmal nichts zu tun und ruhig beieinander zu sitzen. Wir sind Partner.

Vor langer Zeit haben wir einmal den Entschluss gefasst, dass nichts – nicht einmal unsere Kinder – sich je zwischen uns stellen darf. Zudem wurde uns früh klar, dass das mit das Wichtigste ist, das wir unseren Kindern vermitteln können: mit gutem Beispiel vorangehen als zwei Menschen, die sich wahrhaftig lieben und auch mögen; zwei Menschen, für die der andere an erster Stelle steht und die sich freuen, zusammen zu sein – obwohl wir eine Familie haben, für die es zu sorgen gilt.

Wie es scheint, klappt dieser Ansatz gut. Unsere Kinder wissen beide, was wir füreinander empfinden. Es ist ihnen zutiefst bewusst, dass wir uns gegenseitig respektieren und auch bewundern, dass wir für den anderen einstehen, in den meisten Bereichen gleicher Meinung sind und uns vor allem sehr lieben. Für beide besteht da kein Zweifel. Es ist ihnen in einem solchen Ausmaß bewusst, dass eine unserer Töchter, wenn der Samstagmorgen naht, meist fragt: »Was macht ihr Leutchen denn so heute Abend?«, oder: »Welcher Babysitter kommt heute?« Sie gehen davon aus, dass wir miteinander etwas unternehmen wollen, weil sie wissen, dass das wichtig für uns ist – so wie es für sie wichtig ist, mit ihren besten Freunden zusammen zu sein. Es erschiene ihnen sicher schon seltsam, wenn wir das nicht so handhaben würden.

Natürlich ist jedes Elternpaar anders und hat unterschiedliche Werte und Bedürfnisse. Es ist nicht unser Ziel, dass andere sich die gleichen Prioritäten setzen wie wir. Aber wir sind überzeugt, richtig zu handeln – und zwar nicht nur in Bezug auf unsere Beziehung, sondern auch hinsichtlich unserer Kinder. Wahrscheinlich werden die beiden Mädchen einmal ziemlich hohe Maßstäbe anlegen, was ihre Freunde und künftigen Ehemänner angeht. Wir hoffen, dass sie sich nicht nur einen Partner suchen werden, der seine Kinder zu schätzen weiß – sofern sie welche haben –, sondern auch die Beziehung. Wir kennen viele Eltern, die jahrelang kaum einmal miteinander ausgegangen sind, selbst als die Kinder nicht mehr so klein waren, und einige tun das nie. Wir hatten immer den Eindruck, dass, selbst wenn man sich nicht so sehr liebt und das Ziel nur darin besteht, den Kindern zu vermitteln, was eine Beziehung bedeuten kann, man doch zumindest hin und wieder die Partnerschaft an die erste Stelle setzen sollte. Andernfalls wachsen die Kinder nämlich in dem Glauben auf, dass man in eine »normale« Beziehung weder Zeit noch Mühen investieren muss; die Beziehung kommt ihnen dann zweitrangig, wenn nicht gar entbehrlich vor.

Es wurde schon zigtausend Mal gesagt – aber eine weitere Wiederholung kann nicht schaden: Wenn Sie eine liebevolle Beziehung wollen, müssen Sie ihr erste Priorität einräumen und sie dementsprechend wichtig nehmen. Und zwar zählt dabei, wie Sie handeln. Sie können immer behaupten: »Meine Ehe bedeutet mir viel«, aber Ihre Taten sagen etwas ganz anderes aus. Womöglich widmen Sie sich nie ausschließlich Ihrem Partner und gehen nie miteinander aus. Mit einem solchen Verhalten lässt sich jedoch nicht vermitteln, dass einem an einem liebevollen Umgang gelegen ist. Schließlich verbringen Sie ja Zeit mit den Kindern und als Familie, Sie sind Stunden in der Arbeit, erledigen Ihre Pflichten im Haushalt, gehen zum Einkaufen, sitzen vor dem Fernseher – warum also nicht mit dem Menschen, den Sie angeblich so sehr lieben? Würden Sie sich das für Ihr Kind wünschen – dass es heranwächst und niemals Zeit allein mit dem Ehepartner verbringt, sobald Kinder da sind?

Widmen Sie sich einander, obwohl Sie Kinder haben, tun Sie kund, dass der andere einen hohen Stellenwert für Sie hat und Ihre Beziehung auch. Es ist viel schwieriger, in allem ein Problem zu sehen und sich verrückt zu machen, wenn Sie wissen, dass Sie einander viel bedeuten. Egal, wie Sie es anstellen und in welchem Ausmaß, ziehen Sie es einmal in Betracht, Ihrer Beziehung erste Priorität einzuräumen. Tun Sie das, profitieren alle davon.

69.

LERNEN SIE, UNERWÜNSCHTE BEMERKUNGEN ZU ÜBERGEHEN

Man kommt wohl nicht durchs Leben, ohne hin und wieder etwas Dummes zu sagen. Stellen Sie nicht die große Ausnahme dar, rutscht Ihnen manchmal etwas heraus – wenn Sie müde sind, unsicher, mürrisch oder einfach schlecht gelaunt. Ganz egal, ob Sie ein netter Mensch sind und wie gut Ihre Absichten auch sein mögen, bisweilen sagen Sie unwillkürlich etwas Unsensibles, Herablassendes, Arrogantes, Gemeines oder schlichtweg Unerwünschtes und wirken von oben herab und in gewisser Weise aggressiv. Oder Sie sagen etwas über das Aussehen oder die Intelligenz des anderen. Oder Sie halten jemandem einen unangemessenen Vortrag und machen einen ignoranten und kleinlichen Eindruck. Vielleicht ist es ja von allem ein bisschen. Tatsache bleibt jedenfalls, dass Sie auch nur ein Mensch sind. Aber Ihr Partner ist das auch! Und Menschen machen eben Fehler.

Können Sie sich mit der Tatsache abfinden, dass sich Ihr Partner hin und wieder im Ton vergreift – wie Sie ja auch –, gibt Ihnen das einen Freiraum, den wohl nur wenige Menschen besitzen. Darüber hinaus stellt Ihre Akzeptanz eine Art Garantie dar, dass die Anzahl unangenehmer Zwischenfälle sich auf ein Minimum beschränkt. Bestehen Sie nicht darauf, dass Ihr Partner keine Schwächen zeigen darf, schafft das ein emotionales Umfeld, das seine besten Seiten zu Tage fördert. Er hat dann nämlich nicht mehr den Eindruck, als müsse er einen Eiertanz aufführen oder als würden Sie über sein Benehmen Buch führen. Fühlt sich jemand nicht unter dem Druck, perfekt sein zu müssen, wird es ihm leichter ums Herz, er öffnet sich und handelt liebevoller.

Schön, Sie führen nun also eine Beziehung. Ihr Partner ist müde und schlecht gelaunt. Er sagt etwas Dummes oder Unpassendes. Jedes Mal, wenn das passiert, stehen Sie an einem Scheideweg. Sie können natürlich – wie die meisten Menschen – einfach nur reagieren. Sie können zurückschnauzen und sich irgendwie verteidigen. Sie können sich ärgerliche und feindselige Gedanken machen und wütend sein. Sie können sich all die Male durch den Kopf gehen lassen, wo Ihr Partner sich schon einmal so verhalten hat, und sich dann selbst Leid tun. Sie können auch die Tür zuknallen und einen Freund anrufen, um über den Vorfall zu reden.

Oder Sie zucken einfach nur mit den Achseln und akzeptieren die Tatsache, dass wir alle hin und wieder etwas sagen oder tun, das wir besser unterlassen hätten. Schluss, Thema beendet. Sie können dann einfach loslassen und bewahren sich Ihre liebevolle Einstellung.

An dem Kommentar lässt sich ja ohnehin nichts mehr ändern. Er ist schon kalter Kaffee, da man ihn ja ohnehin nicht mehr zurücknehmen kann. Nun ist ein neuer Augenblick gekommen, eine neue Gelegenheit, seine Zuneigung zu zeigen.

Denken Sie einmal darüber nach, wie Ihr Partner die beiden Reaktionsmöglichkeiten aufnehmen könnte. Er hat sich ja schon von seiner unsensiblen Seite gezeigt; jetzt sind Sie dran. Schüren Sie das Problem noch, indem Sie unter Beweis stellen, dass Sie nicht damit zurechtkommen – dass Sie auch nicht bedingungslos lieben können? Oder wollen

Sie versuchen, ein besseres Vorbild abzugeben? Können Sie sich bemühen, das Problem mit Liebe und nicht mit Rache zu lösen? Wir sind davon überzeugt, dass die Liebe ein machtvolles Heilmittel für fast alle geringfügigen Alltagsprobleme ist, dieses hier mit eingeschlossen. Wenn Sie also auf eine Bemerkung nicht groß reagieren, sondern sich Ihre liebevolle Einstellung bewahren, werden Sie oft feststellen, dass Ihr Partner über sich selbst lachen muss, wenn er sich nicht gar für sein Verhalten entschuldigt.

Natürlich ist hier die Rede von einer normalen, gesunden und liebevollen Beziehung und von der Art und Weise, wie man auf eine *gelegentliche* Entgleisung oder einen unerwünschten Kommentar reagiert. Mir geht es wahrlich nicht darum, Beleidigungen oder negative Verhaltensmuster zu entschuldigen; das ist etwas ganz anderes.

Wenn also das nächste Mal etwas Derartiges passiert, versuchen Sie es doch einmal mit dieser neuen Einstellung – oder reagieren Sie einfach gar nicht. Es fällt Ihnen bestimmt leichter, als Sie meinen, unerwünschte Bemerkungen einfach als Nichtigkeit abzutun, anstatt die Sache aufzubauschen, ein Problem darin zu sehen und sich deshalb verrückt zu machen. So können Sie einfach loslassen und weiterhin verliebt sein.

70.

Kommen Sie nicht total erschöpft nach Hause

Das ist eine simple, aber drastische Methode, wie Sie Ihr Zusammensein nach einem langen, ermüdenden Tag friedlicher gestalten können. In vielen Fällen hilft sie Ihnen, geduldiger und verständnisvoller zu werden, wodurch sich die Übergangsphase zwischen Arbeitswelt und Privatleben viel einfacher gestaltet. Diese Strategie kann Ihnen helfen, sich mit Ihren Lieben wieder enger verbunden zu fühlen, indem Sie sich vor allem daran erinnern, warum Sie mit Ihnen zusammen sind.

Oft kommen ein oder gar beide Partner nach einem langen Arbeitstag nach Hause, als würden sie die Ziellinie eines Wettlaufs überschreiten. Der Stress und die Hektik im Beruf werden so ins Familienleben getragen. Ohne dass es Ihnen überhaupt bewusst ist, stürmen Sie ins Haus, während Sie noch total unter Strom stehen.

Schon Ihr gesunder Menschenverstand sagt Ihnen jedoch, dass Sie, wenn Sie hektisch und durchgedreht sind, viele Ihrer wünschenswerten menschlichen Eigenschaften verlieren – Geduld, die Fähigkeit zuzuhören, eine angemessene Sichtweise, innere Weisheit, ein Gefühl für das richtige Tempo sowie Ihre liebevolle Zuwendung. Sind Sie überdreht, regen Sie sich viel eher auf, sind verärgert oder besorgt. Ohne dass es Ihnen bewusst wird, stellen Sie Forderungen und haben überzogene Erwartungen. Fast immer neigen Sie zu Überreaktionen, und alles geht Ihnen schnell auf die Nerven – besonders Kleinigkeiten. Kommen Sie abends mit Ihrem Partner zusammen, um sich zu unterhalten, sind Sie viel weniger geneigt, wirklich aufmerksam und präsent zu sein. Vielmehr sind sie zerstreut, und zweifelsohne fallen Ihnen Dinge auf die Nerven, die sonst gar nicht der Rede wert wären.

Die Lösung ist recht einfach, und sie kostet Sie auch bloß ein paar Minuten. Halten Sie auf Ihrem Heimweg an und steigen Sie aus Ihrem Auto. Nehmen Sie sich ein paar Minuten Zeit, um zu entspannen, langsamer zu machen, durchzuatmen und Ihren Körper zu lockern. Erinnern Sie sich sanft daran, dass Ihr Arbeitstag nun zu Ende ist und es angemessen ist, in einen anderen Gang zu schalten, das Tempo zu reduzieren. Finden Sie eine Parkbank, wo Sie sich hinsetzen können, oder sonst ein schönes Fleckchen Erde, wo Sie den Sonnenuntergang beobachten oder die Natur betrachten können, ist das eine gute Sache, aber ausschlaggebend ist es nicht. Wichtig ist, bewusst anzuerkennen, dass es in Ihrem ureigensten Interesse liegt, langsamer zu machen und sich zu entspannen. Sie fühlen sich dann nicht nur selbst besser, sondern auch Ihr Partner wird den Unterschied zu schätzen wissen. Sehen wir den Tatsachen ins Auge. Es gefällt kaum einem Menschen – ganz egal, wie sehr man den anderen liebt –, wenn jemand hereinplatzt und einen Riesenwirbel veranstaltet.

Wir kennen ein Paar, das sich eine Variante dieser Strategie zu Eigen gemacht hat, die praktisch ihre Ehe gerettet hat. Der Ehemann war das Paradebeispiel für die negative Verhaltensweise, die wir vorhin beschrieben haben. Er stürmte durch die Tür und fing sofort an, Fragen zu stellen und zu erklären, was für einen fürchterlichen Tag er verbracht hatte. Er war so in Fahrt, dass ihn sogar das relativ ausgeglichene Verhalten seiner Frau noch ungeduldig machte. Sie konnte die »nervöse Energie« ihres Mannes, wie sie sein Verhalten bezeichnete, jedoch nicht ertragen. Zu der Tageszeit fing sie nämlich gerade an, sich etwas zu entspannen, und seine Gegenwart verdarb ihr den Abend völlig. Es kam so weit, dass sie es schon mit der Angst zu tun bekam, wenn ihr Mann von der Arbeit nach Hause kam.

Die beiden suchten eine Eheberaterin auf, die ihnen eine hervorragende Lösung vorschlug. Sie empfahl dem Mann nach der Arbeit das Haus durch die Hintertür zu betreten und nicht durch die Haustür. Er sollte dann ins Badezimmer gehen und dort eine Viertelstunde ein entspannendes Bad nehmen. Das hatte zwei Auswirkungen: Zunächst einmal half es ihm, lockerer zu werden – und zwar körperlich wie auch geistig. Wichtiger war jedoch noch, dass ihm bewusst wurde, dass seine Hektik nichts mit der Realität seiner Frau zu tun hatte. Die Frau wiederum wusste seine Bemühungen so sehr zu schätzen, dass sie selbst nicht mehr so zu Überreaktionen neigte, wenn er wieder einmal in sein altes Verhaltensmuster verfiel.

Die ganze Angelegenheit war nun kein Thema mehr für die beiden. Er machte langsamer, und sie maß alldem nicht mehr so viel Bedeutung bei. Heute sind die beiden so glücklich, wie zwei Menschen es nur sein können.

Wie relevant diese Strategie für Sie ist, hängt nun ganz davon ab, wie überdreht einer von Ihnen – oder auch Sie beide – bereits ist. Wir hoffen jedoch, dass Sie nicht unterschätzen, wie wichtig es ist, nicht in Hektik nach Hause zu kommen. Es kann sich für Ihre Beziehung ungemein bezahlt machen, wenn Sie den Übergang von Arbeitswelt und Familie ruhiger gestalten.

71.

Stellen Sie Ihrem Partner die Frage: »Was ist in der Beziehung zu mir am schwierigsten?«

Es ist verständlich, dass diese Frage vielen Leuten Angst macht. Sie fürchten sich vor dem, was ans Tageslicht gelangen könnte, was der Partner sagen wird, wenn er sich frei äußern darf. Sicher wissen oder vermuten Sie bereits, was Ihrem Partner an Ihnen auf die Nerven geht, so dass die Antwort eigentlich nicht mehr so arg überraschend ausfallen wird. Dabei ist es etwas völlig anderes, ob Sie Ihrem Partner diese Frage stellen oder ob dieser unaufgefordert eine Standpauke hält beziehungsweise eine Bitte äußert.

Diese Strategie setzt eine gehörige Portion Offenheit sowie Mut und Bescheidenheit voraus. Auch wenn Sie anfangs ein gewisses Unbehagen verspüren, lohnt sich die Mühe fast immer, und es ist auch gar nicht so schwierig, wie Sie es sich vielleicht vorstellen. Diese Frage schafft eine größere Offenheit und damit erhellende Gespräche – schließlich sogar ein Gefühl von Dankbarkeit. Schließlich weiß jeder einen Partner zu schätzen, der sich aktiv um eine Verbesserung der Beziehung bemüht.

Somit ist diese Fragestellung also ein ganz wichtiger Schritt auf dem Weg zu einer glücklicheren Partnerschaft. Es ist wichtig, die Tatsache anzuerkennen, dass, unabhängig davon, ob Sie Ihrem Partner diese Frage stellen oder nicht, es immer etwas geben wird, das ihm auf die Nerven fällt. Anders ausgedrückt: So oder so gibt es Streitpunkte, stillschweigend oder offen. Sie können versuchen, die Sache nicht anzusprechen, doch schafft das in der Regel Verärgerung. Mit anderen Worten: Auch wenn Sie nichts sagen, muss Ihr Partner mit etwas leben, das ihm oder ihr nicht passt. Stellen Sie die Frage, wissen Sie zumindest, worum genau es sich handelt, und Sie haben die Möglichkeit, eine Korrektur vorzunehmen.

Es ist interessant zu beobachten, was passiert, wenn man dem anderen gestattet, ja ihn sogar ermuntert, sich alle Sorgen von der Seele zu reden. Wenn Sie die Antwort ehrlich und ohne in die Defensive zu gehen anhören, nimmt das der Sache die Schärfe. Sind Sie bereit, auf die Vorwürfe einzugehen, anstatt Widerstand zu leisten oder sie zu negieren, spürt Ihr Partner Ihren aufrichtigen Wunsch, auf eine positive Veränderung hinzuarbeiten. Er oder sie geht dann ebenfalls weniger schnell in die Defensive und reagiert nicht so rasch über, so dass man die Streitfrage in aller Ruhe, ja sogar liebevoll ausdiskutieren kann. Es ist nämlich viel schwieriger, in alldem, was einen bedrückt, ein Problem zu sehen und sich verrückt zu machen, wenn man sich der Bemühungen des Partners bewusst ist, Abhilfe zu schaffen.

Vor vielen Jahren sind Kris und ich einmal Hand in Hand durch eine hübsche Stadt am Meer spaziert. Wir hegten liebevolle Gefühle füreinander, und ich empfand so etwas wie Sicherheit. Damals kam mir zum ersten Mal diese Frage in den Sinn – und ich stellte sie dann auch. Ich war froh und erleichtert, dass Kris diese Überlegung »süß« fand. Nachdem sie eine Weile nachgedacht hatte, meinte sie: »Weißt du, was mir an dir wirklich nicht passt?« Sie machte eine kleine Pause und fuhr fort: »Es ist wirklich schwierig, mit dir auszukommen, wenn der Zahltag für deine Rechungen ins Haus steht.« Sie fügte hinzu, dass ich ungeduldig

und schnell verärgert sei und mir jedes Mal selbst Leid täte, wenn ich mich hinsetzen und einen Scheck ausstellen musste.
Ich war überaus erleichtert, dass sie bei den zigtausend Möglichkeiten etwas so Geringfügiges gewählt hatte. Da ich ja wirklich hatte wissen wollen, was ihr an mir nicht gefiel, konnte ich das gut akzeptieren und verstand genau, was sie meinte. Wenn ich es mir recht überlegte, wurde klar, dass meine ganze Persönlichkeit sich wirklich zum Negativen veränderte, sobald ich mich hinsetzte, um meine Rechnungen zu begleichen. Ohne das Gefühl zu haben, mich verteidigen zu müssen, dankte ich ihr für diese Enthüllung und beschloss insgeheim, in Zukunft darauf zu achten.
Natürlich ging es bei der Sache nur um eine Nichtigkeit. Kris hatte mich aber auf etwas aufmerksam gemacht, das mir absolut entgangen war – meine Reaktion, wenn es ans Zahlen von Rechnungen ging, war zu einer schlechten Angewohnheit geworden, die sich ungünstig auf Kris' Einstellung zu mir auswirkte. Ich sah dann in allem ein Problem und machte mich verrückt. Ich hatte keine Ahnung gehabt, dass mein ganzes Wesen und meine Stimmung sich vor, während und nach dem Ausstellen eines Schecks änderte; aber sie hatte völlig Recht. Weil ich dann wusste, wie dieses Verhalten auf sie wirkte, fiel es mir relativ leicht, im Lauf der folgenden Monate eine Korrektur in meiner Einstellung vorzunehmen und so unser Familienleben auch in den Zeiten, wenn es ans Zahlen von Rechnungen ging, etwas friedlicher zu gestalten.
Wir wollen Sie nun ermuntern, einmal mit dieser Strategie zu experimentieren. Vielleicht teilt Ihnen Ihr Partner auf Ihre Frage hin ja etwas relativ Harmloses mit, vielleicht auch etwas Gravierenderes. In jedem Fall kommt die Sache in einer unaggressiven Atmosphäre zur Sprache, und Sie haben die Chance, einen strittigen Punkt zu klären. Wenn alles

gut klappt, stellt Ihnen Ihr Partner dann vielleicht die gleiche Frage; wenn nicht, ist das auch in Ordnung. Doch was auch immer Sie tun, pochen Sie nie auf eine Gegenleistung. Wenn doch, hat Ihr Partner nämlich vielleicht einen Punkt mehr, den er mit Ihnen besprechen möchte, wenn Sie ihm das nächste Mal diese Frage stellen …

72.

Stellen Sie die Motive Ihres Partners nicht in Frage

Zu den Annehmlichkeiten, wenn man erwachsen wird, zählt, dass man die Freiheit hat – in einem gewissen Rahmen natürlich –, seine eigenen Entscheidungen zu treffen. Das ist bereichernd und lohnend, man fühlt sich gut dabei – und das besonders, wenn man dabei noch Unterstützung erfährt oder zumindest bei seiner Entscheidungsfindung nicht bedrängt wird. Wenn Sie also beispielsweise den Entschluss fällen: »Ich möchte am nächsten Wochenende einen Tag für mich sein«, wird Ihre Freude noch größer, wenn Ihr Partner diese Entscheidung respektiert. Das Gleiche trifft eigentlich auf alles zu: auf einen Entschluss, der mit etwas zu tun hat, das Sie tun wollen oder bereits getan haben; auf einen Traum oder einen Plan, den Sie verfolgen; auf einen Kurs, den Sie machen möchten; auf eine Richtung, die Sie einschlagen wollen; auf ein Hobby, dem Sie nachgehen möchten; auf ein Gericht, das Sie zum Abendessen zubereiten wollen. Die Sache sieht ganz anders aus, wenn Sie Ihre Entscheidung verteidigen oder rechtfertigen müssen. Wenn Ihr Partner fragt: »Warum tust du denn das jetzt?« oder: »Solltest du deine Zeit nicht lieber mit etwas anderem verbringen?«, nimmt Ihnen die Notwendigkeit, eine Erklärung abgeben zu müssen, den Wind aus den Segeln – und aus Ihren Plänen. Etwas Befriedigendes wird so zu Stress.

Anstatt dass Sie das Gefühl haben, bedingungslos unterstützt zu werden, haben Sie den Eindruck, als stünden Sie vor Gericht.

Wir saßen einmal am Strand, als ich mithörte, wie eine Dame ihrem Mann erzählte, sie wolle mit einer alten Freundin zu Mittag essen. Seine Antwort macht die Grundaussage dieser Strategie deutlich. Er sagte nämlich von oben herab: »Warum willst du die denn treffen?« Es war ganz offensichtlich, dass er die Entscheidung seiner Frau nicht billigte und ihre Motive in Zweifel zog. Wie Sie sicher bereits erraten haben, fing die Frau an, ihren Entschluss zu verteidigen. Innerhalb von Sekunden verwandelte sich ein ruhiger, entspannter Strandnachmittag in eine stressige und höchst aggressive Auseinandersetzung, die den beiden vermutlich auch den restlichen Tag noch verdorben hat. Ehrlich gesagt war es schon schrecklich genug, sich in ihrer Nähe auch nur aufhalten zu müssen! Was diese Geschichte so traurig macht, ist, dass so ein Verhalten absolut überflüssig ist. Können Sie sich vorstellen, wie viel mehr Respekt und Liebe diese Frau ihrem Mann entgegenbringen würde, wenn er einfach nur gesagt hätte: »Klingt gut!«, oder: »Ja, wenn's dir Spaß macht.« Sie hätte sich gut gefühlt und vermutlich ihr Leben – und somit auch ihre Entscheidungen – weiterhin gern mit ihrem Mann geteilt. Schließlich war das ja nicht sein Entschluss, sondern ihrer. Selbst wenn er aus irgendeinem seltsamen Grund dachte, dass seiner Frau dieses Treffen nichts bringen würde – ja und? Sie hatte ihren Entschluss schon gefällt; sie musste damit leben, nicht er.

Stellen Sie die Motive von jemand in Frage, besonders wenn sie ganz offensichtlich völlig harmlos sind, vermitteln Sie damit indirekt: »Ich bringe dir nicht ausreichend Respekt entgegen, um dir zu gestatten, deine eigenen Entscheidungen zu treffen. Du musst dich mit mir absprechen, damit ich dir meine Zustimmung oder mein Missfallen kundtun kann.«

Sie brauchen diese Strategie nur zu lesen, um den Knackpunkt zu erkennen. Die Motive seines Partners regelmäßig in Frage zu stellen ist der sicherste Weg, eine eigentlich liebevolle Beziehung zu zerstören. Es ist eine wahrhaftig scheußliche Eigenart, die niemandem gefällt.

Natürlich wird eine zweifelnde Bemerkung hin und wieder keinen zu großen Einfluss auf Ihre Verbindung haben. Aber falls Sie es sich zur Gewohnheit gemacht haben sollten, die Motive Ihres Partners ständig anzuzweifeln, dann tun Sie sicher gut daran, Ihre innere Weisheit walten zu lassen und das sein zu lassen, und zwar für immer.

Der vermutlich beste Weg, dem ein Ende zu setzen, ist, sich bewusst zu machen, wie egoistisch dieses Verhalten eigentlich ist. Stellen Sie die Motive Ihres Partners in Frage, vermittelt das die Botschaft, dass Sie in Ihrem tiefsten Inneren den Entscheidungen, die Ihr Partner getroffen hat, nicht trauen und sie nicht billigen. Sie vermitteln, dass Ihr Partner nicht klug genug ist, um einen guten Entschluss fassen zu können. Außerdem provozieren Sie, dass Ihr Gegenüber in die Defensive geht, und Sie unterbinden die Freude, sich dem anderen mitzuteilen.

Natürlich sind wir weit davon entfernt zu behaupten, dass man eine Entscheidung nie in Frage stellen sollte. Wenn etwas Sie persönlich oder unmittelbar Ihre Beziehung betrifft oder auch generell von Wichtigkeit ist, sieht die Sache natürlich anders aus. Uns geht es hier um den alltäglichen Kleinkram.

Wir wollen Sie nun ermuntern, diese Strategie doch einmal ernsthaft in Betracht zu ziehen. Sie werden erstaunt sein, wie viel lockerer und offener Ihr Partner wird, wenn Sie einfach damit aufhören, seine oder ihre

Motive in Frage zu stellen. Anstatt also etwas anzuzweifeln, stimmen Sie lieber in den Enthusiasmus des anderen ein. Es macht solchen Spaß, jemandem etwas mitzuteilen, der einen das in aller Freiheit und ohne Fragen tun lässt. Sie werden sich daran freuen, es mit diesem Ansatz versucht zu haben.

73.

Nehmen Sie Komplimente dankbar an

In einer früheren Strategie haben wir besprochen, wie wichtig es ist, regelmäßig Komplimente zu verteilen. Diese Strategie beschäftigt sich nun mit der Kehrseite.

Vor einigen Jahren hörte ich einmal eine Talkshow im Radio, wo der Stargast, ein Experte in Sachen Beziehungen, auf die Tatsache anspielte, dass einer der traurigsten Fehler, die man in einer Beziehung machen kann, ist, Komplimente nicht anzunehmen. Das war für mich etwas überraschend, weil die meisten Leute, denen ich ein Kompliment mache, durchaus in der Lage sind, meine Worte einfach und dankbar entgegenzunehmen. Und auch ich selbst fühle mich, was diesen Aspekt angeht, sehr wohl.

Da der Talkgast aber überzeugend klang, nämlich so, als wüsste er, wovon er spricht, beschloss ich, seine Auffassung einem Test zu unterziehen. Ich fing damit an, indem ich mich bei verschiedenen Leuten erkundigte – sowohl bei welchen, die Komplimente machten, als auch bei solchen, die sie entgegennahmen. Beide Gruppen unterstützten fast einhellig die Schlussfolgerung des Experten, dass die meisten von uns Schwierigkeiten haben, wenn sie ein Kompliment annehmen sollen. In den letzten zehn Jahren bin ich nun zigmal Zeuge geworden, wie jemand ein Kompliment bekam, und bin mittlerweile zum gleichen Ergebnis gelangt.

Ich weiß nicht genau, woran es liegt. Einige von uns empfinden so etwas wie Schüchternheit, Verlegenheit und Peinlichkeit, wenn ihnen jemand ein Kompliment macht. Wir ziehen den Kopf ein, werden rot oder erwidern etwas, um die Aussage zu entkräften. Sagt also beispielsweise jemand: »Das kannst du wirklich gut«, antworten Sie womöglich: »Eigentlich eher nicht«, oder: »Nicht so gut, wie du meinst.« Oder Sie spielen das Kompliment herunter: »Ich habe halt Glück gehabt«, oder: »Ich habe bloß gewonnen, weil mein Gegenspieler krank war.« Manchmal schlagen wir auch ein Kompliment aus, indem wir es umdrehen – es sozusagen dem anderen zurückgeben. Als Antwort auf die Aussage: »Du siehst wirklich hübsch aus heute«, erwidern Sie dann vielleicht: »Nicht so hübsch wie du.«

Oberflächlich betrachtet scheint so eine Reaktion auf ein Kompliment harmlos zu sein. Schließlich geben Sie sich bescheiden – und Bescheidenheit ist bekanntlich eine Zier. Sehen Sie aber genauer hin, wird Ihnen auffallen, dass Sie zwar sehr wohl bescheiden sind und nichts Böses im Sinn haben, dass Sie allerdings auch nicht gerade nett sind. Auf ein Kompliment so zu reagieren kann in der Tat für den anderen ziemlich beleidigend sein und die Gefühle des Menschen verletzen, der Ihnen etwas Freundliches sagen wollte.

Es sind nämlich Einfühlsamkeit, Mut und Freundlichkeit notwendig, um jemandem ein echtes Kompliment zu machen, das auch von Herzen kommt. Wenn so eine nette Geste zurückgewiesen wird – selbst ungewollt –, tut das weh. Und auch wenn es nicht wirklich schlimm ist, dass Ihr Partner so darauf reagiert, verleiht es Ihnen zumindest einen Dämpfer, denn er vermittelt die falsche Botschaft. Anstatt Ihnen gegenüber zum Ausdruck zu bringen, dass er Ihre Geste zu schätzen weiß und sie positiv aufnimmt, teilt er Ihnen indirekt mit: »Du irrst dich«, oder: »Ich habe das Kompliment eigentlich gar nicht verdient.« In jedem Fall ist es eine Art Ablehnung.

Bedenken Sie, dass es Spaß macht, Komplimente zu verteilen. Wenn Sie freudig erregt sind oder stolz auf das, was Ihr Partner gemacht hat, ist es eine lohnende Erfahrung, ihm Ihren Enthusiasmus mitzuteilen. Reagiert der andere nicht positiv, raubt er Ihnen die Freude. Anstatt weitere Komplimente zu ermöglichen, verringert er die Wahrscheinlichkeit, denn er hat Ihnen den Spaß daran genommen.

Dieses Problem lässt sich einfach lösen. Der Trick dabei ist, weniger darüber nachzudenken, was das Kompliment über den anderen aussagt, und mehr, was es der Person bedeutet, die dieses Kompliment gerade gemacht hat. Tun Sie das, fällt es Ihnen vermutlich viel leichter, und es kommt Ihnen auch natürlicher vor, ein Kompliment dankend anzunehmen.

74.

Lassen Sie Ihrem Partner seine drei Macken

Jahrelang haben wir immer wieder folgende Frage gestellt: »Was geht Ihnen an Ihrem Partner am meisten auf die Nerven?« Auch wenn die Details von Mensch zu Mensch variieren, gibt es dennoch zwei Dinge, die ständig angeführt werden. Zunächst einmal gehen den meisten Leuten in der Regel Kleinigkeiten auf die Nerven – all diese Marotten und schlechten Angewohnheiten. Außerdem scheint es im Durchschnitt drei vorrangige Gründe für Verstimmungen zu geben. Immer wieder sagte man uns: »Unsere Beziehung wäre ja so viel besser, wenn mein Partner nur diese drei Dinge unterlassen würde.«

So wie wir das sehen, gibt es nur zwei Möglichkeiten, wie man diesen Mechanismus überwinden kann. Bei der ersten handelt es sich um ein reines Hirngespinst – nämlich zu meinen, dass der Partner in der Lage und willens sei, sich zu ändern.

Der andere Weg dagegen ist kreativ und außerordentlich effektiv: Fassen Sie den Entschluss, die drei Macken einfach hinzunehmen, die Sie hauptsächlich verstimmen.

Das klingt härter, als es eigentlich ist. Schauen Sie sich Ihre Alternativen einmal sorgfältig an, werden Sie feststellen, dass das wirklich die beste und einzig vernünftige Handlungsweise ist. Ihnen wird bewusst, dass der Grund, warum Ihnen Ihre Verstimmungen so zusetzen, darin besteht, dass Sie diese negativen Gefühle auch zulassen – Sie schenken ihnen zu viel Aufmerksamkeit. Weil Sie stets fordern und hoffen, dass diese Macken verschwinden sollen, betrachten Sie sie wie einen Feind, dem Sie viel zu viel geistige Energie und Bedeutung schenken. Sobald Sie mit der Tatsache Frieden schließen, dass all diese Anlässe, die Ihnen so auf die Nerven fallen, nicht verschwinden werden, vermögen Sie auch zu erkennen, wie harmlos sie eigentlich sind und – in vielen Fällen – wie witzig.

Früher nervte mich Kris' Angewohnheit zu vergessen, das Licht im Bad zu löschen. Diese dämliche Kleinigkeit hat mich fast in den Wahnsinn getrieben! Meine Gründe, mich so aufzuregen, schienen auch immer vernünftig – wir haben hohe Räume, und schließlich bin ich derjenige, der die Glühbirne auswechseln muss. Aber aus welchem Grund auch immer: Stets brannte Licht, wenn ich vorbeikam. Ich habe mich immer darüber beklagt, Kris wiederholt daran erinnert, kleine Anspielungen gemacht und führte zahllose innere Dialoge – aber es nützte alles nichts. Wenn ich das nächste Mal am Bad vorbeikam, war das Licht wieder an.

Eines Tages kam mir die Erleuchtung. Wenn das alles war, worüber ich mich bei Kris zu beklagen hatte, war ich ja eigentlich ein Glückspilz! Ich selbst habe weiß Gott viel besorgniserregendere Marotten. Ich kam also zu dem Schluss, mit der Tatsache Frieden zu schließen und zu akzeptieren, dass der Fehler eindeutig bei mir lag. Die Sache war es gar nicht wert, darauf herumzuhacken. Es ist einfach lächerlich, sich endlos darüber zu beschweren, dass man den Lichtschalter umlegen muss. Es dauert den Bruchteil einer Sekunde – und außerdem mache ich tagtäglich sowieso dutzende von Lampen aus. Ich stellte mir also die Frage: »Warum sehe ich darin ein Problem und mache mich verrückt?« Sobald ich der Angelegenheit einmal den angemessenen Stellenwert zugewiesen hatte, sah dann alles ganz anders aus. Wie verkniffen musste ein Mensch – sprich: ich – schon sein, um sich von so einer Kleinigkeit stressen zu lassen? Mir wurde also klar, dass meine Aufregung über so etwas Harmloses viel mehr über mich aussagte – und meine Neigung, in allem ein Problem zu sehen und mich verrückt zu machen – als über Kris. Denken Sie einmal darüber nach, was Sie am meisten verstimmt, ist das fast immer so.

Bis zum heutigen Tag schalte ich nun also das Licht im Bad aus, wenn Kris es wieder einmal vergessen hat. Der Unterschied ist, dass ich jetzt eine andere Einstellung dazu habe. Wenn überhaupt, dann finde ich es irgendwie komisch, und ich kichere oder lächle, wenn ich den Schalter betätige.

Ich denke, Sie werden mir zustimmen, dass es eine gute Idee ist, Ihrem Partner die drei Macken, die Ihnen am meisten auf die Nerven gehen, einfach zu lassen. Sie werden froh darüber sein – und Ihr Partner auch. Und wer weiß, vielleicht lässt sich Ihr Partner dann ja auch durch Sie nicht mehr so schnell verstimmen.

75.

Vermeiden Sie kategorische Aussagen

Wenn wir uns erkundigen, was vielen Menschen an ihrem Partner am meisten auf die Nerven fällt, hat eine häufige Antwort mit etwas zu tun, das sich als »kategorische Aussage« bezeichnen lässt. Derart harte Äußerungen schränken den anderen in seiner Handlungsfreiheit ein und machen ihn somit unsicher. Sie werden mir vermutlich zustimmen, dass es den meisten Menschen nicht passt, wenn man sie reglementiert. Es erscheint ihnen ungerecht und übertrieben kritisch. Viele empfinden es sogar als beleidigend. Die einzige Ausnahme stellt wohl eine kategorische Aussage positiver Natur dar. Wenn Sie also zu Ihrem Partner sagen: »Du bist immer so rücksichtsvoll«, ist das offensichtlich etwas anderes – nämlich die positive Variante einer solchen kategorischen Aussage.

Bei kategorischen Aussagen werden Wörter verwendet wie »immer«, »nie«, »wertlos«, »nichts« und so weiter. Typische kategorische Aussagen sind: »Du sagst doch immer das Falsche«, »Du kommst immer zu spät nach Hause«, »Du hast nie Zeit für die Kinder«, »Du hörst mir nie zu«, »Was Du für die Beziehung tust, taugt nichts«, »Du hilfst mir in keiner Weise«. Die Liste ließe sich endlos fortsetzten. Jegliche Aussage, die einen Menschen definiert oder seinen Beitrag auf eine enge, absolute Weise erklärt, fällt in diese Kategorie.

Es gibt zwei wichtige und auch logische Gründe, weshalb man sich nie auf diese Weise äußern sollte. Zunächst einmal können solche kategorischen Aussagen beleidigend und verletzend sein, weil sie in dieser Form meist nicht zutreffen. Wir haben einmal einen Mann kennen gelernt, dessen Frau ihn ständig bezichtigt hat, »nie« richtig zuzuhören. Natürlich könnte er – wie wir alle – seine Fähigkeiten in dieser Hinsicht verbessern, doch waren ihre harten Beschuldigungen eine arge Übertreibung. Sowohl Kris als auch ich hatten mehrmals Gelegenheit, ihn im Umgang mit seiner Frau zu beobachten, und ich kann ehrlich sagen, dass seine Qualitäten als Zuhörer zumindest durchschnittlich waren; es hatte sogar den Anschein, als wäre er ein besserer Zuhörer als seine Frau. Außerdem bemühte er sich aufrichtig, besser zuzuhören, und hatte sogar an einem einschlägigen Seminar teilgenommen. Meiner Meinung nach wirkten sich die kategorischen Aussagen der Frau viel negativer auf ihre Beziehung aus als seine angeblich so mangelhaften Qualitäten als Zuhörer.

Denken Sie einmal darüber nach, wie Sie sich fühlen würden, wenn Ihr Partner zu Ihnen sagen würde: »Du hilfst mir nie im Haushalt.« Aller Wahrscheinlichkeit nach wären Sie entweder verletzt, verärgert oder würden sich verteidigen – außer Sie sind wirklich ein totaler Faulpelz. Vielleicht sind Sie ja nicht gerade der größte Putzteufel auf Erden und möglicherweise sollten Sie in der Hinsicht auch etwas sorgfältiger sein, aber wenn Sie sich doch die Mühe machen, dann treffen Sie die Worte Ihres Partners wie ein Dolchstoß, als falle er Ihnen in den Rücken.

Der andere Grund, weshalb man kategorische Aussagen unterlassen sollte, besteht darin, dass sich Ihr Partner geradezu ermuntert fühlen wird, genau das zu tun – oder eben nicht zu tun –, was Sie angesprochen haben. Schließlich haben Sie Ihrem Partner ja schon Ihre negative Meinung über ihn mitgeteilt, so dass er seinem schlechten Ruf nun in aller Ruhe gerecht werden kann. Warum sollte er jetzt noch mit Ihnen zusammenarbeiten wollen? Sie haben ja auch keine positive Einstellung ihm gegenüber, wenn er es tut.

Sobald Sie einmal die zwingende Logik durchschaut haben, warum man solche kategorischen Aussagen besser vermeiden sollte, ist es relativ einfach, mit dieser Gewohnheit zu brechen. Sind Sie über Ihren Partner frustriert, kommt eine sanftere und weniger extreme Vorgehensweise viel besser bei ihm an – und Sie erzielen ein günstigeres Ergebnis. Nehmen Sie also möglichst von kategorischen Aussagen Abstand, es kann Ihrer Beziehung nur gut tun.

76.

Sehen Sie Vorhersehbares voraus

Diese Strategie ist hilfreich und praktisch für alle Paare, und zwar umso mehr, je länger Sie schon zusammen sind. Sie hat mit der Tatsache zu tun, dass wir alle ein mehr oder weniger vorhersehbares Verhalten an den Tag legen. Lernen Sie also, vorauszusehen, was vorhersehbar ist, und schließen Sie Frieden damit; so können Sie sich viel Aufregung ersparen.

Kris ist in Portland, Oregon, aufgewachsen, wo es häufig regnet. Die meisten Menschen, denen diese Gegend bekannt ist, wissen, dass es unsinnig wäre, dorthin zu fahren – besonders im Winter – und dann erstaunt oder enttäuscht wegen des schlechten Wetters zu sein. Man würde sich natürlich etwas mehr Sonne wünschen, aber sicher würde man sich nicht beklagen: »Es darf doch nicht wahr sein, dass es schon wieder regnet, jetzt ist mir der ganze Tag verdorben.«

Diese schlichte Erkenntnis lässt sich auf Ihre Partnerbeziehung übertragen. Nach einer Weile können Sie mit bestimmten Reaktionen rechnen, und Sie vermögen gewisse Angewohnheiten ziemlich genau vorherzusagen. Beispielsweise wird Ihr Freund immer abweisend, wenn Sie Pläne für den Sonntagnachmittag machen, weil er gern Sport im Fernsehen sehen möchte. Sobald Sie das wissen, ist es unnötig, ja eigentlich sogar ziemlich dumm, sich an seiner Reaktion zu stoßen. Wenn Sie schon im Voraus wissen, was kommt, können Sie sich schließlich darauf einstellen. Sie könnten also den Entschluss fassen, für den Sonntag nichts mehr zu planen. Und wenn Sie es doch unbedingt wollen, sollten Sie die Spontanreaktion Ihres Partners zumindest nicht persönlich nehmen. Wie Sie es in Oregon schätzen würden, wenn mal die Sonne scheinen würde, so wäre es Ihnen lieb, wenn Ihr Freund sich etwas weniger für Sport interessieren würde. Sie können ja mit ihm darüber verhandeln, deshalb beleidigt zu sein und sich aufzuregen, hat schon etwas Masochistisches an sich.

Wie bereits erwähnt, war ich früher immer frustriert, wenn Kris sich etwas verspätete. Nach einer Weile wurde mir klar, dass das eben Teil ihres Wesens war. Sie ist bei allem, was sie tut, so engagiert und konzentriert, dass sie häufig ein bisschen zu lang wartet, bis sie endlich das Haus verlässt. Aber sobald das für mich vorhersehbar war und ich diese Tatsache akzeptierte, war der strittige Punkt eigentlich auch schon erledigt. Warum sollte man etwas aufbauschen, wenn es so einfach ist, sich auf das Vorhersehbare einzustellen? Ich habe mir angewöhnt, ein Buch, irgendetwas zum Arbeiten oder auch mein Handy mitzunehmen – oder ich übe mich eben in Geduld oder was auch immer. Wenn es absolut unabdingbar ist, dass Kris pünktlich kommt, lasse ich sie das immer wissen, und dann bemüht sie sich auch besonders. Egal, worum es geht, es ist immer besser, sich zu denken: »Ach ja, so macht er oder sie es ja immer; so war es immer – warum sollte es diesmal anders sein«, anstatt sich zu sagen: »Das darf doch mal wieder nicht wahr sein.« Natürlich soll das nicht heißen, dass Ihnen alles egal ist, es ist nur kein Grund, groß auszurasten.

Alle unsere Angewohnheiten, Marotten und Reaktionen sind ziemlich vorhersehbar. Gehen Sie einfach locker damit um, anstatt Ihren Partner deswegen unter Druck zu setzen, werden Sie mit Erstaunen feststellen, dass der Streitpunkt sich in Wohlgefallen auflöst. Die Menschen verändern und entwickeln sich, und zwar in der Regel ohne unser Zutun. Mit den Jahren ist Kris erheblich pünktlicher geworden; vielleicht komme ich inzwischen öfter zu spät als sie. Es ist also nur gut, dass ich ihr das Leben deswegen nicht zu schwer gemacht habe – vielleicht ist sie mir gegenüber jetzt auch nachsichtiger.

77.

Hören Sie auf, in allem eine Katastrophe zu sehen

Das Kernproblem, wenn man in allem ein Problem sieht und sich verrückt macht, liegt darin, dass man alles wie eine große Katastrophe behandelt. Natürlich gibt es im Leben Notfälle, mit denen man zu Rande kommen muss – und immer hat man seine liebe Mühe damit. Aber die ganz normalen, alltäglichen Vorfälle, die sich andauernd ereignen, Herausforderungen, kleine Auseinandersetzungen und Verantwortlichkeiten, um die wir uns kümmern müssen, sind nicht so ernst, als dass sie in diese Kategorie fielen.

Eine befriedigende Beziehung ist wie ein Refugium – entspannend, tröstlich und beruhigend. Bauschen wir all diese kleinen Widrigkeiten und täglichen Herausforderungen zu großen Katastrophen auf, vermitteln wir unserem Partner die Botschaft, dass wir alles andere, nur keine entspannende Wirkung haben. Anstatt ihn zu beruhigen, ähneln wir mit unserer Nervosität eher einer tickenden Zeitbombe! Wir sind angespannt und aufgeregt, deshalb macht es meist keinen besonderen Spaß, sich in unserer Gesellschaft aufzuhalten.

Natürlich kann niemand die ganze Zeit über ruhig bleiben, nicht einmal annähernd. Es ist jedoch wichtig, den Dingen den richtigen Stellenwert zuzuweisen und sich klar zu machen, dass vieles von dem, worüber wir uns aufregen und Sorgen machen, überhaupt nicht der Rede wert ist, sondern einfach mit zu unserem Alltag gehört.

Eines unserer liebsten Zitate macht diese Überlegung gut deutlich. Alfred D. Souza sagte einmal: »Lange Zeit schien mein Leben seinen Anfang nehmen zu wollen – das wirkliche Leben. Aber es war immer irgendein Hindernis im Weg – etwas, das es zuerst zu erledigen galt, eine unvollendete Aufgabe, Zeit, die auf etwas zu verwenden war, eine Schuld, die es zu begleichen galt –, aber dann endlich würde das Leben beginnen. Schließlich dämmerte es mir, dass dieses Hindernis das Leben selbst war.«

Wenn wir die Stolpersteine, ja sogar die Widrigkeiten, mit denen wir konfrontiert werden, als natürlichen Bestandteil des Lebens betrachten anstatt als etwas, das uns im Weg steht, wird uns plötzlich alles leichter fallen. Diese Überlegung ist für eine Beziehung besonders wertvoll, weil sie es uns ermöglicht, unserem Partner die Freiheit zu geben, ein ganz normaler Mensch mit allen Schwächen zu sein, Fehler zu machen und gelegentlich auch etwas Falsches zu sagen oder zu tun, was uns ja bekanntlich allen passiert.

Eines der größten Geschenke, das Kris mir je gemacht hat, ist, dass sie nie von mir erwartet hat, ich solle auch nur annähernd perfekt sein. Sie verzeiht schnell und hält es kaum für der Rede wert, wenn mir ein Irrtum unterläuft. In den meisten Fällen geht sie mit nichts so um, als wäre es eine große Katastrophe – bis auf die echten Notfälle. Das macht es so einfach, mit ihr zusammen zu sein und sie zu lieben.

Eine ähnliche Vorgehensweise ist mir bei den meisten Paaren aufgefallen, die einen freundlichen und entspannten Umgang miteinander pflegen. In der Regel bauscht zumindest einer der beiden Alltäglichkeiten nicht zu sehr auf. Anstatt durchzudrehen und das Negative noch zu

übertreiben, haben diese Paare eine Möglichkeit gefunden, natürlich nicht alles, aber doch vieles spielend zu meistern.
Natürlich hat jeder ein anderes Temperament, und nicht jeder ist in der Lage, Ruhe zu bewahren. Generell sind wir allerdings zu dem Schluss gekommen, dass den meisten Menschen etwas mehr Ausgeglichenheit, Entspannung und weniger überzogene Reaktionen auf alltägliche Bagatellen gut anstünden. Nicht immer, aber häufig wird Ihr Partner Ihre Bemühungen in diese Richtung zu schätzen wissen.

78.

Schreiben Sie sich Briefe

Wenn Sie mit jemandem eine Auseinandersetzung haben oder eine ernsthafte Diskussion führen wollen, kann es Ihnen oft schwer fallen, Ihren Standpunkt zu vertreten und gleichzeitig zu erklären, aus welchem Grund Ihnen Ihre Position so wichtig ist, ohne dass Ihr Partner zumindest etwas in die Defensive geht. Noch bevor Sie Ihre Argumente umfassend dargelegt haben, ist Ihr Partner nämlich schon mittendrin im Problem, er macht sich Sorgen, will sich verteidigen und sieht Schwierigkeiten auf sich zukommen. Das wird gemeinhin als Spontanreaktion bezeichnet und ist so typisch wie nur was. Leider sind die meisten von uns eben keine Zuhörer von Weltklasse.

In bestimmten Situationen kann es deshalb angemessen und sinnvoll sein, eine Karte oder einen Brief zu schreiben, um das Problem aus der Welt zu schaffen. Ein unaggressiver Brief, der von Herzen kommt, ist eine wunderbare Möglichkeit, dem anderen eine Sorge, einen Wunsch oder eine potenzielle Problemlösung mitzuteilen. Wie wirkungsvoll der Brief ist, hat nichts damit zu tun, wie virtuos Sie im Schreiben sind; es geht nur darum, wie aufrichtig und liebevoll Sie Ihre Gefühle zu Papier bringen. Während des Schreibens haben Sie Gelegenheit, über Ihren Standpunkt nachzudenken und ihn langsam und sorgfältig darzulegen – und zwar ohne dass jemand Sie unterbricht. Der Empfänger des Briefes – Ihr Partner – hingegen hat den Vorteil, dass er den Brief so viele Male lesen kann, wie er braucht, um Ihre Argumentation völlig zu verstehen. Er oder sie kann in Ruhe darüber nachdenken und sich in manchen Fällen auch erst einmal abregen, bevor er antwortet.

Das erste Mal hat sich diese Methode aus reinem Zufall ergeben. Unser erstes Kind war noch nicht einmal ein Jahr alt. Kris widmete die meiste Zeit dem Baby, wodurch ihr nicht viel Zeit für sich selbst blieb. Ich arbeitete, besuchte das College und schrieb mein erstes Buch. Wir waren ziemlich pleite und litten beide an Schlafmangel. Wir waren glücklich und sehr verliebt – aber wie die meisten Paare mit kleinen Kindern ziemlich überfordert.

Auch wenn ich bisweilen außer Haus war, hatte es fast immer etwas mit der Arbeit zu tun. Ich hatte versucht, Kris zu vermitteln, dass ich den Wunsch verspürte, auch einmal allein auszugehen, doch irgendwie erwischte ich nie den richtigen Zeitpunkt. Kris, die noch müder war als ich, konnte dieses Bedürfnis nicht nachvollziehen. Rückblickend betrachtet weiß ich jetzt natürlich, warum!

Eines Tages, als Kris gerade mit unserem Töchterchen unterwegs war, beschloss ich, ihr eine kurze Mitteilung zu schreiben. Darin stand im Prinzip Folgendes: »Ich liebe dich und die Familie über alles. Dennoch habe ich das ungeheure Bedürfnis, auch einmal allein zu sein. Ich glaube, dass es gut für mich – und uns – wäre, wenn ich mal rauskäme, selbst wenn es nur ein paar Tage sind. Irgendwelche Vorschläge?«

Als ich an dem Abend nach Hause kam, hatte ich dieses Briefchen schon ganz vergessen; Kris jedoch nicht. Sie sagte mir, dass sie mein Schreiben mehrmals gelesen und keine Ahnung gehabt habe, dass mein Bedürfnis, einmal für mich zu sein, so groß sei. Sie ermunterte mich also, ans Meer zu fahren, meinem liebsten Fleckchen Erde, und dort so lange zu bleiben, wie ich wollte, um wieder Kraft zu schöpfen. Sie sagte, es tue ihr Leid, dass sie nicht früher daran gedacht habe; außerdem wunderte sie sich, warum ich darüber nicht mit ihr gesprochen hatte.

Bedenken Sie, dass ich aus meiner Sicht ja mehrmals versucht hatte, die Angelegenheit aufs Tapet zu bringen. Bei einem brüllenden Baby und mit diesem Übermaß an Verpflichtungen waren wir jedoch nie in der Lage gewesen, darüber zu reden, wie wichtig dieser Punkt für mein Seelenheil war. Der Brief ermöglichte und erweiterte also den Dialog über dieses Thema, das zu diskutieren mir solche Schwierigkeiten bereitet hatte. Ohne den Brief wäre ich vielleicht gar nicht in der Lage gewesen, mich derart deutlich auszudrücken.

Ein solcher Brief kann ehrliche und offenherzige Gespräche natürlich nicht ersetzen. Er ist jedoch ein gutes Mittel, um den Boden für eine Kommunikation zu bereiten, welche die Beziehung vertieft; oder er begleitet einen Austausch, der bereits begonnen hat.

Wir haben Paare kennen gelernt, die sich ähnliche Briefe geschrieben haben, um verschiedene Themen anzusprechen – Sorgen wegen zu hoher Ausgaben, unterschiedliche Ansichten in der Kindererziehung oder Frust wegen einer ungerechten Aufgabenverteilung.

Wir sind der Ansicht, dass es helfen kann, wenn man die Position des Partners einmal schwarz auf weiß vor sich sieht. Auf diese Weise lassen sich am Partner Seiten entdecken, deren wir uns gar nicht bewusst waren. Solange der Brief mit Liebe, Respekt und in aller Aufrichtigkeit geschrieben ist, ist kaum vorstellbar, dass er nicht gut beim anderen ankäme. Und wenn Sie keine direkten Anliegen haben, bei denen so ein Brief helfen kann, dann herzlichen Glückwunsch! Warum schreiben Sie in dem Fall nicht einfach einen Brief, in dem steht: »Ich liebe dich.«?

79.

Zwingen Sie Ihren Partner nicht zu einem Eiertanz

Hören Sie sich um, so wie wir das getan haben, werden Sie feststellen, dass sich die Schwierigkeiten, die Menschen an ihrer Beziehung frustrieren, immer ähneln. So ziemlich ganz oben auf der Liste der Dinge, die jeder gerne anders hätte, steht die Beschwerde: »Ich habe ständig das Gefühl, einen Eiertanz vollführen zu müssen.«

Wie schade! Sie leben in einer Beziehung, die Sie eigentlich beide befriedigen sollte, aber Sie müssen sich ständig Gedanken machen, weil Ihr Partner nonstop in allem ein Problem sieht und sich verrückt macht, weil er jeden Moment durchdrehen kann, weil er Sie wissen lässt, dass Sie ihn wieder einmal irgendwie enttäuscht haben. Deshalb haben Sie ständig Angst, etwas Falsches zu sagen oder zu tun, einen Fehler zu machen, ein Glas Milch zu verschütten oder sonst etwas, das Ihr Partner dann in den falschen Hals bekommt.

Oder, andersherum betrachtet, stellen Sie sich beim Lesen dieses Abschnitts einmal folgende Frage: »Kann es sein, dass ich meinem Partner das Gefühl gebe, er müsse wegen mir einen Eiertanz aufführen?« Lautet Ihre Antwort Ja, dann ist es wohl an der Zeit, Ihre Prioritäten neu zu setzen und vermutlich auch Ihre Erwartungen etwas herunterzuschrauben. Hat es den Anschein, als müsse sich Ihr Partner oft entschuldigen und häufig verteidigen, könnte das ein Hinweis sein, dass er das Gefühl hat, Ihnen gegenüber Vorsicht walten lassen zu müssen. Sind Sie sich nicht sicher, ob Sie wirklich zu diesem Problem beitragen, fragen Sie doch Ihren Partner einmal offen danach. Selbst wenn es Ihnen schwer fällt und möglicherweise peinlich ist, könnte das einen Riesenschritt in Richtung Intensivierung Ihrer Beziehung bedeuten und sie beide näher zueinander bringen. Als Faustregel gilt, dass die meisten Menschen dem anderen verzeihen, wenn sie wissen, dass er an seiner Schwäche arbeitet.

Ich kann mich erinnern, dass ich Kris einmal gefragt habe, ob sie derartige Gefühle mir gegenüber hege. Zu meiner großen Überraschung antwortete sie, dass das durchaus manchmal der Fall sei, besonders wenn bei uns zu Hause aus welchem Grund auch immer ein gewisses Durcheinander herrsche. Sie weiß, dass zu viel Unordnung mich wahnsinnig macht, und bisweilen hatte sie den Eindruck, dass ich ihr die Schuld an unserem Chaos gäbe. Seither achte ich sehr darauf, wenn mich unsere Unordnung wieder einmal frustriert, dass Kris nicht den Eindruck gewinnt, als würde ich ihr die Schuld in die Schuhe schieben – sie hat ja schließlich keine.

Das Gute bei alldem ist, dass es relativ einfach ist, einige geringfügige Verhaltenskorrekturen vorzunehmen, sobald man eingesehen hat, dass man für den Partner eine Art Stressfaktor ist. Die meisten Menschen wollen sich nicht ständig Gedanken machen und sich verunsichert fühlen, und natürlich möchte keiner, dass der geliebte Partner vor unseren Reaktionen regelrecht Angst hat. Sobald Sie also ein offenes Auge für Ihre Angewohnheit haben, können Sie langsam davon Abstand nehmen.

Es ist auch hilfreich, sich einmal in den anderen hineinzuversetzen. Können Sie sich vorstellen, wie schwierig und stressig es wäre, wenn Sie sich die meiste Zeit unsicher fühlen müssten, sobald Sie den Mund aufmachen, um eine Meinung oder Beschwerde zu äußern? Sie hätten ständig Angst, etwas Falsches zu sagen, oder dass Sie die Garage nicht ordentlich aufgeräumt oder das Essen nicht richtig zubereitet haben. Sie müssten befürchten, dass Ihr Partner über alles Buch führt, was Sie tun oder nicht tun. Würde Ihnen das Spaß machen? Wie lange könnten Sie das aushalten? Die traurige Wahrheit ist, dass es wirklich schwierig ist, mit jemandem zusammen zu sein, wenn man das Gefühl hat, denjenigen ständig zu enttäuschen. Andererseits ist es schön und einfach, jemanden zu lieben, wenn Sie den Eindruck haben, ganz Sie selbst sein zu können, selbst wenn Ihnen einmal ein Fehler unterläuft.

Hat jemand das Gefühl, einen Eiertanz vollführen zu müssen, distanziert er sich fast immer von dem Menschen, den zu enttäuschen er fürchtet, wodurch ein Keil in die Beziehung getrieben wird. Die meisten ziehen es einfach vor, sich sicher zu fühlen und nicht unablässig darüber nachdenken zu müssen, ob sie womöglich etwas falsch machen. Sie werden oberflächlicher und teilen sich nicht mehr mit, wenn sie Gefahr laufen, unverdient Kritik zu ernten.

Es geht hier um eine Angewohnheit, die man sich nur ungern eingesteht, die jedoch einfach zu beheben ist; sie macht sich in vielen Beziehungen bemerkbar. Der erste Schritt ist, zu der Einsicht zu gelangen, dass es im Interesse aller ist, wenn keiner das Gefühl hat, einen Eiertanz vollführen zu müssen. Anschließend kommen Sie zu einer Lösung, indem Sie Ihre eigenen Empfindungen und Frustrationen beobachten. Spüren Sie eine Anspannung, ermahnen Sie sich, locker zu lassen. Messen Sie allem den richtigen Stellenwert bei. Machen Sie sich bewusst, dass die Qualität Ihrer Beziehung unendlich viel wichtiger ist als alles, was Ihnen auf die Nerven fällt. Sie werden feststellen, dass Ihre Frustration nachlassen und Ihre Liebe zu Ihrem Partner wachsen wird.

80.

Machen Sie einen Plan, wie Sie ein liebevollerer Mensch werden können

Es ist überaus hilfreich, einen gut durchdachten Plan zur Hand zu haben, um sicherzustellen, dass Sie ein liebevollerer Mensch werden. Schon die Absicht allein wird Sie weiterbringen. Hier soll nicht die Rede davon sein, eine künstliche Strategie zu entwickeln, damit Sie mehr Liebe bekommen oder jemanden manipulieren können, Sie mehr zu lieben, sondern es geht um einen schlichten Plan, der Ihnen helfen soll, der liebevollste Mensch zu werden, den man sich nur vorstellen kann.

Die Chancen, dass etwas klappt, stehen stets besser, wenn wir uns einen entsprechenden Plan zurechtlegen. Wollen wir beispielsweise abnehmen oder körperlich fitter werden, dann stellen wir einen Diät- und Gymnastikplan auf. Im Geschäftsleben entwickeln wir eine Strategie, einen Marketingplan oder eine Werbekampagne und formulieren Verkaufsziele. Um ein Studium zu bewältigen, stellen wir einen Kursplan auf. Wir entscheiden, welche Kurse wir jetzt belegen müssen, um dann später weiterführende Seminare besuchen zu können. Man kommt stets schneller ans Ziel, wenn man die einzelnen Schritte im Kopf hat. Wollen Sie von A nach B gelangen, geht das mit einem Plan fast immer am besten.

Wenn man ein liebevollerer Mensch werden will, ist das nicht anders: Haben Sie einen Plan mit kurzfristigen und langfristigen Zielsetzungen und arbeiten Sie darauf hin, der Mensch zu werden, der Sie gerne sein möchten, macht sich das in der Regel enorm bezahlt.
Wir haben hunderte von Menschen kennen gelernt – eigentlich fällt wohl so ziemlich jeder in diese Kategorie –, die sich für ihr Leben mehr Liebe wünschen. Die meisten können erklären, wie ihr Idealpartner sein sollte oder in welcher Hinsicht sie sich wünschten, dass ihr vorhandener Partner sich ändert. Es ist jedoch erstaunlich, dass nur wenige von uns einen Plan ausgearbeitet haben, der uns hilft, ein liebevollerer Mensch zu werden. Doch während Sie kaum die Möglichkeit haben, jemand anderen zu ändern, haben Sie doch viel Einfluss auf Ihr eigenes Schicksal.
Als ich Steve zum ersten Mal sah, war er ein netter Typ, aber, wie er selbst zugab, »schon mehr als verkniffen«. Er wusste, dass er ein schlechter Zuhörer war, dass er gern die Sätze anderer zu Ende brachte und sehr darauf fixiert war, Recht zu behalten. Er beschrieb sich ferner als jemand, der zu Überreaktionen neigte, angespannt und ständig in Eile war. Eines jedoch musste man ihm zugute halten: Er hatte ein ehrliches Ziel und einen langfristigen Plan, nämlich ein liebevollerer Mensch zu werden. Zu diesem Plan zählte sein Bestreben, weniger stur und egoistisch zu sein und stattdessen zu lernen, entspannter und dankbarer zu werden.
Er arbeitete jeden Tag an seinen Qualitäten als Zuhörer. Er las Bücher, die unterschiedliche Perspektiven darstellten, und übte sich in Geduld und Dankbarkeit. Er nahm an Kursen über Kommunikation und Beziehungsfähigkeit teil, und er beherrschte mehrere Techniken der Stressreduzierung, einschließlich Yoga und Meditation. Das und vieles mehr half ihm schließlich, den Wandel zu vollziehen, den er sich wünschte.

Kris und ich beobachteten, wie er sich mit den Jahren veränderte; er ist nun einer der liebevollsten Menschen, die wir kennen. Er hat ein sanftes und freundliches Wesen und ist der beste und geduldigste Zuhörer sowie einer der großzügigsten Menschen, denen wir je begegnet sind. Er ist jetzt mit einer Frau glücklich verheiratet, die ebenfalls etwas ganz Besonderes ist. Es steht außer Zweifel, dass sein »Plan« – nämlich sein Wissen, was sein Ziel war und welche Art Mensch er sein wollte – eine bedeutende Rolle bei seinem Erfolg gespielt hat.

Wir haben alle die Fähigkeit, uns zu verändern und zu der Persönlichkeit zu werden, die wir gerne sein möchten. Ohne eine Strategie kann es jedoch schwierig und verwirrend sein, die notwendigen Veränderungen zu vollziehen. Haben wir einen Plan zur Hand, kann uns der – ganz egal, worum es sich genau handelt – helfen, diese Veränderungen zu vollziehen und dann auch wirklich umzusetzen; so wird unsere Reise durchs Leben viel weniger kompliziert. Viel Glück damit!

81.

Nehmen Sie Entschuldigungen an

Leider fällt es vielen Menschen schwer, sich zu entschuldigen. Im Lauf der Jahre haben Kris und ich erfahren, dass viele kluge Köpfe die Auffassung vertreten, einer der Gründe dafür liege darin, dass unsere Entschuldigungen oft nicht gerade dankbar angenommen werden. Unter diesen Umständen geht natürlich die Motivation zurück, weiterhin jemanden um Verzeihung zu bitten, selbst wenn es angebracht wäre. Das ist überaus schade, denn die meisten glücklichen Paare behaupten, dass sowohl sich zu entschuldigen als auch eine Entschuldigung anzunehmen lebenswichtige Bestandteile einer liebevollen und entwicklungsfähigen Beziehung sind.

In einem Café erlebte ich zufällig einmal ein Paradebeispiel: Mit Tränen in den Augen teilte eine Frau ihrem Mann mit, dass es ihr Leid tue, dass ihre Arbeit sie so in Anspruch genommen habe. Offensichtlich hatte sie viel reisen müssen und war deshalb lange von ihm und den Kindern getrennt gewesen. Ich vermutete, dass das für die Familie und die Beziehung der beiden eine große Belastung darstellte.

Natürlich sind mir nicht alle Umstände bekannt, und sie gehen mich ja eigentlich auch gar nichts an. Doch ungeachtet der Einzelheiten war eines absolut klar. Die Unfähigkeit dieses Mannes, sanft und offen auf die aufrichtige Entschuldigung seiner Frau zu reagieren, würde jedes Problem, das die beiden hatten, garantiert eskalieren lassen. Anstatt sie zu umarmen, ihre Hand zu nehmen und sie zu beruhigen, warf er ihr nämlich einen missbilligenden Blick zu, der ihr jeglichen Mut nahm. Ich kann das nicht mit Sicherheit sagen, aber es hatte den Anschein, als würde er ihr noch mehr Schuldgefühle einflößen wollen, als sie ohnehin schon hatte.

Wie jeder, der um Verzeihung bittet, öffnete auch diese Frau die Tür für eine liebevollere Kommunikation, einen möglichen Kompromiss oder vielleicht sogar eine Lösung. Damit eine Entschuldigung Wirkung zeigen kann, müssen jedoch beide Teile etwas dazu tun. In diesem Fall war der Ehemann jedoch nicht bereit. Er verpasste so eine Gelegenheit, ihre gemeinsame Beziehung zu vertiefen, und erhöhte außerdem die Wahrscheinlichkeit, dass seine Frau sich in Zukunft weniger gern entschuldigen würde und dass sie ihn womöglich als das eigentliche Problem betrachten würde. Wird eine Entschuldigung nicht angenommen, kommen oft Zorn und Verbitterung ins Spiel.

Sicher werden die meisten von uns nicht so offensichtlich unfreundlich reagieren, wenn es darum geht, eine Entschuldigung anzunehmen. Wir vermögen unseren Partner jedoch auch auf andere, subtilere Weise vor den Kopf zu stoßen. Wir können etwas vor uns hin murmeln, seufzen oder eine herablassende Bemerkung von uns geben wie: »War ja wohl auch Zeit«, oder auf andere Weise die Entschuldigung schmälern und nicht voll akzeptieren.

Wir sind zu dem Schluss gekommen, dass eine Entschuldigung in den allermeisten Fällen eine hervorragende Gelegenheit ist, unsere Liebe und unsere Partnerschaft zu intensivieren. So ein Moment ist ideal, um wirklich gut und respektvoll zuzuhören. Der Zeitpunkt bietet sich auch an, um Einfühlungsvermögen und Dankbarkeit an den Tag zu legen, dass unser Partner überhaupt willens ist, um Verzeihung zu bitten, was schließlich nicht jeder kann. Nehmen wir eine Entschuldigung an, wird es erheblich wahrscheinlicher, dass unser Partner das bei uns auch tut. Das nächste Mal, wenn Ihr Partner – oder sonst jemand – sich bei Ihnen entschuldigt, versuchen Sie, es sich zu Herzen zu nehmen. Seien Sie freundlich und öffnen Sie Ihr Herz. Sie werden merken, dass, ganz egal, worum es sich bei der Entschuldigung dreht, Ihre Beziehung in eine neue, lohnende Phase eintreten wird.

82.

Überlegen Sie sich einen Augenblick, was Sie alles nicht tun

Das ist eine machtvolle Strategie, um die eigene Perspektive zu hinterfragen. Es dauert nur eine Minute, und deshalb sollte man diese Übung idealerweise regelmäßig einplanen. Nimmt man diese Strategie ernst, macht sie sich langfristig enorm bezahlt. Es handelt sich hier um einen der typischsten Auslöser für Beziehungsstress, den wir beobachtet haben, nämlich den Eindruck, dass Sie selbst viel mehr für die Beziehung tun als Ihr Partner. An Ihnen nagt, dass der eigene Beitrag viel bedeutsamer und aufwendiger ist und dass das einfach ungerecht ist.

Es liegt in der Natur des Menschen, dass man sich auf das konzentriert, was man selbst alles leistet. So behält man den Überblick, was erledigt wird und was nicht. In gewisser Weise ist es schwierig, von diesem Verhalten Abstand zu nehmen – schließlich sitzt Ihnen Ihre Verantwortung im Nacken, und das vierundzwanzig Stunden am Tag. Ich glaube nicht, dass je ein Tag verstrichen ist, ohne dass ich – oder Kris – gehört hätten, wie sich jemand beklagt, weil er zu viel zu tun hat.

Sandra ärgerte sich oft über ihren Mann Mike. Sie hatte drei Kinder zu betreuen, und es bestand kein Zweifel, dass sie viel Verantwortung trug. Zu ihren Aufgaben zählte zu kochen, zu putzen, die Wäsche zu machen, bei den Hausaufgaben zu helfen, die Kinder in die Schule zu bringen und abzuholen und zudem an verschiedenen Unternehmungen der Kinder teilzunehmen wie Sport, Musik, Freunde besuchen und so weiter. Eigentlich hatte sie also allen Grund zum Meckern. Schließlich bestand kein Zweifel, dass ihr Mann im Haushalt mehr mithelfen könnte.

Die Geschichte hat jedoch noch eine ganz andere Seite, mit der Sandra ganz plötzlich konfrontiert wurde. Mike wurde nämlich ernsthaft krank, und eine Weile hatte es sogar den Anschein, als würde er nicht genesen. Auch wenn Sandra viel Zeit darauf verwendet hatte, über die »ungerechte Verteilung der Arbeit« nachzusinnen, wie sie es genannt hatte, hatte sie sich doch nie überlegt, was sie alles nicht tat. Theoretisch waren ihr diese Tatsachen natürlich stets bewusst gewesen. Während sie tagein, tagaus all ihren Verpflichtungen nachgekommen war, war Mike irgendwie unsichtbar für sie geworden. Sie war voll mit dem Alltag beschäftigt gewesen, und es hatte keine echte Notwendigkeit bestanden, über all die Dinge nachzudenken, die sie nicht tat – die für sie erledigt wurden.

Davon abgesehen, dass Mike über fünfzig Stunden die Woche außer Haus arbeitete und hundert Prozent des Familieneinkommens verdiente, war er auch noch für den Garten zuständig. Er war auch recht geschickt und reparierte alles im Haus. Seit das erste Kind zur Welt gekommen war, hatte Sandra nicht einen einzigen Tag außer Haus gearbeitet. Sie hatte auch nie den Rasen gemäht, die Hecke geschnitten oder einen Wasserhahn gerichtet. Mike war für das Bezahlen aller Rechnungen zuständig und musste sich um alle finanziellen Angelegenheiten kümmern. Er hatte die Altersversorgung im Griff, stellte Haushaltspläne auf und erledigte die jährliche Steuererklärung. All das und noch viel mehr sah Sandra jedoch gar nicht mehr.

Erst als das Einkommen zurückging, die Rechnungen sich stapelten, der

Garten einem Dschungel glich und die Spülmaschine den Geist aufgab, wurde es ihr schlagartig bewusst: Wie sollte sie ohne ihn leben? Es wurde offensichtlich, dass es vieles gab, was sie nie erledigt hatte.

Bitte entschuldigen Sie dieses klischeehafte Beispiel. Sicher könnte man diesen Sachverhalt ganz anders darstellen. Oft ist es der Ehemann, der sich einmal Gedanken machen sollte, was er alles nicht tut. Außerdem könnte natürlich auch die Frau den Familienunterhalt verdienen, während der Mann zu Hause bei den Kindern bleibt, eine Kombination der beiden Varianten ist ebenso denkbar. Wie auch immer, wichtig ist in jedem Fall – ganz egal, wie Sie Ihre Aufgaben verteilt haben –, dass beide Partner einmal nachdenken sollten.

Bei genauerem Hinsehen gibt es vermutlich vieles, was Sie nicht tun müssen, oder zumindest nicht sehr oft. Vielleicht meinen Sie ja, dass die Heinzelmännchen jeden Tag zum Aufräumen kommen oder sich ein Koch ins Haus schleicht, um all Ihre Mahlzeiten zuzubereiten. Vielleicht werden die Wäsche und der Abwasch ja wie von Zauberhand regelmäßig erledigt oder auch die Rechnungen bezahlt, das Essen für die Kinder gerichtet und Besorgungen gemacht, alle Hausarbeiten sind auf irgendeine Weise plötzlich getan. Vielleicht ist Ihnen ja auch entgangen, dass die Garage immer aufgeräumt ist, dass das Auto gut läuft und dass die Kinder regelmäßig einen ordentlichen Haarschnitt bekommen und vor allem auch immer rechtzeitig zum Fußballtraining eintreffen. Ein Mann sagte einmal zu mir: »Wir haben vier Söhne, die bei uns zu Hause leben, da ist es doch erstaunlich, dass die Toilette immer so sauber ist.« Es war ihm gar nicht klar, dass seine Frau sie jeden Tag putzte.

Bei dieser Strategie geht es nicht darum zu vergleichen, wer es leichter beziehungsweise schwerer hat, auch nicht wer Recht beziehungsweise Unrecht hat. Der Ansatz ist vielmehr, weniger Zeit mit Auflisten zu verbringen, was Sie alles tun – und sich stattdessen zu überlegen und auch zu schätzen, was Sie alles *nicht* erledigen müssen. Wenn Sie nur einen einzigen Punkt finden – und wenn er noch so geringfügig scheint –, für den Sie nicht verantwortlich sind, dann werden Sie einen Anflug von Dankbarkeit verspüren. Sie werden erstaunt sein, wie viel Ärger verschwindet, wie viel weniger Sie in allem ein Problem sehen und sich verrückt machen und um wie viel mehr Sie Ihren Partner zu schätzen wissen, indem Sie diese einfache Übung in Ihr Leben integrieren.

83.

Üben Sie sich in regelmässiger Stressprävention

Auch jenseits Ihrer Beziehung können Sie vieles tun, um entspannter zu werden, weniger überzureagieren und nicht so schnell in allem ein Problem zu sehen und sich verrückt zu machen. Viele von den höchst effektiven Maßnahmen, die Sie ergreifen können, um ein glücklicherer und ausgeglichener Mensch zu werden, fallen in die Kategorie, die wir als »Stressprävention« bezeichnen.

Stressprävention beinhaltet jegliche Aktivität oder Einstellung, die dazu dient, mehr Ruhe und Akzeptanz gegenüber dem Leben zu finden. Und das Gute daran ist, dass Menschen, die entspannter und ausgeglichener werden, dieses Gefühl von Frieden fast immer in ihre Beziehung einbringen. Sie werden geduldiger, freundlicher, einfühlsamer und großzügiger. Außerdem können sie meist besser zuhören und kommen mit den Höhen und Tiefen ihrer Partnerschaft gut zurecht. Generell fördert ihr Verhalten eine liebevolle Beziehung. Sie üben weniger oft Kritik, gehen nicht so schnell in die Defensive, fällen keine vorschnellen Urteile, verteilen mehr Komplimente, sind nicht so oft eifersüchtig und alles in allem viel einfacher im Umgang.

Ich führte einmal ein relativ lockeres Forschungsprojekt durch, das die Wirksamkeit verschiedener Techniken zur Stressreduzierung untersuchen sollte. Was ich herausfand, war beeindruckend, wenn auch keineswegs überraschend. Es stellte sich nämlich heraus, dass Menschen, die regelmäßig – etwa einmal pro Woche – an Yoga- oder Meditationskursen teilnahmen, ihre Beziehung dreimal so wenig als »stressig« bezeichneten als andere. Und selbst wenn sie sich über ihre Beziehung beklagten, dann waren diese Beschwerden meist geringfügiger Natur und wurden mit Humor und einer angemessenen Sichtweise diskutiert. Eine nicht ganz so drastische, aber dennoch ähnliche Statistik galt für Menschen, die regelmäßig Sport trieben und auf sich achteten, die sich Zeit nahmen zum Entspannen, zum Lesen inspirierender Bücher, zum Beten, zu Treffen mit Gleichgesinnten oder zur Beschäftigung mit spiritueller Literatur.

Wieder einmal hat sich bestätigt – und Sie wissen das sicher auch –, dass es sich in Ihrem Privatleben und auch in Ihren Beziehungen enorm bezahlt macht, wenn Sie sich möglichst jeden Tag die Zeit nehmen, sich um Ihr Seelenleben zu kümmern und so ein Gefühl des Wohlbefindens zu erlangen. Bedenken Sie, dass es hier nicht um Stunden geht, die Sie tagtäglich aufwenden müssen, sondern eher um die Größenordnung von dreißig Minuten.

Viele behaupten: »Ich habe keine Zeit zum Lesen, um Yoga zu machen oder zu meditieren, um in die Kirche zu gehen, einfach einmal still dazusitzen, um Sport zu treiben oder was auch immer.« Dabei ist es genau andersherum, wenn Sie auf eine liebevolle Beziehung Wert legen: Sie haben keine Zeit, dergleichen *nicht* zu tun, weil das Ergebnis so essenziell wichtig ist. Und vergessen Sie nicht, dass der umgekehrte Fall ebenso zutrifft. Menschen, die nichts von alldem unternehmen – keinerlei Aktivität, die dazu beiträgt, Stress zu reduzieren und sich eine angemessene Sicht der Dinge zu bewahren –, sind in der Regel erheblich angespannter, engstirniger und neigen mehr zu Überreaktionen; dementsprechend schwierig ist auch der Umgang mit ihnen.

Wir wollen Sie nun ermuntern, einfach ein paar Möglichkeiten zur Stressreduzierung auszuprobieren und Ihre Erfahrungen zu sammeln. In vielen Gemeinden gibt es Kurse, wie man mit Stress besser zurechtkommt; Therapeuten bieten Massagen und Körperarbeit an. Sie können zwischen dutzenden von Sportangeboten, Yoga- und Meditationsstunden sowie unter vielen hervorragenden Büchern zu diesem Thema wählen. Ich habe schon von Workshops zum Thema Optimismus und innere Einstellung gehört; und es gibt sogar ein paar Seminare, in denen man lernt, glücklich zu sein – ich selbst habe sie schon gehalten.

Leider kann ich keine regelmäßigen Yoga-Stunden nehmen, aber ich habe mehrere gute Videos, die es mir ermöglichen, in meinen vier Wänden zu dem mir angenehmsten Zeitpunkt in aller Ruhe zu üben. Kris hingegen geht gern zum Joggen und macht das auch fast jeden Tag. Was wir gern miteinander unternehmen, ist am Morgen ein paar Minuten lang zu meditieren. Wir machen um all das kein großes Aufhebens; dennoch helfen uns diese Aktivitäten zusammen mit einer positiven Grundeinstellung, unseren Stresspegel unter Kontrolle zu halten und uns somit unser Wohlbefinden zu bewahren. Sind Sie glücklich und entspannt, empfinden Sie Ihr Leben als außerordentlich gut. Ist das der Fall, wird es recht schwierig, nicht auch eine gute Beziehung zu führen.

84.

Sprechen Sie nicht für Ihren Ehepartner – oder Freund, Freundin, Verlobte oder sonst wen

»Ich hasse es, wenn er für mich spricht.« »Ich kann es nicht leiden, wenn er mir irgendwelche Worte in den Mund legt.« Ich kann Ihnen gar nicht sagen, wie oft ich diese und ähnliche Aussagen schon gehört habe. Vergangene Woche war ich in Wisconsin, wo ich einen Vortrag halten sollte. Am Vorabend nahm ich an einer gesellschaftlichen Veranstaltung teil. Da sagte ein Mann zu mir, in Anwesenheit seiner Frau: »Sie isst diese Kartoffelchips nicht; sie schmecken ihr nicht.« Nicht einmal eine Minute später, als ihr Mann weg war, bat mich die Frau: »Würden Sie mir bitte mal diese Chips herüberreichen? Die sind einfach super!« Als ich einen Sekundenbruchteil zögerte, meinte sie: »Ach, beachten Sie meinen Mann nicht weiter. Ich hasse es, wenn er für mich spricht – er macht das ständig.«

Wie traurig. Die Frau rechnete schon von vornherein mit diesem Verhalten. Ich könnte zwar nicht sagen, in welchem Ausmaß, aber es hatte den Anschein, als hätte seine Angewohnheit schon einen destruktiven Keil zwischen die beiden getrieben. Sein Bedürfnis, für seine Frau zu sprechen, war zu einem so »normalen« Bestandteil ihrer Beziehung geworden, dass sie schließlich die Achtung vor ihm verloren hatte.

An und für sich ist es ziemlich respektlos, für jemand anderen das Wort zu ergreifen. Selbst wenn Sie keine bösen Absichten hegen, bedeutet es dennoch, dass Sie nicht glauben, dass Ihr Partner – oder jeder andere Mensch, für den Sie sprechen – fähig ist, es für sich selbst zu tun; Sie kennen denjenigen besser als er sich selbst. Sie wissen, was der andere will, was er denkt und welche Entscheidung er treffen wird. Dass er womöglich seine Meinung ändern könnte, ist dabei nicht vorgesehen. Und falls doch, würden Sie das sicher auch schon vorhersehen! Diese respektlosen Annahmen – kombiniert mit der Tatsache, dass die meisten Erwachsenen dergleichen nicht ausstehen können – lässt Sie ein hervorragender Kandidat werden für die Liste, die sich überschreiben ließe mit: »Versuch das bloß nicht noch einmal!«

Diese Unart kann einem natürlich hin und wieder einmal unterlaufen. Wenn man jemanden wirklich gut kennt, nimmt man schnell an, dass man weiß, was derjenige denkt oder sich wünscht. Und vielleicht haben Sie ja auch meistens Recht. Aber selbst wenn die Aussichten gut stehen, dass Ihre Annahme zutrifft, ist es das dennoch nicht wert.

Ich glaube, sowohl Kris als auch ich versuchen mit Erfolg, dieses Verhalten zu vermeiden. Und kommt es doch einmal zu einem Ausrutscher, wissen wir zumindest, dass es nicht aus Eigennutz war. Wir beide sprechen jedoch noch oft für unsere Kinder, woran wir natürlich arbeiten.

Stellen Sie fest, dass Sie für jemand anderen das Wort ergreifen, gehen Sie nicht zu streng mit sich ins Gericht. Anstatt die Sache groß aufzubauschen, erinnern Sie sich sanft daran, dass das eigentlich nie gut ankommt. Und wenn jemand, den Sie lieben, das bei Ihnen tut – nun, dann versuchen Sie, kein Problem darin zu sehen und sich nicht verrückt zu machen! Sie können Ihre Bezugsperson ja zu einem günstigen Zeitpunkt freundlich daran erinnern, dass Sie, selbst wenn Sie seine Gedanken zu schätzen wissen, durchaus für sich selbst sprechen können.

85.

Inspirieren Sie sich gegenseitig

Eine der Entscheidungen, über die wir beide sehr froh sind, ist, dass wir in unserer Beziehung sehr früh beschlossen haben, uns gegenseitig zu inspirieren. Wir wollten einander eine Quelle der Inspiration sein – und zwar persönlich wie beruflich.

Beschließen Sie, sich gegenseitig zu inspirieren, sind Sie viel mehr als nur eine Art Animateur für Ihren Partner. Ihr Ziel ist es nämlich, Ihrem Partner zu helfen, alles aus sich herauszuholen, was in ihm steckt – nicht, was *Sie* meinen, dass er tun sollte; Sie unterstützen ihn, seine Träume und Wünsche zu verwirklichen, indem Sie an ihn glauben, ihn ermutigen und in guten wie in schlechten Zeiten an seiner Seite sind. Selbst wenn Sie einige der Entscheidungen, die Ihr Partner trifft, nicht verstehen, halten Sie dennoch nach Möglichkeit zu ihm. Sie unterstellen ihm stets das Beste. Anstatt Kritik zu üben oder etwas in Zweifel zu ziehen, versuchen Sie zuerst, Verständnis aufzubringen und Ihren Partner zu unterstützen.

Kris war mir stets eine Quelle der Inspiration und Unterstützung. Sie hat immer an mich geglaubt, selbst in Zeiten, als ich von Selbstzweifeln geplagt war. Als ich noch aufs College ging, zählte ich zu den besten Tennisspielern. Es wurde mir jedoch klar, dass ich den Sport nur zu gern hinschmeißen würde, um mich weniger selbstbezogenen Zielen zuzuwenden. Ich wollte mich lieber um Freunde kümmern, die mich brauchten; ich wollte bei dem Programm »Big Brother of America« mitmachen und mein ganzes Leben neu ausrichten. Ich wollte mehr über Psychologie und Glück erfahren.

So ziemlich alle, meine Freunde, die anderen Tennisspieler im Team und mein Trainer, machten mir das Leben schwer – alle, bis auf Kris. Ein paar lachten mich sogar aus. Viele meinten, dass ich eigentlich ein Kandidat für ein Tennisstipendium sei, und keiner – außer Kris und meiner Familie – konnte nachvollziehen, warum ich einen Sport aufgeben wollte, für den ich so hart trainiert hatte; schließlich ließ sich damit auch noch gut Geld verdienen, und man konnte berühmt werden.

Aber schon damals hatten Kris und ich beschlossen, uns gegenseitig zu inspirieren. Kris wusste, dass mein Herz nicht mehr am Tennis hing. Sie ermutigte mich deshalb, mich auf meine Gefühle zu verlassen, meinem Instinkt zu folgen und »loszulegen«. Sie meinte sogar: »Richard, ich finde, du solltest das Tennis an den Nagel hängen.«

Andere Mädchen, die ich kannte, verloren damals schnell das Interesse an mir – ich war ja nicht mehr der große Sportcrack des College. Es war ganz offensichtlich, dass Kris mich liebte, wie ich war, und akzeptierte, was ich aus mir machen wollte – nicht was sie aus mir machen wollte. Kurz nach dieser Erfahrung verliebten wir uns – für immer und ewig.

Sie zeigte diese Stärke etwas später noch einmal, als es um meinen Beruf ging. Ich hatte eine kleine Praxis, wollte aber Vollzeit als Schriftsteller arbeiten. Selbst wenn dies bedeutete, jegliche finanzielle Sicherheit aufzugeben, die wir damals hatten, ermutigte sie mich nicht nur, meinen Traum zu verwirklichen, sondern sie bestand sogar darauf. Sie sagte: »Es ist meine Aufgabe, dich zu inspirieren und zu unterstützen. Ich weiß, was dir vorschwebt – also tu es auch.«

Ich habe festgestellt, dass Paare, die eng zusammenhalten, sich lieben und respektieren, ihre eigene Art haben, einander zu inspirieren. Menschen, die sich frei über ihren Partner äußern, sagen oft ganz liebevoll: »Mein Partner ist mir eine Quelle der Inspiration.«

Es ist nie zu spät, um einen Anfang zu wagen. Sie müssen nur den Entschluss fassen, zu einer größeren Quelle der Inspiration zu werden. Wenn Ihnen nicht so recht klar ist, wie Sie das anstellen sollen, wenden Sie sich doch an Ihren Partner. Stellen Sie ihm die Frage: »Was könnte ich tun – oder wie könnte ich handeln –, damit ich dir eine größere Quelle der Unterstützung werde?« Vielleicht ist diese Frage ja mit das Wichtigste, worüber Sie je nachgedacht haben. Versuchen Sie es einmal mit dieser Strategie. Sie wird Sie beide inspirieren.

86.

Seien Sie nicht eifersüchtig (Kris)

Liebe hat mit Eifersucht nichts zu tun. Punktum. Es gibt wahrhaftig nichts, was ein gutes Gefühl zwischen zwei Menschen schneller im Keim ersticken kann, als Eifersucht. Dennoch lässt sich diese Empfindung nachvollziehen. Eifersucht entsteht aus Unsicherheit, Unsicherheit beruht auf Minderwertigkeitsgefühlen. Und derartige Gefühle resultieren daraus, dass man sich mit anderen vergleicht.

Es gibt zwei grundlegende Mittel, wie Sie die Eifersucht aus Ihrem Leben verbannen können. Zunächst einmal ist es wichtig, die Tatsache zu akzeptieren, dass es immer jemanden geben wird, der etwas hat, das Sie nicht haben – mehr Geld, ein besseres Aussehen, eine umwerfende Ausstrahlung, eine lange Liste von Dingen, die er oder sie im Leben erreicht hat, was auch immer. Ja und? Schön für denjenigen. Hören Sie auf, sich mit anderen zu vergleichen! Sie werden erstaunt sein, wie viel besser Sie sich fühlen werden. Bedenken Sie, dass auch Sie einzigartige Talente und Wesenszüge haben, die anderen fehlen. Verwenden Sie Ihre Energie darauf, sich auf diese Gaben zu konzentrieren, und seien Sie dankbar für Ihre Fähigkeit, ebenfalls einen Beitrag leisten zu können.

Versuchen Sie sich außerdem mit der Idee anzufreunden, dass auch in

Ihrer Beziehung ein Mensch nicht alle Ihre Bedürfnisse befriedigen kann – und andersherum ebenso wenig. Das ist schon in Ordnung so. Diese Tatsache zu akzeptieren fällt vielen Menschen sehr schwer, da dadurch Minderwertigkeitsgefühle entstehen. Es ist eine schöne Vorstellung, mit dem perfekten Partner allein auf einer Insel zu sein, aber wir leben nun einmal nicht so, und so ist es sicher auch nicht gedacht. Wir sind auf dieser Welt, um unsere Lebensenergie mit anderen zu teilen, um uns zu entwickeln und gefördert zu werden, um anderen Förderung und Entwicklung zuteil werden zu lassen. Manchmal bedeutet das, dass wir auch Freunde des anderen Geschlechts haben, obwohl wir unserem Partner sehr ergeben sind. Ich spreche hier natürlich von *Platonischen* Freundschaften. Ihrem Partner zu gestatten, seine Freundschaften wirklich frei und ungeachtet vom Geschlecht dieses Menschen zu wählen, ist eines der größten Geschenke, das Sie ihm machen können. Wenn Sie sich so verhalten, heißt das, dass Sie Ihren Partner nicht als Ihr Eigentum betrachten; Sie genießen nur den Vorzug, für ihn die wichtigste Bezugsperson in seinem Leben zu sein. Es bedeutet, dass Sie ihm solches Vertrauen zuteil werden lassen, dass es das Herzstück Ihrer Paarbeziehung berührt.

Vor einer Weile beschloss ich, mich mit einem Freund, mit dem ich früher einmal zusammen war, auf eine Tasse Kaffee zu treffen. Ich hatte ihn seit zehn Jahren nicht mehr gesehen, und aus irgendeinem Grund war es mir wichtig, mit ihm wieder Kontakt aufzunehmen. Ich hatte keinerlei Problem damit, Richard davon zu erzählen, weil er mir völlig vertraut und ihn so etwas nicht verunsichert. Richards erstes Ziel in unserer Beziehung ist, dass ich glücklich bin – egal, auf welche Weise das erreicht wird. Er stellte sein Vertrauen in mich dann auch unter Beweis, indem er keine Zweifel an mir hegte oder Unsicherheit zeigte. Stattdessen ermunterte er mich, zu der Verabredung zu gehen und mich gut zu amüsieren, wie ich es auch erwartet hatte. Ich staune immer wieder über seine Stabilität und versuche, ihm das gleiche Vertrauen entgegenzubringen. Wir pflegen beide viele Freundschaften, einige als Paar, einige jeder für sich. Alle diese Beziehungen runden unser Leben ab und erfüllen uns auf unterschiedliche Weise. Richard seine Freundschaften zu untersagen, egal ob mit Frauen oder Männern, käme mir egoistisch und grausam vor und wäre nur ein Zeichen von Unsicherheit.

Viele von uns sind schon Zeugen geworden, wie Eifersucht eine Beziehung zerstören kann. Fühlen Sie sich also verunsichert oder gar minderwertig, lassen Sie Ihre Gedanken sanft Revue passieren. Stellen Sie zunächst einmal fest, ob Sie sich mit anderen vergleichen. Reimen Sie sich Geschichten zusammen, die nur in Ihrem Kopf existieren? Sagen Sie sich dann, dass es ganz normal ist, dass Sie nicht alle Bedürfnisse Ihres Partners befriedigen können, und machen Sie sich bewusst, warum Ihr Partner Sie als die Bezugsperson auserkoren hat, mit der er sein Leben teilen will. Wenn Sie Ihrer Eifersucht ein Ende bereiten können, werden Sie die Erfahrung machen, dass Sie frei von jeglicher Unsicherheit sind. Ihre Beziehung wird daran wachsen.

87.

Gestehen Sie Ihrem Partner seine Eigenheiten zu

Auf eine witzige, harmlose Weise definieren wir uns auch durch unsere – manchmal exzentrischen – Eigenheiten. Sie machen unsere Vorlieben deutlich und zeigen uns als einzigartige Menschen, die sich von anderen unterscheiden.

Ich würde beispielsweise von mir behaupten, dass es mit zu meinen Eigenheiten zählt, dass ich Unordnung nicht ertragen kann und grundsätzlich nie zu spät komme. Ich schätze es, einen freien Schreibtisch zu haben, wo sich nicht das Papier und anderes Zeug stapelt. Aus irgendeinem Grund fühle ich mich in Unordnung nicht wohl. Viel Platz und Ordnung vermitteln mir ein Gefühl von Ausgeglichenheit.

Ich nehme mir für alles, was ich tue, stets viel Zeit, so dass ich nicht ständig in Eile bin. Hektik bedeutet für mich Stress und Frust, ein Mangel an Hektik hingegen Ruhe und Gelassenheit. Diese schlichte Vorliebe bringt mir enorm viel Freude.

Einer der einfachsten Wesenszüge, die ich an Kris so liebe, ist, dass sie mir diese und natürlich auch andere Eigenheiten zugesteht, ohne sich darüber lustig zu machen oder mich unter Druck zu setzen. Anstatt mir das Leben zu vergällen, meine Beweggründe in Zweifel zu ziehen oder mich zu kritisieren, lässt sie mich einfach so sein, wie ich bin. Anders ausgedrückt: Sie sieht kein Problem darin und macht sich nicht verrückt. Es ist für sie völlig in Ordnung, dass mir dergleichen wichtig ist. Sie ist sich der Tatsache sehr wohl bewusst, dass ich, was meine Vorlieben angeht, auch manchmal über das Ziel hinaus schieße, und bestimmt können meine Eigenheiten bisweilen auch nerven. Wenn in einer Familie zwei Kinder sind und auch sonst noch viel los ist, ist es natürlich nicht immer möglich, perfekt Ordnung zu halten oder stets pünktlich zu sein.

Wichtig ist, dass Kris auf meine Vorlieben Rücksicht nimmt, selbst wenn sie für sie nicht dieselbe Bedeutung haben. Das heißt natürlich nicht, dass sie sich ständig anpasst. Manchmal nimmt sie meine Eigenheiten bei allem Respekt ein wenig auf die Schippe, ein anderes Mal lässt sie sie einfach auf sich beruhen. Anstatt sich zu wünschen, dass ich anders sein soll, sieht sie mich als »Original«. In unserem Haus gibt es beispielsweise ein paar Bereiche, in denen fast nie Unordnung herrscht. Falls sich dort einmal etwas ansammelt, legt sie die Stapel einfach anderswo ab. Und wenn ich irgendwo unter allen Umständen pünktlich eintreffen will, spielt sie mit, nicht weil es ein Notfall ist, sondern weil sie mich liebt – und sie weiß, dass es mich glücklich macht, pünktlich zu sein. Ein paar Mal, als es so aussah, als würden wir zu einer Verabredung zu spät kommen, schlug sie liebevoll vor: »Warum fährst du nicht mit deinem Auto, und ich komme später nach?« Ich kann mich an viele Gelegenheiten erinnern, wo es ein Leichtes für sie gewesen wäre, mir einen Vortrag zu halten oder mich irgendwie zu kritisieren, aber das lag ihr fern. Vergleichen Sie doch einmal diese Reaktion damit, wenn einer barsch losbrüllt: »Reg dich nur nicht auf. Ich bin ja jeden Moment fertig. Steiger dich da bloß nicht so rein!«

Jeder hat seine persönlichen Eigenheiten. Die einen legen besonderen

Wert auf Sauberkeit, andere wollen an bestimmten Tagen ein spezielles Essen zu sich nehmen. Manche bestehen darauf, dass alles an seinem Platz stehen soll, dass sie Zeit für sich haben, dass alles gut organisiert ist, dass das Geschirr sofort nach Benutzung gespült wird; sie wollen zu einer bestimmten Zeit ins Bett gehen, zu einem bestimmten Zeitpunkt lesen, am Donnerstagabend mit Freunden oder Freundinnen ausgehen, was auch immer. Es gibt wohl tausende von Beispielen.

Ein schlichtes Vergnügen ist, die Freiheit zu haben, man selbst zu sein und etwas so zu machen, wie man gerne möchte, ohne dass die Notwendigkeit besteht, Gründe zu nennen und Erklärungen abzugeben – solange andere nicht darunter leiden. Haben Sie das Bedürfnis, Ihren Partner zu korrigieren, ihm einen Irrtum nachzuweisen, ihn schlecht dastehen zu lassen oder seine Eigenheiten zu kritisieren, berauben Sie ihn einer schlichten Quelle der Freude.

Natürlich wollen wir Ihnen nicht nahe legen, wirklich neurotisches Verhalten – oder etwas Störendes oder Destruktives – zu akzeptieren und zu unterstützen. Es geht uns hier um harmlose Vorlieben, die Ihnen – oder Ihrem Partner – einfach Spaß machen. Wir sehen das so: Gestatten Sie Ihrem Partner ein paar Eigenheiten, selbst wenn sie mit Ihrer Auffassung nicht konform gehen, befriedigen Sie ein wichtiges Bedürfnis, das jeder Mensch hat – das Bedürfnis, er selbst zu sein.

88.

Hören Sie auf, fordernd zu sein

Halten Sie einmal einen Moment inne und denken Sie darüber nach, welche Gefühle entstehen, wenn jemand Ihnen gegenüber fordernd auftritt. Wie ist es, wenn jemand keine Geduld hat, Sie herumkommandiert und pingelig ist? Was für ein Gefühl haben Sie, wenn Ihnen ständig jemand über die Schulter schaut, um zu kontrollieren, ob Sie etwas tun und seinen Erwartungen gerecht werden? Die Antwort auf diese Frage lässt sich mit einem Wort zusammenfassen: Furchtbar!

Generell wehren sich die meisten Menschen und reagieren verärgert, wenn jemand unrealistisch hohe Forderungen an sie richtet, besonders wenn dies in einer Beziehung geschieht, in der man eigentlich liebevoll miteinander umgehen sollte. Wer mit solchen Forderungen konfrontiert wird, wird sich unweigerlich die Frage stellen: »Woher nimmt er oder sie sich eigentlich das Recht, so mit mir umzuspringen?« Eine außerordentlich bedeutsame Frage, wie wir meinen.

Die meisten Menschen scheinen es für einen abscheulichen Wesenszug zu halten, wenn jemand fordernd ist. Solche Leute werden als schwierig, egoistisch, besserwisserisch und arrogant betrachtet. Sie sehen in allem ein Problem und machen sich verrückt, sobald sie ihren Willen nicht durchsetzen können. Mit fordernden Menschen lässt sich nur schwer auskommen – und leider kann man sie auch nur schwer lieben. Haben Sie mit einer fordernden Persönlichkeit zu tun, empfinden Sie Druck, weil Sie sich ständig fragen, ob Sie den Erwartungen auch gerecht werden. Menschen, die mit einem fordernden Partner zusammenleben, beschreiben ihre Erfahrung oft als das Gefühl, einen Eiertanz vollführen und ständig auf der Hut sein zu müssen.

In unserem Bekanntenkreis war eine Frau mit dem forderndsten Mann verheiratet, dem wir je begegnet sind. Er bestand darauf, dass sie nie etwas mit ihren Freundinnen unternehmen solle, und schrieb ihr die Zeit vor, die sie in der Arbeit zuzubringen habe. Er forderte Rechenschaft über jeden Cent, den sie ausgab, einschließlich der Telefonrechnung. Er überwachte ihre Diät und bestand darauf, dass sie bestimmte Bücher las. Sein Verhalten nahm so widerliche Züge an, dass sie ihn schließlich verließ.

Gott sei Dank sind die meisten Menschen nicht ganz so schlimm. Es gibt allerdings auch subtilere Möglichkeiten, wie man Forderungen an den anderen richten kann. Wir können zum Beispiel fordern zu erfahren, was genau unser Partner den ganzen Tag über getan hat. Oder wir können fordern, dass er das Zuhause auf eine bestimmte Art gestalten soll, und ist das nicht der Fall, schmollen wir oder beklagen uns. Vielleicht fordern wir ja auch, dass unser Partner gewisse Überzeugungen und Vorlieben mit uns teilen soll. Oder wir bestehen darauf, dass er an Hobbys, Treffen oder irgendwelchen Unternehmungen, die ihn eigentlich gar nicht so sehr interessieren, teilnimmt. Es gibt viele Facetten, die einen fordernden Menschen ausmachen.

Oft assoziieren wir eine fordernde Persönlichkeit mit jemandem, der laut ist und andere herumkommandiert. Aber das stimmt nicht unbedingt. Manchmal sind diese Leute auch ruhig und schmollen ständig.

Bisweilen sind sie von einer passiven Aggressivität, was bedeutet, dass sie versuchen, den Eindruck zu vermeiden, sie seien fordernd; ihre Aggression zeigt sich auf subtilere Weise, sobald ihre Forderungen nicht erfüllt werden.

Bedenken Sie stets, dass es überaus stressig und ausgesprochen unangenehm ist, sich in der Gesellschaft einer fordernden Persönlichkeit aufzuhalten. Es ist also sicher von Vorteil, sich einmal zu überlegen, ob Sie bisweilen ein bisschen fordernd sind. Und wenn Sie herausgefunden haben, worin Ihre Forderungen bestehen, versuchen Sie einfach, davon Abstand zu nehmen. Aller Wahrscheinlichkeit nach werden Sie mit einem erheblich weniger gestressten Partner belohnt werden, mit dem zusammen zu sein viel mehr Spaß macht.

89.

Legen Sie im Zweifel eine Denkpause ein

Im Lauf der Jahre hat diese Strategie Kris und mir geholfen, und zwar jedem Einzelnen von uns wie auch als Paar, unsere Irritationen, unsere Frustration und unseren Ärger auf ein absolutes Minimum zu beschränken. Es geht hier um das ganz unvermeidliche Problem, dass man auf eine Kleinigkeit, die der Partner sagt oder tut, überreagiert. Diese Strategie soll Sie nun davor bewahren, alltägliche Nichtigkeiten zu einer Riesensache aufzubauschen.

Rückwirkend betrachtet ist es meist leicht zu erkennen, dass etwas, das uns zu einem bestimmten Zeitpunkt irritiert hat, eigentlich die Aufregung gar nicht wert war. Einer der Gründe, weshalb uns etwas so dringlich erscheint, ist, dass wir auf der Stelle spontan reagieren, anstatt eine Pause einzulegen, um erst einmal nachzudenken. Wir beißen uns an einem Gedanken fest und lassen uns völlig davon in Anspruch nehmen.

Robert ist dafür ein Paradebeispiel. An und für sich ist er ein schrecklich netter Mensch, großzügig und einfühlsam. Das Einzige, womit seine Freundin Stephanie Probleme hatte, war seine Neigung, überzureagieren und immer gleich das Schlimmste anzunehmen. Wurde er mit einer Schwierigkeit oder einem Problem konfrontiert, konnte er in Sekundenschnelle alles über Gebühr aufbauschen und ein Riesenaufhebens darum machen.

Beispielsweise sagte Stephanie einmal zu Robert: »Meine Eltern kommen in die Stadt, und ich habe ihnen gesagt, dass wir uns mit ihnen treffen können.« Sofort verfiel Robert in Panik und erinnerte sie daran, dass er so viel zu tun habe und dass er ihr doch gesagt habe, dass er in den kommenden Wochen keine Zeit habe. In seinem Kopf konstruierte er einen Notfall: Er malte sich aus, wie sie zu viert einen Tag nach dem anderen miteinander verbringen würden und über irgendwelche Belanglosigkeiten plauderten, während er wie auf Kohlen saß. Er beschuldigte seine Freundin deshalb, dass sie weder seine Zeit noch seine Wünsche respektiere.

Robert hatte Stephanie jedoch nicht ausreichend Zeit gegeben, ihm zu erklären, dass ihre Eltern nur an einem Abend kommen würden, weil sie nämlich drei Stunden Aufenthalt am Flughafen hatten. Ihre Eltern wohnten weit entfernt, und Stephanie fand, dass das eine gute – und seltene – Gelegenheit sei, zu viert ein paar Stunden zusammen zu sein. Das war es auch schon; keine weiteren Erwartungen irgendwelcher Art. Es war wirklich nicht der Rede wert.

Wie so oft war Robert seine Überreaktion peinlich, und er musste viel Zeit investieren, um sein Fehlverhalten zu entschuldigen. Es wurde ihm klar, dass seine Freundin nicht Teil einer Verschwörung war, die seinen Terminplan sprengen sollte, sie wollte nur, dass er sich kurz mit ihren Eltern traf.

Denken Sie einmal darüber nach, wie viel Zeit und Energie Sie sich sparen könnten und wie viel schöner Ihre Beziehung wäre, wenn Sie derartige Reaktionsweisen unterlassen oder zumindest einschränken könnten. In den meisten Fällen müssen Sie dazu nur eine kleine Denkpause einlegen. Der Rest läuft dann von selbst.

Sicher gilt das nicht immer, aber in den meisten Fällen gestattet Ihnen so eine Denkpause, sich zu sammeln und wieder zu einer angemessenen Sichtweise zu finden. Selbst wenn Ihnen etwas danach immer noch wichtig erscheint, schafft so eine Pause dennoch ein Gefühl von Ruhe und Frieden und ermöglicht es Ihrer inneren Weisheit, zu Tage zu treten. Es besteht kein Zweifel, dass eine Pause Ihnen hilft zu vermeiden, in allem ein Problem zu sehen und sich verrückt zu machen. Und auf diese Weise erfährt dann auch Ihre Beziehung eine Bereicherung.

90.

Üben Sie sich in bedingungsloser Liebe

Viele spirituell ausgerichtete Philosophien raten, sich in bedingungsloser Liebe zu üben. Und warum nicht? Bedingungslose Liebe ist womöglich die höchste Form, die es überhaupt gibt. Sie besagt: »Ich liebe dich, weil du so bist, wie du bist. Du brauchst nicht irgendwie anders zu sein, um dir meiner Liebe sicher sein zu können.« Es sind keinerlei Bedingungen an diese Liebe geknüpft. Sie müssen keine Abmagerungskur machen, keine bestimmte Summe Geld verdienen, nicht mit allem übereinstimmen, was der andere sagt, sie brauchen sich nicht nach den Vorstellungen des Partners zu richten, alle seine Ziele zu teilen oder ein Lächeln aufzusetzen, wenn Ihnen eigentlich nicht danach zu Mute ist. Es ist auch ganz in Ordnung, wenn Sie sich einmal unsicher fühlen, deprimiert sind oder einen Fehler machen – Ihr Partner liebt Sie trotzdem. Sie müssen nicht perfekt sein, nicht einmal annähernd.
Wir lieben, von unseren Kindern einmal abgesehen – und auch das nur, wenn sie noch ganz klein sind –, wahrscheinlich kaum jemanden bedingungslos. Egal, ob es uns bewusst ist oder nicht, unsere Liebe ist meist an bestimmte Bedingungen geknüpft, und wir richten eine Vielzahl an Erwartungen an den anderen, wir fordern, dass er sich auf eine bestimmte Weise verhalten soll: »Ich muss das Wichtigste sein für dich im Leben«,

»Du musst mir treu sein«, »Du darfst keine gegengeschlechtlichen Freunde haben und ihnen womöglich noch Zuwendung zuteil werden lassen«, »Du musst so denken wie ich«, »Du musst meinen Zielen Priorität einräumen« und so weiter.

Wie in anderen Bereichen, in denen Perfektion fast unmöglich ist – Gesundheit, Fitness, finanzielle Sicherheit, Zeitmanagement, um nur einige zu nennen –, ist es auch in diesem Fall sinnvoll, sich zumindest in diese Richtung zu bewegen, das heißt, wirklich hohe Ideale zu haben, wobei Sie sich allerdings bewusst machen sollten, dass es durchaus Grenzen gibt bei Ihren noch so wohlgemeinten Bemühungen. Auch wenn Sie nie absolut gesund sein werden – was auch immer das bedeuten mag –, ist es dennoch wichtig, eine vernünftige Diät zu halten, Sport zu treiben und den Lebensstil dementsprechend auszurichten. Selbst wenn Sie organisatorisch nie alles im Griff haben werden, werden Sie Ihrem Ziel viel näher kommen, sofern Sie Strategien anwenden, die sich als günstig erwiesen haben: Sie legen Dateien an, vereinfachen und werfen regelmäßig all die Dinge weg, die Sie nicht mehr benutzen oder benötigen. Je mehr Mühe Sie auf eine gute Organisation verwenden, desto besser wird am Ende das Ergebnis sein. Ich hatte es mir einmal zum Ziel gesetzt, einen Marathon in drei Stunden zu laufen. Leider lag ich neun Sekunden im Rückstand, doch besteht kein Zweifel, dass ich erheblich näher an mein Ziel herangekommen war, als wenn ich mir von vornherein nur vorgenommen hätte, die Strecke in vier Stunden zu schaffen.

So ist das auch mit der bedingungslosen Liebe. Obwohl wir vermutlich dazu verdammt sind, die absolute Perfektion nie zu erreichen, kommen wir doch viel näher an unser Vorhaben heran, bedingungslos zu lieben, wenn wir uns hehre Ziele setzen. Wir können uns selbst dabei ertappen, wenn wir vorschnelle Urteile fällen oder uns irgendwie unfreundlich benehmen. Wir können danach streben, weniger eifersüchtig und fordernd zu sein, und diese Neigungen durch Dankbarkeit und Sanftmut ersetzen. Wir können bessere Zuhörer und nachsichtiger werden. Wir können uns vornehmen, mit gutem Beispiel voranzugehen und als Erster bedingungslos zu lieben – selbst wenn unser Partner dazu nicht im Stande ist oder es nicht will. Wir können auch der Tatsache Rechnung tragen, dass unser Partner manchmal schlecht gelaunt ist und dann Sachen sagt, die uns nicht passen – und wir können uns dafür entscheiden, ihn in solchen Momenten ebenso zu lieben, wie wenn er sich uns gegenüber liebevoll und freundlich verhält.

Es gibt wahrlich noch hunderte von anderen Dingen, die wir tun können, um bedingungsloser zu lieben – von dem Besuch eines Kurses in Kommunikationstraining oder zur Verbesserung der Fähigkeit zuzuhören bis hin zu der Frage, was der Partner gern an einem verändern würde, wenn er einen Zauberstab zur Verfügung hätte; wir können spirituelle und inspirierende Bücher lesen, die uns helfen, bedingungsloser lieben zu lernen. Sie können daraus sogar eine Art Spiel machen – es als persönliche Herausforderung betrachten, wie gut Sie Ihre Sache machen.

Es gibt natürlich kein Patentrezept, doch auf ein Ergebnis kann man in jedem Fall zählen, und das ist Folgendes: Was auch immer Sie tun, um Ihren Partner bedingungslos zu lieben, Sie können sicher sein, dass die Ergebnisse sich in der Qualität Ihrer Beziehung bemerkbar machen werden. Das ist eine der Strategien, wo Sie rein gar nichts zu verlieren haben – doch unendlich viel zu gewinnen.

91.

Machen Sie es einfach selbst

Wir haben am Tag dutzende von Verpflichtungen, die es zu erfüllen gilt, und es ist deshalb ganz unvermeidlich, dass manchmal etwas durch den Rost fällt: Wäsche bleibt am Boden liegen, ein paar Teller werden nicht abgespült. Vielleicht übersehen Sie, dass eine Rechnung bezahlt werden muss, Sie vergessen, dass Sie ein Video zurückgeben wollten, oder Sie haben nicht die Zeit, noch das Bett zu machen – was auch immer.

Eine Verhaltensweise, die in unserer Beziehung zu Problemen und Verstimmungen führt, ist, dass wir stillschweigend oder, noch schlimmer, lautstark verlangen, unser Partner dürfe sich keinen Schnitzer erlauben. Wir sagen dann so etwas wie: »Du hast vergessen abzuspülen«, oder: »Du hast die Handtücher ins falsche Badezimmer gelegt«, als wäre unser Partner ein Roboter, den man nur neu programmieren muss. In Wirklichkeit ist Ihr Partner alles andere als ein Roboter, er ist vielmehr ein Mensch wie Sie auch, der ganz unbeabsichtigt etwas vergessen hat, der zu müde war oder zu beschäftigt, um sich um etwas Bestimmtes zu kümmern – kaum der Rede wert also.

In der Regel ist es eine effektive und unaggressive Methode, die zudem wenig Energie kostet, das, was der Partner übersehen hat, einfach selbst

zu erledigen – und zwar nicht ärgerlich, genervt oder demonstrativ, sondern in aller Ruhe, selbstlos und liebevoll. Anders ausgedrückt: Wenn Ihnen das Geschirr im Ausguss auf die Nerven geht, spülen Sie es eben ab. Oder wenn Ihr Partner übersehen hat, eine Rechnung zu begleichen, bezahlen Sie sie, anstatt ihn auf seine Vergesslichkeit aufmerksam zu machen. All diese Dinge sind der Inbegriff für die Kleinigkeiten, die Sie letztlich verrückt machen. Das Gute daran ist, dass Ihnen so erheblich mehr Energie bleibt, um sich auf die wirklich wichtigen Aspekte Ihrer Beziehung konzentrieren zu können – gute Kommunikation, Gemeinsamkeiten, Lachen, Liebe, spirituelles Wachstum und so weiter –, da Sie ja nicht von Negativem abgelenkt werden.
Diskutieren wir über dieses Thema in der Öffentlichkeit, kann man darauf wetten, dass jemand das Wort ergreift und sagt: »He, Moment mal. Wenn ich so lasch an die Sache ranginge, würde mein Partner nie abspülen oder auch nur eine Rechnung bezahlen. Dann müsste ich immer alles selbst machen.« Und für einen verschwindend kleinen Prozentsatz mag da ja auch etwas dran sein. Doch, ehrlich gesagt, ist das nicht sehr wahrscheinlich. Ganz im Gegenteil – wenn Sie es vermeiden können, Ihrem Partner einen Vortrag zu halten, ihn anzublaffen, zu brüllen und ein feindseliges Verhalten an den Tag zu legen, werden Sie mit Erstaunen feststellen, wie sehr Ihnen Ihr Partner entgegenkommt. Der Schlüssel liegt im richtigen Zeitpunkt. Am besten diskutieren Sie über Streitpunkte und Sorgen, die Sie in Bezug auf eine gerechte Aufgabenverteilung oder in puncto Vergesslichkeit haben, wenn Sie beide in einer positiven, liebevollen Stimmung sind, und nicht, wenn Sie wegen ein Paar Socken, die herumliegen, schon auf hundertachtzig sind.
Wir wollen Ihnen natürlich nicht nahe legen, einfach klein beizugeben und Ihrem Partner zu gestatten, dass er Sie über den Tisch zieht. Es geht

vielmehr darum, anzuerkennen, dass für die meisten das Leben kompliziert und chaotisch ist und enorme Anforderungen stellt. Die wenigsten haben das Gefühl, ausreichend Zeit zu haben, und fast jeder meint, dass er zu viel zu erledigen hat. Wenn wir mit unserem Partner zusammen sind, fühlen wir uns emotional aufgehoben und können unsere Habt-Acht-Stellung aufgeben. Sobald das aber wegfällt oder keine Gültigkeit mehr hat, weil wir das Gefühl haben, dass unser Partner Buch führt über das, was wir tun oder nicht tun, und uns nicht zugesteht, dass wir auch einmal einen Fehler machen, sind Frustration und Ernüchterung das Ergebnis.

Auch wenn Sie sich eigentlich nicht noch mehr aufhalsen wollen, ist es dennoch oft die beste Lösung, einfach stillschweigend etwas selbst zu machen, wenn es etwas zu erledigen gilt. Treffen Sie diese Entscheidung, wird Ihre Beziehung meist harmonischer. Das jedenfalls war unsere Erfahrung.

92.

Sagen Sie: »Es tut mir Leid.«

Ich fragte eine Bekannte einmal ganz unverblümt: »Wie oft sagt dein Mann: ›Es tut mir Leid.‹?« Ihre Antwort war Grund genug, diese Strategie in dieses Buch aufzunehmen. Sie lautete nämlich: »Das soll wohl ein Witz sein, oder?«

Es stellte sich heraus, dass er sich nie entschuldigte. Meine Bekannte erklärte, dass er es nicht einmal dann tat, wenn ihm ganz offensichtlich ein Fehler unterlaufen war, er etwas Unschönes gesagt oder getan hatte, er uneinfühlsam oder herablassend gewesen war. Das kam für mich relativ überraschend, weil mir ihr Mann eigentlich nett erschienen war.

Ich überlegte mir, ob es sich da wohl um einen Einzelfall handelte, und begann mich umzuhören. Ich muss insgesamt wohl mit hunderten von Personen landaus, landein gesprochen haben. Zu meiner großen Überraschung stellte sich heraus, dass die meisten Befragten erklärten, dass die Worte »Es tut mir Leid« in ihrer Beziehung nahezu nicht existent waren. Darüber hinaus erfuhr ich, dass, selbst wenn jemand diesen Satz sagte, er oft nur in den Bart gemurmelt wurde und es ihm somit an wirklicher Aufrichtigkeit fehlte.

Ich bin mir nicht sicher, warum das so ist. Es könnte mit einem Übermaß an Stolz zusammenhängen, einem verhärteten Ego, einem Mangel an Reflexion, der Unfähigkeit zu erkennen, dass man selbst zu einem Problem beiträgt, oder natürlich aus einer Mischung aus alldem. Worin auch immer der Grund nun liegen mag, fest steht, dass es ein Fehler ist. Es ist überaus heilsam und bereichernd für eine Beziehung, wenn man sagt, dass einem etwas Leid tut. Wer die Entschuldigung annimmt, betrachtet das nicht als Schwäche, sondern als Stärke. Es wirkt reinigend und öffnet einem Neuanfang Tür und Tor. So kommen Vertrauen, Aufrichtigkeit und Bescheidenheit in eine Beziehung, drei der schönsten Eigenschaften, die zwei Menschen miteinander teilen können.

Gott sei Dank mussten Kris und ich uns bislang wegen nichts Weltbewegendem entschuldigen. Dennoch gab es Zeiten, da Kris eine ehrliche Entschuldigung und Erklärung wegen etwas verdient hatte, das ich getan hatte. Selbst wenn die Umstände eine vagere Reaktion gerechtfertigt hätten, erwies sich die Entschuldigung als Katalysator, an der unsere Beziehung wuchs, da es uns so möglich wurde, auch über etwas wirklich Schmerzliches zu reden.

Und wir sind da kein Einzelfall. Es geht einem ein Licht auf, wenn man mit Paaren spricht, die erzählen, dass der andere mit den Worten »Es tut mir Leid« großzügig umgeht, sofern es angemessen ist natürlich. Diese Paare meinen, dass der »Irrtum«, der eine Entschuldigung notwendig gemacht hat, es meist sogar wert war, weil die darauf folgende Entschuldigung die beiden noch näher zueinander gebracht hat.

Deborah gab mit ihrer Kreditkarte jahrelang zu viel Geld aus, was eine Vielzahl an finanziellen Problemen nach sich zog. Ihr Mann Dan war ziemlich verärgert. Jedes Mal, wenn sie darüber reden wollten, ging Deborah entweder in die Defensive oder erklärte bestenfalls, dass sie schon »daran arbeiten« wolle. Ich fragte sie, ob sie sich eigentlich des Leids und der Ängste bewusst war, die sie bei Dan auslöste. Als ich ihr vorschlug, sich doch einmal mit Dan zusammenzusetzen und sich ehrlich bei ihm zu entschuldigen, fühlte sie sich sichtlich unwohl. Nach einer Weile sagte sie mit Tränen in den Augen, dass sie sich zu sehr geschämt und zu viel Angst gehabt habe, um das zu tun, sie es jetzt jedoch versuchen wolle.

Als ich Dan das nächste Mal sah, war er glücklicher denn je. Es stellte sich heraus, dass ihn die Unfähigkeit seiner Frau, sich zu entschuldigen, mehr verärgert hatte als ihre hohen Ausgaben. Er sagte, dass ihre Bereitschaft, um Verzeihung zu bitten, die Tür für eine tief gehende und weniger aggressive Kommunikation geöffnet habe, einschließlich ihrer gemeinsamen Entscheidung, einen Therapeuten aufzusuchen.

Egal, ob es sich um ein echtes Problem oder um alltäglichen Kleinkram handelt, die Worte »Es tut mir Leid« wirken sich meist vorteilhaft aus. Sie sollten diesen so überaus wichtigen Satz mit in Ihre Beziehung aufnehmen.

93.

Stellen Sie keine Vergleiche an

Kurz nachdem unser erstes Kind zur Welt gekommen war, waren wir mit einigen anderen bei Freunden zum Essen eingeladen. Irgendwann an dem Abend sagte unsere Freundin Cassie: »Wenn doch David (ihr Mann) nur mehr Zeit seinen Kindern widmen würde, so wie Richard.« Ihr Mann hörte zufällig diese Bemerkung und war wütend. Er verstand die Aussage so, als habe Cassie ihm damit sagen wollen, ich würde meine Kinder mehr lieben als er die seinen, was nicht nur lächerlich war, sondern wahrhaftig die meisten Väter und Mütter verärgern würde. Leider war das der Anfang vom Ende unserer Freundschaft.

Wie in den meisten Fällen war dieser Vergleich grotesk und ungerecht. Schließlich arbeitete ich freiberuflich und konnte mir meine Zeit besser einteilen. Außerdem war mein Arbeitsplatz nicht einmal eine Viertelstunde von meinem Zuhause entfernt. David hingegen arbeitete für eine riesige Firma und musste sich an einen vorgegebenen Terminplan halten, wenn er nicht seinen Job riskieren wollte. Außerdem brauchte er über eine Stunde ins Büro.

Ich bin mir sicher, dass unsere Freundin mit ihrer Bemerkung nichts Böses im Sinn hatte. Sie verlieh lediglich ihrer Frustration Ausdruck, dass David nicht ausreichend Zeit für die Kinder hatte. Sie fand es schön, dass ich mir diese Zeit nicht nur nehmen konnte, sondern sie auch noch wirklich gern mit unserer Tochter verbrachte.

Leider jedoch sind diese ganzen harmlosen, zutreffenden und auch berechtigten Erklärungen in der Regel bedeutungslos. Sobald Sie jemanden, den Sie lieben, mit jemand anderem vergleichen, ist der Ärger vorprogrammiert. Denken Sie einmal darüber nach, ist das auch ganz logisch. Die meisten wollen geliebt werden, wie sie sind. Somit ist es ziemlich beleidigend, wenn man weiß, dass der Partner einen lieber wie jemand anderen haben möchte. Wenn man seinen Partner mit jemandem vergleicht, muss das nicht gleich das Ende der Beziehung bedeuten. Dennoch kann aus diesem Verhalten kaum etwas Gutes entstehen.

Die andere Seite der Medaille sollte man allerdings auch nicht übersehen. Sind Sie derjenige, der verglichen wird, ist es wichtig zu versuchen, kein Problem darin zu sehen und sich nicht verrückt zu machen. Betrachten Sie es als harmlosen Lapsus Ihres Partners, und lassen Sie die Sache auf sich beruhen. Machen Sie sich bewusst, dass, wenn Ihr Partner Sie mit jemandem vergleicht, er in den meisten Fällen nur eine vorübergehende Frustration zum Ausdruck bringt. Cassies größter Wunsch war, dass ihr Mann sich mehr den Kindern widmen solle. Hätte David erkannt, wie harmlos ihre Bemerkung gemeint war, wäre seine Reaktion wohl nicht so hart ausgefallen und er hätte in Ruhe darüber nachgedacht. Dann hätte dieser Kommentar den beiden – bei der entsprechenden Sichtweise – zu einem überaus tiefsinnigen und wichtigen Gespräch über die Prioritäten in der Familie verhelfen können.

Wir sind der Auffassung, dass das eine gute Strategie ist, die Sie immer im Hinterkopf behalten sollten. Wir haben nämlich noch niemand kennen gelernt, der es schätzt, mit anderen verglichen zu werden – jedenfalls nicht, wenn er dabei den schlechteren Part erhält. Und wir gehen auch nicht davon aus, dass sich das so schnell ändern wird. Deshalb sollten wir wirklich jegliche Vergleiche unterlassen.

94.

Lernen Sie von einem Teenager

Huch! Das ist ja absurd! Niemals!« Das sind die ersten Gedanken, die einem durch den Kopf schießen, wenn nur angedeutet wird, dass man sich von einem Teenager so manche Scheibe abschneiden könnte – oder gar von jemand, der noch jünger ist. Wie sollten wir von einem Teenager etwas über die Liebe lernen?

Denken Sie einmal daran, wie es war, als Sie sich zum ersten Mal verliebt haben. Ihre Eltern und andere Erwachsene taten es wohl als eine Art Schwärmerei ab. Ihre Gefühle wurden wahrscheinlich heruntergespielt und gar nicht ernst genommen. Aber erinnern Sie sich nun einen Moment an Ihre Empfindungen, und seien Sie dabei so ehrlich wie möglich. War es damals, als Sie zum ersten Mal frisch verliebt waren, nicht so, als wollten Sie jede Minute mit diesem Menschen verbringen, als würden Sie sich nie langweilen oder Sorgen machen? Kamen Sie nach Hause, konnten Sie es vermutlich kaum erwarten, mit ihm oder ihr zu telefonieren. Konnten Sie nicht zusammen sein, dachten Sie unablässig aneinander. Sie konnten einander, wie es klischeehaft heißt, »bis auf den Grund der Seele blicken«. Stunden, in denen Sie getrennt waren, erschienen Ihnen wie eine halbe Ewigkeit. All Ihre Gedanken kreisten um den anderen.

Für Ihre Eltern hatte das natürlich nichts mit »wahrer Liebe« zu tun. Keineswegs. Die wahre Liebe hatten sie gepachtet! Sicher, sie hackten die meiste Zeit aufeinander herum. Möglicherweise zeigten sie einander nie die geringste Zuneigung, eigentlich schienen sie sich gar nicht so recht zu mögen. Sie stritten häufig und vermieden es, Zeit miteinander zu verbringen. Anstatt dem anderen bis auf den Grund seiner Seele zu sehen, hatten sie kaum Blickkontakt. All dieser Tatsachen zum Trotz definierte sich ihre Beziehung als »Liebesbeziehung«, während die Ihre eben nur eine vorübergehende Schwärmerei war. Sicher bestehen berechtigte Unterschiede zwischen der typischen »ersten Liebe« und einer reifen, engagierten Partnerschaft – Hormone, Alter, all die Jahre, die man miteinander verbracht hat, Vertrautheit, das Maß an Verantwortung, um nur einiges zu nennen. Und wir wollen die Auswirkungen dieser Faktoren keineswegs herunterspielen. Dennoch gibt es einige wichtige Katalysatoren, die einer Beziehung Aufwind geben, die uns Erwachsenen nur nützlich sein können. Zwei ragen besonders heraus.

Aufmerksamkeit ist eine Eigenschaft, die mit den Jahren abnimmt. Es ist interessant zu beobachten, wie aufmerksam Jugendliche in ihren ersten Beziehungen sein können. Kürzlich sah ich einmal zwei Teenager auf einer Parkbank sitzen. Es war recht windig an dem Tag, und dem Mädchen hatte es die Haare in die Augen geweht. Der junge Mann strich ihr sanft das Haar zurück, was ihm als Dank ein bezauberndes Lächeln einbrachte. Dann blies ihr der Wind auch noch einen Ordner von der Bank und verstreute alle ihre Papiere. Ohne auch nur einen Moment nachzudenken, sprang der Mann sofort auf, sammelte die Unterlagen für sie ein und setzte sich wieder zu ihr. Es war eine Freude, den beiden zuzusehen. Da fiel mir plötzlich ein, dass ich Kris schon länger keine

Blumen mehr mitgebracht hatte, und ich beschloss, ihr einen schönen Strauß zu kaufen.

Auf der Bank direkt gegenüber von den jungen Leuten saß ein etwas ernster wirkendes Paar. Aus ihrem Verhalten und den Eheringen schloss ich, dass die beiden verheiratet waren. Es war interessant, ihre Reaktionen auf den Wind zu beobachten. Während der Wind für die jungen Leute eine Möglichkeit dargestellt hatte, sich aufmerksam zu zeigen und nett miteinander umzugehen, war er dem Ehepaar nur ein Anlass der Irritation. Es boten sich mehrere Gelegenheiten, ähnlich zu reagieren, doch nichts dergleichen geschah. Kurz gesagt: Die beiden waren missmutig. Eine solche Szene vermittelt eine eher traurige Botschaft, was Ehe und Engagement betrifft.

Eine andere Eigenheit, die wir bei frisch verliebten Teenagern stets beobachtet haben, ist ihre Begeisterungsfähigkeit. Es ist zauberhaft zu sehen, welchen Eifer und welche Lebendigkeit viele Jugendliche in ihre Beziehung einbringen. Wenn wir uns mit unseren Babysittern, die in dem Alter sind, über ihre Freunde unterhalten, ist es schön, deren Beschreibung zu hören, wie wunderbar und aufregend doch alles ist. Ein Telefonanruf oder ein kurzes Briefchen sind schon ein tolles Geschenk. Hört man dagegen zufällig ein Gespräch in der Herren-Umkleide im Fitnesscenter mit, bekommt man den Eindruck, dass eine Ehe nur aus Langeweile und Gewohnheit besteht und nahezu tot ist. Ich würde gern einmal einen Mann hören, der über seine Frau wirklich mit Begeisterung und Freude spricht. Oft bin ich traurig von dort weggegangen.

Es ist interessant, sich zu überlegen, wie ansteckend Enthusiasmus auf eine Beziehung wirken kann. Anders ausgedrückt: Wenn Sie mit Begeisterung sprechen, denken und handeln, werden Sie in der Regel eine ähnliche Reaktion ernten. Haben Sie eine positive, freudige und enthu-

siastische Lebenseinstellung, färbt das ab. Sind Sie hingegen niedergedrückt und ernst und fehlt es Ihnen an echter Begeisterungsfähigkeit, werden Sie solche Gefühle auch beim Partner hervorrufen.
Sie sollten einmal darüber nachdenken. Wenn es Ihnen gelingt, nachzuvollziehen – und zwar jenseits aller logischen Erklärungen –, warum engagierte Beziehungen von Erwachsenen so anders sind als die von Jugendlichen, können Sie vielleicht etwas lernen. Kris und ich haben das jedenfalls mit Sicherheit getan – und es geht kein Tag ins Land, an dem wir für diese Erkenntnisse nicht dankbar wären.

95.

Seien Sie nicht stur

Am letzten Wochenende waren einige Freunde unserer Töchter bei uns zu Besuch. Es ist uns immer eine große Freude, unseren beiden Kindern beim Spielen mit anderen zuzusehen. Diesmal stritten sich die beiden jedoch das halbe Wochenende wegen irgendeines Spiels; vorbei war es mit Spaß und Gelächter. Weil beide Mädchen extrem stur waren und jede wollte, dass die andere sich bei ihr entschuldigte, verdarb ihnen ihr Zank schließlich den Tag.

Obwohl wir ja insgeheim lachen mussten, weil es echt süß war, mussten wir trotzdem über die zerstörerische Macht der Engstirnigkeit nachdenken – wie Sturheit unseren Spaß beeinträchtigt und eine befriedigende Beziehung zerstört.

Dieses Beispiel lässt sich unschwer auf Beziehungen von Erwachsenen übertragen. Sturheit vermag sich selbst in die beste Beziehung einzuschleichen. Es ist eine Eigenschaft, die sich als Antwort auf die Frage aufdrängt: »Wenn Sie an Ihrem Partner etwas verändern könnten, was wäre das?« Es gibt wahrhaftig kaum jemanden, der Engstirnigkeit für einen liebenswerten oder bereichernden Wesenszug halten würde.

Wir sind der Auffassung, dass unterschiedliche Meinungen oder Sichtweisen und ein gewisses Maß an Konflikten unvermeidlich sind. Wie sollten zwei Menschen, die eine tiefere oder intime Beziehung führen, solche Unstimmigkeiten auch umgehen? Haben wir nicht alle eine etwas unterschiedliche Sichtweise, zumindest manchmal? Und sind wir nicht bisweilen so davon überzeugt, im Recht zu sein, dass wir sogar die Argumente anderer heranziehen, um unsere eigene Position zu untermauern? Das kommt, weil jeder seinen individuellen Standpunkt hat und wir meist das Gefühl haben, richtig zu liegen, selbst wenn das gar nicht der Fall ist.

Blicken wir auf das Wochenende unserer Töchter zurück, ist es offensichtlich, dass das eigentliche Problem nicht der Streit war, sondern die damit verbundene Sturheit. Hätte eines der Mädchen einfach gesagt: »Ach, wir wollen nicht mehr darüber reden. Es tut mir echt Leid. Können wir noch mal von vorn anfangen?«, hätte das Ergebnis anders ausgesehen. Die ganze Angelegenheit, egal, worum es konkret ging, wer damit angefangen hat oder wessen Schuld es war, hätte sich in Sekundenschnelle in Wohlgefallen aufgelöst – wie ein vorüberziehender Sturm.

So geht es uns auch. Es ist einfach, dem Partner, einem Streitpunkt, einer Auseinandersetzung oder einer Unstimmigkeit die Schuld an unserem Unglück zu geben. In Wirklichkeit ist die eigentlich Schuldige jedoch unsere eigene Sturheit – unser Unwille, einfach locker zu lassen, zuzugeben, dass wir uns geirrt haben oder zumindest einen Teil der Schuld tragen, oder auch unsere Besserwisserei. Können wir unsere Abwehrmechanismen aufgeben, unser Ego im Zaum halten und damit von unserer Sturheit Abstand gewinnen, lösen sich die meisten Streitpunkte bemerkenswerterweise wie von selbst, und zwar schmerzlos und ohne große Mühe. Der Knackpunkt ist, dass wir einsehen, dass die Engstirnigkeit unser Feind ist, nicht unser Partner. Der Schlüssel zum Erfolg liegt also nicht in Rechthaberei, sondern in Bescheidenheit.

In gewisser Weise ist Sturheit das Gegenteil von Lockerheit. Wenn Sie es sich also zum Ziel gesetzt haben, sich selbst nicht mehr so ernst zu nehmen, ist es eine gute Ausgangsbasis, zunächst einmal nicht mehr so stur zu sein. Es scheint nämlich eine unmittelbare Verbindung zu bestehen zwischen reduzierter Engstirnigkeit und besseren Beziehungen.
Nun hoffen wir also, dass Sie diese Strategie sorgsam für sich in Betracht ziehen und sie auch immer wieder zur Anwendung bringen. Sie werden uns sicherlich zustimmen, dass es ein lohnendes Ziel ist, von Sturheit Abstand zu nehmen.

96.

Verbessern Sie Ihren Lebensstandard

Wir konnten nicht widerstehen, diese Strategie mit aufzunehmen, auch wenn sie vordergründig betrachtet einen Widerspruch zu vielem darzustellen scheint, was ich früher geschrieben habe. Doch seien Sie versichert, es geht mir nicht darum, dass Sie Ihren materiellen Lebensstandard erhöhen sollen, es geht mir vielmehr um Ihren Lebensstil.

Eines unserer liebsten Zitate – wir wissen nicht einmal, von wem es stammt – drückt den Sachverhalt folgendermaßen aus: »Deine Taten sprechen eine so laute Sprache, dass ich nicht hören kann, was du sagst.« Wir interpretieren das so: Unser Leben vermittelt die eigentliche Botschaft. Unsere Lebensweise – unsere Integrität, Aufrichtigkeit, Bescheidenheit, Mitgefühl, Großzügigkeit, unser Wille zu verzeihen und natürlich noch viele andere Eigenschaften – macht deutlich, welche Art Mensch wir wirklich sind.

Die Konsequenzen, die es für unsere persönlichen Beziehungen hat, wenn wir unsere Lebensweise verbessern, sind enorm. Sobald wir unseren Standard erhöhen, spüren andere diese Veränderungen in unserem Leben und werden davon vielleicht sogar berührt. Anders ausgedrückt: Sind wir weniger egoistisch und gierig, fühlen andere sich von uns angezogen. Sobald wir freundlicher und sanfter werden und vielleicht auch besser zuhören, entspannen sich die Menschen um uns herum und verspüren den Wunsch, sich uns mitzuteilen. Allen, die uns kennen, fällt dann auf oder sie spüren es zumindest intuitiv, dass wir plötzlich bescheidener und sanftmütiger sind.

Bruce habe ich kurz nach seinem fünfunddreißigsten Geburtstag kennen gelernt. Als wir uns zum ersten Mal begegneten, beklagte er sich über seine Unfähigkeit, eine stabile Beziehung aufrechtzuerhalten. Oberflächlich betrachtet hatte er eigentlich alles, was man sich nur wünschen kann. Er sah gut aus und hatte angenehme Umgangsformen. Er schien gesund zu sein und hatte eine steile Karriere gemacht. Er hatte viele interessante Hobbys und mehr als genug Geld, um sich auch daran freuen zu können. Außerdem war er freundlich und hatte viel Sinn für Humor. Woran lag es also?

Nachdem ich mich knapp eine Stunde mit ihm unterhalten hatte, wurde mir klar, dass Bruce ein bisschen zu sehr auf sich selbst bezogen war. Er sprach gern von sich, stellte aber anderen kaum einmal eine Frage. Er redete gern, war aber kein guter Zuhörer. Seine Gedanken schweiften ab, und er wirkte desinteressiert, bis er wieder das Wort ergreifen konnte. Es war unschwer nachzuvollziehen, warum jemand wie Bruce trotz aller positiven Eigenschaften Schwierigkeiten hatte, eine langfristige Beziehung zu führen.

Das Gute ist, dass Bruce ausreichend Einsicht und innere Weisheit besaß, um einzusehen, dass etwas nicht stimmte und dass er Hilfe brauchte. Er ging also zu einem Therapeuten, der ihn überzeugte, dass er viele angenehme Wesenszüge hatte, an seinen menschlichen und spirituellen Fähigkeiten jedoch arbeiten musste. Ziel des Therapeuten war vor allem, ihm zu zeigen, welche Freude es bereiten kann, gut zuzuhören und andere auf einer wirklich persönlichen Ebene kennen zu lernen.

Zufällig traf ich Bruce ein paar Jahre später wieder. Es fiel mir sofort auf, wie sehr er sich verändert hatte. Er erzählte mir, dass er im Lauf der Zeit ein paar grundlegende Veränderungen vollzogen habe. Sein neu entdecktes Interesse an anderen Menschen und auch seine Fähigkeit, gut zuhören zu können, hatten ihn zu einer großzügigeren, klügeren und interessanteren Persönlichkeit gemacht. Man konnte auch eine andere Art von Präsenz spüren. Er war ausgeglichener und ging entspannter mit anderen um. Er wirkte insgesamt glücklicher. Ich freute mich sehr zu erfahren, dass er sich verlobt hatte und bald heiraten wollte. Es war nicht schwer zu erkennen, warum – er hatte seinen Lebensstandard verbessert. Für Bruce bedeutete eine Verbesserung seines Lebensstandards, nicht mehr so auf sich selbst fixiert zu sein. Für andere Menschen heißt es vielleicht, weniger in die Defensive zu gehen und öfter zu verzeihen. Es gibt viele Möglichkeiten, wie ich persönlich versuche, meinen Lebensstandard zu erhöhen. Ich bemühe mich, geduldig zu sein, anderen nicht ins Wort zu fallen und nicht so überdreht zu sein – um nur drei Aspekte zu nennen.

Es besteht kein Zweifel, dass es sich für die Qualität Ihrer Beziehung bezahlt macht, wenn Sie Ihren Lebensstandard verbessern – egal, was das in Ihrem Fall konkret bedeutet. Jede positive Veränderung wird sofort Erfolg zeigen. Die Möglichkeiten sind schier unbegrenzt – schließlich haben wir ja alle genug, woran wir arbeiten müssen.

97.

Geben Sie Ihrem Partner den Freiraum, auch einmal aus der Rolle zu fallen

Es ist ganz egal, wer Sie sind und wie selten Sie in etwas ein Problem sehen und sich verrückt machen; manchmal gibt es einfach Zeiten, da wird man von den Umständen überrollt. Es hat etwas Erfrischendes und Befreiendes, wenn man dann mit jemandem zusammen ist, der einem den Freiraum lässt, hin und wieder auch einmal aus der Rolle zu fallen – und zwar ohne Sie zu verurteilen, Sie zu korrigieren, Ihnen einen Vortrag zu halten oder Ihnen etwas ausreden zu wollen. Ist man in Gesellschaft von jemandem, der nicht gleich durchdreht, wenn man selbst ausflippt, vollzieht sich oft eine positive Veränderung in Richtung auf eine Beruhigung der Situation. Sie werden dann entspannter, finden wieder zu einer angemessenen Sicht der Dinge und kommen somit über alles hinweg, was Sie in Aufregung versetzt hat.

Ich verliere wohl nicht so oft die Fassung, Gott sei Dank. Meist bin ich recht glücklich und zufrieden. Einer der Vorzüge in der Beziehung mit Kris ist jedoch, dass es sie kaum beeinträchtigt, wenn ich einmal aus der Rolle falle. Anstatt dann selbst überzureagieren, zeigt sie Mitgefühl und kommt mit der Situation spielend zurecht. Ich weiß noch, dass ich ihr einmal die Frage gestellt habe: »Warum regst du dich eigentlich nicht auf, wenn ich die Fassung verliere?« Ihre Antwort wird mir unvergesslich bleiben und hat mir wirklich geholfen, mir in solchen Situationen eine angemessene Sichtweise und meinen Sinn für Humor zu bewahren. Sie sagte nämlich: »Ich sehe keinen Grund, warum du anders sein solltest als der Rest der Menschheit.« Was sie damit zum Ausdruck brachte, war, dass wir alle im gleichen Boot sitzen. Wir geben alle unser Bestes, aber dennoch haben wir Probleme, Ärger, Druck, Streitpunkte, Ängste und Sorgen. Das ist nichts Neues. Manchmal, wenn ich so richtig frustriert bin und mir wünsche, dass dieser ganze Ärger endlich aufhört, stelle ich mir dieselbe Frage: »Richard, warum sollte es ausgerechnet dir anders gehen?« Versuchen Sie es auch einmal – so sehen Sie die Dinge wieder im rechten Licht.

Das nächste Mal, wenn Ihr Partner aus der Rolle fällt wegen etwas, das eigentlich keine solche Katastrophe ist, probieren Sie es einmal mit dieser Strategie. Anstatt sich selbst auch aufzuregen und sich über den Frust Ihres Partners allzu große Gedanken zu machen, bleiben Sie einfach gelassen. Zeigen Sie Mitgefühl, aber lassen Sie sich nicht zu irgendwelchen Reaktionen hinreißen. Lassen Sie Ihren Partner ruhig seinem Ärger Luft machen, brüllen, jammern oder sonst was – in einem gewissen Rahmen natürlich.

Vom Ergebnis werden Sie angenehm überrascht sein. In vielen Fällen wird Ihr Partner Ihre Ruhe spüren und sich langsam selbst entspannen. Wenn jemand seiner Frustration Ausdruck verleiht, hat er oft das Gefühl, dass er das eigentlich gar nicht dürfte. Lassen Sie sich durch so einen Ausbruch hingegen nicht groß beeinträchtigen, empfindet Ihr Partner so etwas wie Erleichterung. Er hat das Gefühl, dass man ihm zuhört, ohne ein Urteil über ihn zu fällen, und dass er den Freiraum hat, sich von seiner nur allzu menschlichen Seite zu zeigen. Das mag Ihnen seltsam erscheinen, weil Sie nämlich gar nichts Besonderes tun müssen –

nur für Ihren Partner da sein. Eigentlich ist es eher das, was Sie *nicht* tun, das dann einen so ungeheuren Einfluss ausübt.
Es ist seltsam, aber ich glaube, ich falle jetzt nicht mehr so oft aus der Rolle, weil ich schlichtweg weiß, dass es auch nicht schlimm wäre, wenn es mir passieren würde. Würde ich mich unsicher fühlen, meine Gefühle in der Gesellschaft von Kris auszudrücken, würde mir das noch zusätzlichen Stress bereiten.
Nun hoffen wir, dass Sie einmal ein wenig mit dieser Strategie experimentieren. Es ist tröstlich, wenn man mit jemandem zusammen ist, der es einem gestattet, hin und wieder auch einmal aus der Rolle zu fallen. Wenn der andere ruhig bleibt, bringt Sie das noch näher zusammen.

98.

Halten Sie die Balance (Kris)

Für die meisten von uns ist das Leben so verrückt geworden, dass es einem Drahtseilakt gleicht. Viele sind hektisch, durchgedreht, nervös, unter Zeitdruck, damit beschäftigt, all ihren Verpflichtungen nachzukommen und in einem beängstigenden Tempo zu erledigen. Auch die Technik scheint da nicht viel zu helfen. Es stehen uns zwar alle modernen Hilfsmittel und zeitsparenden Geräte zur Verfügung, dennoch hat kaum einer ausreichend Zeit. Daraus lässt sich schließen, dass zumindest ein Teil von unserem inneren Chaos wohl in uns selbst entsteht und an der Art liegt, wie wir leben.

Es ist wichtig, dass wir uns einmal die Frage stellen, ob wir wirklich ein so außer Kontrolle geratenes Leben führen wollen. Ständig auf dem Sprung betrachten wir das Leben als eine einzige Katastrophe. Wäre es nicht viel schöner, wenn wir etwas zur Ruhe kommen könnten und eine angemessene Sicht der Dinge wiedererlangten? Einer der Schlüssel zu einem Gefühl von Frieden und innerer Gefasstheit liegt darin, in seinem Leben zumindest ein gewisses Maß an Ausgewogenheit zu schaffen. Haben wir das Gleichgewicht verloren, stellen wir oft fest, dass unsere Gesundheit in Mitleidenschaft gezogen wird, das Familienleben leidet und unsere Freundschaften vernachlässigt werden. Wir sind immer in

Eile, vergessen viel und sind extrem frustriert. Sind Sie jedoch ausgeglichen, haben Sie also Ihre Balance gefunden, mildert das derartige Empfindungen und ersetzt sie durch Frieden und das Gefühl, dass es schön ist, auf der Welt zu sein.

Man kann sich Balance gut vorstellen, wenn man sein Leben als ein Pendel betrachtet, das hin- und herschwingt. Die Idealposition liegt genau in der Mitte – perfekt ausbalanciert. Bewegt sich das Pendel zu sehr nach links, müssen Sie ein paar Korrekturen vornehmen, damit es wieder nach rechts schwingen kann und dann seine Mitte findet. Die beste Kontrolle, ob Sie Ihre Sache auch gut machen, sind dabei Ihre Gefühle. Generell gilt: Fühlen Sie sich ausgeglichen und zufrieden, ruhen Sie vermutlich ziemlich in Ihrer Mitte und treffen die richtigen Entscheidungen. Fühlen Sie sich dagegen durcheinander und überfordert, haben Sie wahrscheinlich Ihre Mitte verloren und müssen ein paar Veränderungen vornehmen.

Vermutlich ist es am besten, mit dem gesunden Menschenverstand an die Sache heranzugehen. Um ausgeglichen zu sein, vermeiden Sie nach Möglichkeit Extreme. Achtzehn Stunden Arbeit sind ganz offensichtlich zu viel. Drei Stunden Schlaf reichen nicht aus. Sie müssen ja nicht jeden Tag exzessiv Sport treiben, aber Sie brauchen sehr wohl regelmäßig etwas körperliche Betätigung. Behalten Sie die richtige Balance stets im Hinterkopf. Treffen Sie ausgewogene Entscheidungen, die einem gesunden und zufrieden stellenden Lebensstil dienlich sind.

Gehen Sie in Urlaub, um es sich eine Woche lang gut gehen zu lassen, müssen Sie vermutlich Überstunden machen, wenn Sie zurückkommen. Das ist schon in Ordnung so, aber übertreiben Sie es nicht. Haben Sie einen Termin, der Mehrarbeit erforderlich macht, planen Sie voraus. Sobald das Projekt abgeschlossen ist, versuchen Sie, etwas mehr Zeit mit Ihrem Partner und der Familie zu verbringen und wieder weniger zu arbeiten. Kurz gesagt: Hören Sie auf herumzuhetzen. Das Gefühl von Hektik setzt Sie und die Menschen Ihrer Umgebung unter Stress, besonders wenn Sie mit Ihnen zusammenleben.

Vor Jahren wurde Richard und mir bewusst, wie unausgewogen und hektisch unser Leben geworden war. Irgendwie schienen wir ständig zu spät dran zu sein, unsere Tochter Jazzy war als Baby und Kleinkind ständig am Heulen, wenn wir uns fertig machten, um irgendwohin zu fahren. Es wurde uns klar, dass wir zu viel auf einmal machten; unsere Tage waren zu voll gestopft mit Terminen. Wir mussten also einiges aufgeben, um wieder in die richtige Balance zu kommen. Sobald wir anfingen, uns um mehr Ausgewogenheit zu bemühen, kam unser Leben wieder ins Lot.

Vor nicht allzu langer Zeit fuhr ich mit meiner besten Freundin übers Wochenende weg. Zufällig hörten wir ein Gespräch mit, in dem eine Frau von ihrem Stresstag berichtete: Sie hatte zwei Stunden lang im Verkehr festgesessen. Dann war sie endlich angekommen und hatte das Auto geparkt. Natürlich war sie viel zu spät dran gewesen. Zu allem Überfluss hatte sie auch noch zwei brüllende Kinder auf dem Rücksitz gehabt, und der Kinderwagen hatte sich nicht aufklappen lassen. Und genau in diesem Moment hatte das Handy geklingelt. Meine Freundin und ich wurden schon vom bloßen Zuhören nervös. Leider hatten wir dergleichen ja auch schon erlebt.

Wie wirkt sich Unausgeglichenheit nun aber auf Ihre Beziehung aus? Richard und ich waren einmal in einem Restaurant in Los Angeles. Wir bemerkten zwei Leute, die sich offensichtlich zum Essen verabredet hatten, wobei jeder der beiden mit seinem Handy mit jemand anderem telefonierte. Ziemlich extrem, oder sehen Sie das anders?

Wenn Sie sich für Ausgewogenheit an Stelle von Chaos entscheiden, wird Ihr Leben natürlich längst nicht perfekt, doch nimmt Ihre Lebensqualität zu und Ihre Beziehungen werden tiefgehender und befriedigender. Selbst wenn Sie die perfekte Balance nie erreichen, ist jede Mühe, die Sie auf sich nehmen, den Aufwand doch wert.

99.

Erwecken Sie den alten Zauber zu neuem Leben

In einem Artikel der Illustrierten *Life* mit dem Titel »Die Wissenschaft der Liebe« stand kürzlich zu lesen, dass die Phase in einer Beziehung, die sich als Ich-kann-nicht-genug-von-dir-kriegen-Phase umschreiben lässt und auch Flitterwochen-Phase genannt wird, nach den anfänglichen Gefühlen völliger Vernarrtheit noch etwa achtzehn Monate bis drei Jahre anhält. Wir wollen Ihnen nun eine Strategie vorstellen, die Ihnen hilft, derartige Gefühle wiederzufinden und sich an den Zauber der ersten Verliebtheit zu erinnern. Es ist eigentlich ganz einfach: Hören Sie nie auf, einander den Hof zu machen.

Nehmen Sie sich trotz aller hektischen Terminpläne Zeit füreinander. Man vergisst schnell, dem anderen so viel Aufmerksamkeit zu schenken wie beim ersten Kennenlernen. Schließlich ist das Leben übervoll von Beruf und familiären Verpflichtungen, so dass die Intensität der Gefühle oft durch Normalität und Routine ersetzt wird. Wagen Sie es jedoch, dem Alltag den Rücken zu kehren und den zündenden Funken wiederzufinden, wird das Ergebnis Sie erstaunen. Bringen Sie einmal ohne besonderen Grund Blumen mit nach Hause, überraschen Sie Ihren Partner mit einem Liebesbrief in seinem Büro, schreiben Sie einander Gedichte. Machen Sie einen Spaziergang, Hand in Hand. Trauen Sie sich!

Es gibt so viele einfache Möglichkeiten, wie man einander den Hof machen kann, die Ihnen helfen, den alten Zauber zu neuem Leben zu erwecken.
Nachdem wir vor fast zehn Jahren eine Familie gegründet hatten, stellten wir fest, dass es uns an Zeit füreinander fehlte, die uns immer so viel bedeutet hatte. Wir konnten morgens nicht mehr miteinander joggen gehen und sogar unser Morgenritual, gemeinsam in Ruhe einen Kaffee zu trinken, musste dem Stillen weichen. Wir hatten damals das Gefühl, dass wir für unsere Beziehung etwas tun mussten; und obwohl uns nicht viel Geld zur Verfügung stand, gönnten wir uns deshalb zumindest einmal pro Woche ein »Rendezvous« miteinander.
Sobald einmal Kinder da sind, kann Ihre Beziehung wirklich an die zweite Stelle rücken; und wenn Sie nicht aufpassen, geht sie womöglich im Familienleben unter. Auch wenn es immer etwas gibt, worum man sich kümmern muss, zu Hause oder im Beruf, ist es wichtig, dass dem gemeinsamen Leben höchste Priorität beigemessen wird.
Es ist den Aufwand wirklich wert, sich einen guten Babysitter zu suchen, der sich ein paar Stunden in der Woche oder im Monat um die Kinder kümmert, damit Sie sich ungestört einander widmen können. Ihnen wird dann schnell wieder klar, warum Sie einander so mögen, und es bleibt Ihnen mehr Zeit, einander zu schätzen. Ein Abend zu zweit kann schon wunderschön sein, aber ein gemeinsames Wochenende ist natürlich noch besser. Wir versuchen jedes Jahr, zwei oder drei solche Wochenenden fern der Familie miteinander zu verbringen, um den alten Zauber neu zu schüren. Geht das nicht, bringt natürlich jede andere freie Minute, die Sie erübrigen können, schon etwas.
Nehmen Sie sich doch einmal die Zeit und erinnern Sie sich an Ihre ersten gemeinsamen Tage, Wochen und Jahre. Überraschen Sie Ihren

Partner mit einem Ritual aus der Vergangenheit, das Sie in Ihre Gegenwart einbringen. Machen Sie das miteinander, was Sie früher auch immer gemeinsam getan haben. Leben Sie die Liebe, die Sie empfinden, geben Sie Ihrer Beziehung den entsprechenden Kick und, was noch wichtiger ist, erinnern Sie sich daran, wie es war, als Sie sich frisch ineinander verliebt haben.

100.

Sagen Sie dem anderen, wie viel er Ihnen bedeutet

Eine der lebensbejahendsten und liebevollsten Botschaften, die Sie Ihrem geliebten Partner vermitteln können, lautet: »Du bedeutest mir sehr viel.« Wenn jemand weiß, dass er geschätzt wird, fühlt er sich bedeutsam und anerkannt. Das ermutigt ihn, es ebenso zu machen, sich loyal und liebevoll zu erweisen, und er wird auch die Beziehung als befriedigend empfinden. Es ist eines der größten Komplimente, das man jemandem machen kann, und eine der schönsten Möglichkeiten zu sagen: »Ich liebe dich.«

Die beste Art und Weise, wie Sie den anderen wissen lassen können, dass er Ihnen viel bedeutet, ist – Sie haben es sicher schon erraten –, indem Sie es ihm einfach sagen. Teilen Sie Ihrem Partner unbedingt regelmäßig mit, was Ihnen an ihm gefällt – und zwar in allen Einzelheiten. Wenn Sie sein Lächeln mögen, sein Lachen, etwas, das er tut, ganz egal, was – sagen Sie es ihm. Machen Sie nicht den Fehler anzunehmen, dass Ihr Partner das ohnehin schon weiß – das ist womöglich ein Irrtum. Vielleicht haben Sie dergleichen ja auch schon lang nicht mehr erwähnt.

Wenn Sie Ihrem Partner sagen, dass er Ihnen viel bedeutet, hat das den positiven Nebeneffekt, dass Sie die schönen Aspekte in Ihrer Beziehung verstärken. Wenn Sie sich darauf konzentrieren, welche Eigenschaften Ihnen an Ihrem Partner gefallen, welche Angewohnheiten und welches Verhalten, ist Ihre Aufmerksamkeit auf das Positive in Ihrer Beziehung gerichtet und was Sie aneinander mögen. Das hilft Ihnen, Unzulänglichkeiten zu übergehen, und bewahrt Sie davor, in allem ein Problem zu sehen und sich verrückt zu machen. Ist Ihrem Partner wirklich klar, was Ihnen an ihm gefällt, kann er natürlich auch viel leichter all das tun, was Sie so anziehend an ihm finden. Wenn Sie Ihrem Partner also sagen: »Es freut mich, dass du dich fast immer so nett bedankst, wenn ich etwas für dich getan habe«, wird er es sicher weiterhin tun. Ihre positive Reaktion konsolidiert eine bereits vorhandene positive Eigenschaft. Betrachten Sie sein Verhalten hingegen als Selbstverständlichkeit und Ihr Partner weiß nicht einmal, was Sie an ihm schätzen, wird er dieses Verhalten möglicherweise langsam aufgeben.

Wir haben eine gute Freundin, eine Psychologin, die sich unter anderem auf Ehetherapie spezialisiert hat. Sie sagte uns, dass die meisten Menschen sehr genau wissen, was dem Partner alles nicht passt – dass sie jedoch keine Ahnung haben, was ihm gefällt und was er schätzt. Kein Wunder, dass so ein Ehepaar beim Therapeuten landet! Wie unsere Freundin meinte, reichen oft schon die geringste Anerkennung und ein bisschen mehr Konzentration auf das Positive, anstatt allein auf das, was besser sein könnte, aus, um eine Beziehung zum Besseren zu wenden. Die Schlussfolgerungen unserer Freundin stimmen mit unseren Beobachtungen überein.

Etwas, das für Kris und mich stets ganz natürlich war, ist, dass wir einander immer mitteilen, was uns am anderen positiv auffällt. Mir hat stets gefallen, dass Kris so albern sein kann – und das weiß sie auch, weil ich es ihr sage. Ich finde es auch toll, wie sie sich für unsere Kinder einsetzt, dass sie, überall wo sie ist, Schönes schafft, dass sie schnell Freundschaften schließt und Menschen zum Lächeln bringt und dass sie unglaublich leicht in der Lage ist zu verzeihen. Sie hingegen sagt mir gern, dass es ihr gefällt, wie ich im Haushalt mithelfe und mit den Kindern umgehe. Es gibt so vieles, was wir aneinander mögen, und unsere Bereitschaft, einander das auch ganz offen wissen zu lassen, verstärkt das Positive in unserer Beziehung. Ich glaube, dass von ein paar Ausnahmen abgesehen, Kris und ich uns, seit wir uns kennen gelernt haben, jeden Tag zumindest einmal etwas gesagt haben, das uns am anderen gefällt. Als wir einmal einen Streit hatten, was ja selten der Fall ist, meinte sie: »Weißt du was, Richard? Ich finde es wirklich schön, dass du so schnell bereit bist, etwas auf sich beruhen zu lassen.« Sie können sich sicher vorstellen, dass wir einander damals nicht mehr lang böse waren.

Wie die meisten Paare haben wir in der Zeit, die wir zusammen sind, viel miteinander erlebt – meist Gutes. Etwas wird sich jedoch nie ändern: Wir bedeuten einander viel und wissen einander zu schätzen – und wir hoffen, dass das bei Ihnen nicht anders ist.

Dank

Vor allem danken wir von Herzen unseren Eltern – Pat und Ted Anderson und Barbara und Don Carlson –, weil sie etwas so Besonderes sind. Wir lieben euch alle sehr. Danke, dass ihr uns so viel beigebracht habt, dass ihr uns eure Liebe schenkt und eure Vorstellungen mit uns teilt – und dass ihr uns zu so glücklichen Menschen gemacht habt.

Wir wollen auch Jazzy und Kenna danken, die unser Leben mit so viel Freude und Lachen erfüllen. Wir werden euch ewig lieben.

Ebenso schulden wir unserer Lektorin Leslie Wells Dank für ihre herausragenden Fähigkeiten, mit Sprache umzugehen, und natürlich dem gesamten Personal von Hyperion; es hat uns großen Spaß gemacht, mit euch zusammenzuarbeiten.

Unser besonderer Dank gilt, wie immer, Patti Breitman, die nicht nur eine hervorragende Literaturagentin ist, sondern – was viel wichtiger ist – eine liebe und geschätzte Freundin. Unser Dank gilt ferner Linda Michaels, die dieses Buch so vielen Menschen auf dieser Welt vorgestellt hat.

Und zu guter Letzt wollen wir aufrichtig Ihnen danken, unseren Lesern. Wir hoffen sehr, dass Ihre Beziehungen sich nach der Lektüre dieses Buches intensiver und besser gestalten werden.

Richard Carlson

Alles kein Problem!

Das Buch für alle,
die sich nicht so leicht
verrückt machen lassen wollen

Aus dem Amerikanischen
von Renate Dornberg
288 Seiten

Wer hat nicht oft das Gefühl, daß ihn der tägliche Kleinkram auffrißt? Auf 288 Seiten schreibt Richard Carlson über das, was wirklich zählt im Leben. Große Veränderungen lassen sich durch kleine Schritte erreichen. Carlsons Anleitung zum Sichwohlfühlen hilft, die schönen Seiten im Leben zu erkennen.

Knaur

RICHARD CARLSON

REG DICH NICHT AUF!

Das Buch für alle,
die ausgeglichen und entspannt
leben wollen

Aus dem Amerikanischen
von Renate Dornberg
256 Seiten

Wir hetzen von Termin zu Termin. Wir bedienen Telefon, Fax und Computer gleichzeitig, um Zeit zu sparen und Streß zu verhindern. Doch das Gegenteil ist der Fall – der Streß wird größer. Richard Carlson wendet die Strategie der kleinen Schritte an. Wer es versteht, den Rhythmus des Lebens und das eigene Tempo zu finden, kann im Einklang mit sich selbst das Leben wirklich genießen.

Knaur